Eva-Maria Ammon & Sananda

Tatort Jesus

Mein Neues Testament

Bitte fordern Sie unser kostenloses Verlagsverzeichnis an:

Smaragd Verlag
In der Steubach 1
57614 Woldert (Ww.)
Tel.: 02684.978808
Fax: 02684.978805
E-Mail: info@smaragd-verlag.de
www.smaragd-verlag.de

Oder besuchen Sie uns im Internet unter der obigen Adresse.

Foto, Seite 5: ©Nwrainman–Fotolia.de
Foto, Seite 39: ©Gilles Pansu-Fotolia.de
Foto, Seite 91: ©Erick Nguyen-Fotolia.de
Foto, Seite 233: ©fbc24–Fotolia.de
Foto, Seite 291: ©Stas Perov–Fotolia.de

Deutsche Erstausgabe Januar 2009
Zweite Auflage: Februar 2009
Cover: Eva-Maria Ammon
nach einem Bild von Mara Ordemann
Umschlaggestaltung: preData
Satz: preData
Printed in Czech Republic
ISBN 978-3-938489-77-2

Eva-Maria Ammon & Sananda

Tatort Jesus

Mein Neues Testament

Smaragd Verlag

Über die Autorin

Die Autorin lebt mit ihrer Familie in Norddeutschland. Hier gründete sie 1990 das Institut ISIS. Sie arbeitet seit mehr als 20 Jahren mit den Meisterebenen und gibt die Informationen in ihren Büchern, Seminaren und im Internet gerne an die Menschheit weiter.

Seit 1985 arbeitet sie als Seminarleiterin, Autorin und spirituelle Lehrerin und hat in Zusammenarbeit mit den Aufgestiegenen Meistern die alte/neue Heilform Ancient-Master-Healing und die Delfin-Kristallpalast-Ermächtigung begründet, die uns Menschen 2001 von den Aufgestiegenen Meistern zurückgegeben wurden.

Ihr Anliegen ist es, dass möglichst viele Seelen in dieser aufregenden Zeit, in der wir jetzt leben, immer mehr sich selbst entdecken: ICH BIN göttliche Energie, göttliche Schöpferkraft und göttliche Liebe.

www.omkara.de
Email: info@omkara.de

Wer Ohren hat zu hören,
der höre.

Wer unter euch von den Sternen kam,
erinnere sich.

Inhalt

Einleitung von Mara Ordemann

Liebe Leserin, lieber Leser,

jetzt halten Sie wieder ein neues gechanneltes Buch von Jesus Sananda in der Hand, das ich Ihnen ebenfalls sehr ans Herz legen möchte.

Immer wieder werden wir von LeserInnen zum Thema „Jesus" und das Mysterium seiner „Kreuzigung", seiner „Heirat" oder gar „Vaterschaft" angesprochen– in Verbindung mit der Frage, warum sich bei unterschiedlichen AutorInnen und in den betreffenden Büchern Durchgaben finden, die sich zu widersprechen scheinen.

Wir haben uns mit dieser Thematik sehr intensiv beschäftigt, da es uns als Verlag und mir als Verlegerin sehr wichtig ist, für unsere LeserInnen glaubwürdig zu erscheinen, und wir möchten Sie gerne an dem Ergebnis unserer Überlegungen und Nachforschungen teilhaben lassen:

1. Die Geistige Welt erklärt uns immer wieder, dass ein Teil der Informationen nur schrittweise bekannt gegeben wird, wenn die Menschheit so weit ist, eine entsprechende Botschaft begreifen und annehmen zu können.
   Das kann der Grund sein, warum in einem früheren Buch gesagt wird, dass eine Sache so und so ist, und diese Botschaft in einem späteren Buch erweitert oder sogar revidiert wird.

2. Grundsätzlich wird bei Durchsagen nur das Potenzial genannt, es heißt NIEMALS: Das ist so und so. Eine Information ist immer nur *eine* Möglichkeit.
3. Jedes Medium hat nur Zugriff auf das Potenzial, das es selbst erreichen kann. Das heißt, für das eine Medium ist nur ein Teil der Akasha-Chronik zugänglich, während ein anderes Medium bereits weitergehende Informationen bekommt. Das hat natürlich auch etwas mit der eigenen Entwicklung des Channels zu tun, was ohne jegliche Wertung gemeint ist.
4. Ein Medium kann nur das channeln, was in seinem eigenen Vorstellungsbereich liegt. Ist also etwa jemand sehr von der Kirche geprägt aufgewachsen, kann er vielleicht die eine oder andere Tatsache nicht zulassen, zum Beispiel, dass es eine sogenannte Hölle oder ein Fegefeuer, oder was auch immer, nicht gibt.
5. Und schließlich – vielleicht am allerwichtigsten: Jeder Mensch hat seine eigene Wahrheit und kann, wie bereits oben gesagt, auch nur das annehmen, was in seinem eigenen Vorstellungsbereich liegt. Denn es gibt nicht „DIE" Wahrheit, es gibt nur für jeden Einzelnen die Wahrheit, die er selbst in seinem Herzen als wahr spüren kann.
6. Und - ganz wichtig: Wir als Verlag haben nicht „die Wahrheit" gepachtet, das heißt, wir verkünden nicht „die" Wahrheit, sondern bieten Wahrscheinlichkeiten/Möglichkeiten an, und jeder Einzelne muss dann in seinem Herzen spüren, was für ihn „richtig" ist und was nicht.

7. Wir überlegen nach vorheriger persönlicher Begegnung mit dem Autor/der Autorin gemeinsam und sehr bewusst, ob wir ein Manuskript als Buch herausbringen, und wenn „die Energie – des Autors/der Autorin und des Manuskripts - stimmt, entscheiden wir uns für eine Veröffentlichung.
   Wir bieten Ihnen als Leserin/Leser diese Möglichkeit der Wahrheit an – nicht mehr, aber auch nicht weniger - und SIE entscheiden aus Ihrem Herzen heraus, was für Sie annehmbar ist – und was nicht. Und so möchten wir uns auch das Recht vorbehalten, Inhalte, die sich zu widersprechen scheinen, als Möglichkeit anzubieten.
8. Und noch eins darf nicht vergessen werden: Auch wir MitarbeiterInnen des Smaragd Verlags entwickeln uns, Gott sei Dank, weiter und können vielleicht heute eine Wahrheit annehmen und veröffentlichen, die für uns vor 5 oder 10 Jahren nicht möglich gewesen wäre.
9. Es geht nicht immer nur um die Inhalte, sondern um Energie, Energieübertragung und Heilung durch Energie. Es ist eben, wie Sie ja wissen, in dieser Zeit sehr viel in Bewegung, der Schleier zwischen der Geistigen Welt und uns wird immer dünner, und es kommen heutzutage Botschaften herein, die noch vor wenigen Jahren unvorstellbar gewesen wären.

☆☆☆

Also:

Spüren Sie bitte IMMER in IHR Herz hinein – und entscheiden Sie dann, was für Sie annehmbar ist, und lassen Sie das, was Sie nicht annehmen können, ziehen – vielleicht kommt diese Botschaft ein anderes Mal wieder, und dann ist der RICHTIGE ZEITPUNKT für Sie da – oder auch nicht!

In diesem Sinne wünsche ich Ihnen viel Spaß beim Lesen und die richtigen Erkenntnisse zum richtigen Zeitpunkt.

Herzlich,
Ihre Mara Ordemann

Dieses Buch ist revolutionär

Es schildert das Leben Jesu auf Erden so, wie er es mir erzählt hat. Nein, er hat es nicht nur erzählt. Er hat es mir gezeigt und mich wieder fühlen lassen, wie es damals war vor zweitausend Jahren. So nahm Sananda mich immer wieder mit in die Zeiten, die er als Jeshua auf Erden lebte. Er nahm mich mit an die Schauplätze seines Wirkens, seines Lebens, seines Leidens und zu allem, was danach geschah.

Es war eine aufregende Zeit mit Sananda, verbunden mit Freude, die zur Arbeit mit ihm einfach dazugehört. Es war aber auch eine Zeit begleitet von Angst und ganz tiefem Schmerz. Angst davor, dieses alles niederzuschreiben, wieder verfolgt und an einen Pranger gestellt zu werden usw. Viele von euch, die diese Zeilen lesen, kennen diese „alten" Gefühle.

Und … es war eine Zeit der Freude über Erkenntnisse, die längst in meinem Inneren vorhanden waren, die ich jedoch nicht greifen, nicht formulieren oder gar in verständliche Worte kleiden konnte. Ich wuchs bei einer Pflegemutter auf, die Nonne war, bevor sie wegen Ungehorsam aus dem Kloster verbannt wurde. Sie war entsprechend verbittert und suchte ihr Seelenheil darin, Pflegekinder aufzunehmen. Als ich zu ihr kam, war ich neun Jahre alt, und sie wollte mir einen Jesus weismachen und einprügeln, an den ich nie glauben wollte und konnte. Diese jahrelange

Prägung durch sie und die Pfarrer, zu denen sie immer lief, wenn sie mit uns Schwierigkeiten hatte, hielten mich in ihrem Bann, und ich wagte nicht, die Worte von Sananda zu Papier zu bringen.

Zwei Jahre lang schob ich das begonnene Skript vor mir her und wollte schon aufgeben weiterzuschreiben, bis zu einem Abend im Februar 2008. Denn an diesem Abend erfuhr ich den Schmerz in der Arbeit mit Sananda, indem ich erfahren musste, wie Sananda neben mir stand und bittere Tränen weinte. Er war voll tiefer Trauer und Schmerz über den Zustand auf Erden.

Ich las gerade einen Artikel über „Neue Beweise für die Kreuzigung" in der Zeitschrift Matrix, die mein Mann mitgebracht hatte. Zeitschriften nehme ich normalerweise nicht zur Kenntnis, doch dieser Artikel, auf den mein Mann mich vor dem gemeinsamen Abendessen mit unserer Großfamilie nebenbei hingewiesen hatte, zog mich magisch an. Ja, dieser Artikel rief mich förmlich.

Ich verließ also die gemeinsame Tafelrunde, und während ich las, fühlte ich die vertraute Energie von Sananda neben mir. Das war nichts Ungewöhnliches, doch heute war seine Energie eine andere als die mir bekannte. Es schien, als ob er mit mir den Artikel lesen würde, und plötzlich fühlte ich einen solch tiefen Schmerz von ihm zu mir strömen, dass ich mich ihm zuwandte und sah, wie er weinte.

Er weinte stille Tränen, und seine Trauer drang tief in mein Herz. Seine Trauer wurde zu meiner eigenen, weil es mir nicht möglich war, ihn einfach in den Arm zu nehmen, um ihm den gleichen Trost zu schenken, den ich durch ihn so oft in diesem Leben erfahren hatte. Dieser Schmerz eines sogenannten „Aufgestiegenen Meisters" traf mich unvorbereitet und erschütterte nicht nur mich, sondern auch mein Weltbild, welches darauf aufbaute, dass die Meisterinnen und Meister jenseits allen Fühlens, wie wir es auf Erden tun, und, vor allem, jenseits allen Schmerzes sind.

Nebenan im Esszimmer quietschte meine kleine Engelin/Enkelin vor Lebensfreude, und hier stand Sananda und weinte in tiefem Schmerz. Und Melina mit ihren 7 Monaten Lebenszeit, die sie in dieser Inkarnation unter dem Schutz ihrer Eltern und unserer Familie erfahren hatte, wurde im Nebenraum plötzlich ganz still.

Ist es nicht die Lehre von Sananda und Lady Nada, dass wir der Freude den ersten Platz in unserem Leben einräumen dürfen? Lehren sie nicht, dass wir lachen und tanzen sollen, um die Erde in Leichtigkeit zu hüllen?

Ja, das lehren sie, und das wünschen sie für die Menschheit. Die Meisterinnen und Meister bringen uns Freude, Licht, Lachen und Liebe, doch sie sagen auch, dass nur das Erlösen des Vergangenen die Freiheit für jeden Einzelnen bringt, statt Altes zu verdrängen.

Jeshua, den wir Jesus nennen, ist jedoch unerlöst und ein Teilaspekt von Sananda. Seine Inkarnation als Jesus wurde in dem, was er wirklich war, verbogen, verfälscht und damit im Grunde vernichtet. Was übrig blieb, sind Fragmente seines Wirkens und seiner Mission, die gezielt und zensiert genutzt werden, um die Menschheit als „Schafherde" gering, unterdrückt und klein zu halten. Doch dazu kommen wir später.

Sanandas Schmerz war so tief, wie ich ihn während der Zeit meiner Arbeit mit Menschen niemals erfahren habe, und ich habe als Emotionaltrainerin viele Menschen durch tiefen Schmerz begleitet. Sein Schmerz war anders, weil er nicht um sich selbst weinte. Er weinte um alles, was diese Erde ausmacht. Sein Schmerz war frei von Selbstmitleid und den Emotionen, die menschlichen Schmerz meist begleiten. Es war ein tiefer, mitfühlender Schmerz, wie ich ihn bei einem Menschen auf dieser Erde zuvor nie erfahren hatte.

Er war so erfüllt von Sorge um diese Erde und all die Seelen, die hier mehr oder weniger gefangen sind, dass mir bewusst wurde, wenn wir hier und heute nicht in Liebe handeln lernen, dann wird der Quantensprung der Erde (Gaia als Seele) zwar erfolgen, doch ein großer Teil der Menschheit wird sich, wie schon so oft in all den Zeiten auf Gaia, in einer neuen Dritten Dimension wiederfinden, die den Anfängen entspricht, und alles beginnt für sie von vorne. Es wird wie ein neuer Untergang einer großen Kultur erscheinen für die, die nach uns die neue Erde bewohnen. Sie werden den gleichen Weg noch einmal von neuem beginnen.

Der Aufstieg, der Dimensionswechsel, der Quantensprung der Erde ist sicher. Sie wird in das universelle Licht eintreten und einen Anstieg der Energie des Lichts auf Erden erfahren. Doch viele ihrer „Kinder“ werden sich auf einer neuen Erde wiederfinden, wenn nicht ein grundlegender Wandel in der Energie der Menschheit stattfindet.

Damit wäre nicht nur seine Mission für diesen Zyklus gescheitert, sondern auch der Aufstieg der Meisterebenen um viele Zeiten verhindert. Die Aufgestiegenen Meister und Meisterinnen sind untrennbar mit den Wesen der Erde verbunden. Auch sie werden erst dann weitergehen, wenn der letzte Mensch sein inneres Licht erkannt hat und lebt. Denn es geht nicht nur um den Aufstieg der Erde, des Menschen. Es geht um den Aufstieg unserer Galaxie. Hierbei gilt: Jede Seele zählt. Jeder Einzelne, der oder die sich den neuen, alten universellen Energien hingibt, diese integriert und lebt, wird unzweifelhaft sein oder ihr Umfeld erhellen und weiteren Seelen die Möglichkeit bieten, das Licht der Quelle in sich selbst und auf Erden zu integrieren.

Nachdem ich dieses Buch bereits vor mehr als zwei Jahren begonnen hatte, es immer wieder von einem Ordner in den anderen auf meinem PC verschob, das Weiterschreiben schon aufgeben wollte und so tat, als hätte ich es vergessen; nachdem ich mich immer wieder weigerte weiterzuschreiben und mich mit anderen Dingen befasste oder, besser gesagt, ablenkte, und wenn es nur die alltäglichen Dinge des Haushalts waren, wenn Sananda zum Diktat bat, brachte dieser tiefe Schmerz, den Sananda mir zeigte und den ich selbst tief in mir spürte, die Wende.

In diesem Augenblick gab ich ihm das feste Versprechen, sein Werk zu vollenden und ihm dabei zu helfen, sein Sein als Jeshua, seine Wunden, die durch die Verfälschung seiner Worte und Taten, ganz besonders auf unserer Erde, zurückblieben, zu heilen und dieses Buch zu bewältigen. Es ist eine sehr tiefe Wunde, die die Erde trägt, denn sein Werk wurde gezielt zunichte gemacht. Diese Wunde zu heilen ist unser aller Auftrag, damit die Erde endlich wieder frei atmen und den Schmerz überwinden kann. Erst dann, wenn Jeshua – Jesus – endlich als der anerkannt und integriert wird in die Energie dieser Erde, wird Aufstieg, Quantensprung, für alle möglich.

Er trägt diesen tiefen Schmerz noch immer in sich, doch die Hoffnung wächst, dass sich viele erinnern an das, was das wahre Licht auf Erden war, das er mit seiner Inkarnation als Jeshua, als erstgeborener Sohn eines Außerirdischen, der sich niemals in diese Dichte inkarnieren wollte, weil sein Auftrag, die Erde zu schützen, wichtiger war, auf diese Erde zurück bringen wollte und vermeintlich gescheitert ist. Jede Seele zählt, jeder erwachte Mensch auf Erden, der Jeshua als das erkennt, was er wirklich war und ist, trägt bei zur Heilung der Wunden der Erde, zur Heilung der Wesenheit Jeshua und zur Heilung der Energie auf diesem Planeten, der uns Heimat ist in dieser Inkarnation. Denn jeder und jede Einzelne kennt wieder einen oder eine Einzelne und kann so im kleinen Kreis die Wahrheit der Befreiung durch Jeshua weitertragen.

Von diesem Augenblick meines klaren JA zu Jesus an überfluteten mich Bilder, war ich oft mitten im Geschehen vor circa zweitausend Jahren und erlebte alles direkt noch einmal. In vielen Nächten in der Traumzeit nahm Sananda mich an einen anderen Ort mit, und während ich dann sein Diktat aufnahm, die Bilder der Nacht vor Augen, entstand eine ganz neue Lehre, die für mich heute die einzig wahre, nämlich seine Lehre, seine frohe Botschaft ist, so, wie sie es bereits vor zweitausend Jahren war. Wären da nicht die anderen, die sein Werk zerstören wollten und es bis heute noch tun.

Natürlich entstanden Diskussionen zwischen mir und Sananda. „Ich kann doch dieses nicht schreiben, die Menschen werden mich für verrückt erklären" usw. Doch Sanada fragte dann immer: „Ist dir die Meinung eines Verblendeten wirklich so wichtig, dass du die Wahrheit unter den Tisch fallen lassen willst? Hast du nicht selbst so vieles an Verleumdung, Verfolgung und Verachtung in diesem Leben erfahren und bist daraus gestärkt hervorgegangen? Denke an all die, die Ohren haben zu hören und ein Herz zu fühlen. Sie wollen die Wahrheit erfahren, weil sie sich tief in ihrem Inneren erinnern und sich ebenso wenig wie du bisher wagen, diese Wahrheit in sich aufsteigen zu lassen. Sie sollen und wollen die Wahrheit erinnern, damit ihre Seele heilen kann und sie die Liebe in sich selbst erfahren."

Und ja!, ich war vor zweitausend Jahren ganz nah an seiner Seite und bin es bis heute. Ich möchte Jeshua darin unterstützen zu vollenden, was damals seinen Anfang nahm. Ich möchte den Weg für seine Wiederkehr in unsere Existenz bereiten, damit er sein Versprechen einlösen kann, dass er am Ende der Zeiten zurückkehren wird. Er ist längst hier, doch nicht physisch. Doch eines ist sicher: Nur hier, in dieser Dimension, kann er sein Werk vollenden und seine, deine, meine und die Wunden der Erde heilen.

Er war da. Er half mir durch meine Ängste. Er ließ mich weitere Begleiterinnen und Begleiter unserer Zeit erkennen. Er begleitete mich voller Liebe, wie er das mein ganzes Leben lang tat und ohne die mein Leben für mich unvorstellbar ist. Er begleitete mich zu meinen Wurzeln in dieser Inkarnation, zeigte mir wieder die Bilder meiner Kindheit und erinnerte mich des Schmerzes, der mich bereits im Alter von zwei Jahren traf, wenn ich nur ein Kreuz sah mit einem dünnen, gequälten, gefolterten und ermordeten Mann der Liebe, der durch seine geschlossenen Augen voller Leid in das Zimmer schaute.

Ich erinnerte mich all der Schläge, der Abwertungen, der Verachtung, der Drohungen, des In-der-Hölle schmoren-Müssens, die ich bekam und hörte, wenn ich diesen Körper vom Kreuz nahm und in Tücher hüllte. Und trotz allem, ich tat es jahrelang immer und immer wieder. Ich wickelte ihn in Tücher und legte ihn in eine Schublade. Das Kreuz ließ ich liegen. Nur was mich damals quälte war, er wachte nicht auf, stand nicht auf, wie ich es in mir erinnerte.

Ich erinnerte mich meiner Fassungslosigkeit darüber, was auf dieser Erde los ist. Ich erinnerte mich, wie fremd ich mich fühlte unter all den Menschen, die mir als Kind Geborgenheit schenken sollten und doch so oft so herzlos, vor allem sich selbst gegenüber, waren. All die langen Menschen, denn sie waren für mich, die ich körperlich klein war, nicht groß, sie waren nur lang und hoch, die ich nicht richtig fühlen konnte, weil sie sich selbst nur bedingt fühlten, all die Menschen meiner Kindheit, die von einem lieben Gott sprachen, aber in seinem Namen böse Werke, besonders an Kindern, taten, tauchten wieder vor mir auf.

Ich erinnerte mich aber auch meiner unsichtbaren Begleiter, allen voran Sananda, ohne die ich im Alter von vier Jahren, in den vier Wochen, als dieser kleine Körper der Eva-Maria im Koma lag, nicht auf diese Erde zurückgekehrt wäre, die mich immer wieder seelisch aufbauten und begleiteten. Zu schön und vertraut war mir das Leben in meiner wahren Heimat ohne all die Grausamkeiten, die ich in diesem jungen Alter von der Erde her bereits kannte.

Ich erinnerte mich meines Entsetzens ob der Priester, die meinen Weg als Kind begleiteten, der Züchtigungen im Namen eines bösen Gottes, der mir als gut verkauft werden sollte, der Verdammnis, die uns allen drohen sollte, wenn wir nicht einem bösen lieben Gott folgten, der mir fremder war als jedes Fabelwesen. Mit diesen Erinnerungen setzte ich mich an den PC, überwand mit Sanandas liebevoller Unterstützung und Hilfe all meine Ängste aus Kindertagen, die tief in mir immer noch schlummerten, ohne dass ich mir dessen bewusst war, und schrieb seine Worte, die ich dir hiermit in und an dein Herz lege.

Lies diese Zeilen mit offenem Herzen für das Unwahrscheinliche, das Unmögliche. Erfahre dich selbst neu, wenn du erkennst, es war und ist alles ganz anders. Für mich ist es DIE FROHE BOTSCHAFT. Wenn du zweifelst, nicht wagst zu glauben, alte Ängste, resultierend aus Drohungen der Religionen, dich erreichen, dann bitte Sananda hinzu. Er wird dein Herz berühren, dir die Angst nehmen, dich durch seine Gegenwart die Liebe der Quelle in dir selbst erfahren lassen, damit du deine ganz eigene Wahrheit neu erfahren kannst. Es geht nicht darum, dass du blind glauben sollst, was du liest. Es geht darum, dass du deine ganz eigene Wahrheit über Jesus – oder Jeshua – in dir erfährst, so, wie es für dich persönlich stimmig, liebevoll und schön ist. Er wird bei dir sein, wenn du darum bittest. Das ist sein Versprechen, das er mir und damit dir gab.

Mir ist bewusst, dass sehr vieles fremd erscheint. Ging es mir doch nicht anders. Zu eng gefasst sind die Mauern, in denen wir aufwuchsen. Zu eng gestrickt ist der Anzug eines Jesus, der uns übermittelt wurde. Die Maschen dieses Anzugs werden hier und jetzt aufgelöst, und zurück soll ein Knäuel Wolle bleiben, das ich für mich Mutter Erde übergebe. Sie wird daraus einen neuen Anzug der Liebe stricken. Das gleiche geschieht mit den Mauern, in denen er gefangen war. Bauen wir für uns daraus einen Tempel der Freiheit, der Freude und des Lichts, frei von Mauern und den Begrenzungen eines strafenden Gottes.

Zwar ist in vielen Menschen der Wunsch, die Wahrheit darüber zu erfahren, was damals wirklich geschah, vorhanden; doch ist in beinahe ebenso vielen Menschen die Angst verwurzelt, die Ketten zu sprengen und aus der „Normalität", die ihnen anerzogen wurde, auszubrechen.

Das Tabuthema „Das Leben Jesu", von vielen dementiert, bewiesen, auseinandergepflückt, neu geschrieben und verfälscht, ist ein heißes Eisen. Ich habe mir daran nicht die Finger verbrannt, sondern eine tiefe Liebe neu in mir erfahren. Dieses Buch zu schreiben war für mich die letzte innere Befreiung auf Seelenebene. Dieses ist es, was ich auch dir wünsche. Die Entfaltung der Flamme des Christusbewusstseins in die Bewusstheit der Einheit in Liebe. Das ist der Weg, den Jesus nicht erst am Jordan begann. Das ist der Weg, den auch ich weitergehen werde, weil es für mich der einzige Weg ist, der die Menschheit heilen und das Blatt wenden kann.

Ich schreibe dieses Buch auch, damit sich viele erinnern an ihren, unseren intergalaktischen Ursprung. Waren Raumflüge im Alten Testament an der Tagesordnung, so verschwanden die Besuche der „Götter“ im Neuen Testament, obwohl sie stattfanden und bis in die heutige Zeit stattfinden. Mit unserem heutigen Verständnis von Technik, mit echten oder getürkten Flügen zum Mond, zum Mars usw. sollte es doch sehr verwundern, wenn es noch Menschen in der aufgeklärten Welt gibt, die an einen wahren Gott, der in einem Feuerwagen vom Himmel kommt, um die Menschheit entweder zu erretten oder zu vernichten, auch nur ansatzweise glauben. So genannte Entführungen durch so genannte UFOs sind längst ein alter Hut und kaum jemand zweifelt mehr daran. Warum also bezweifeln, dass Jesu Vater, der im Himmel ist, in einem Raumschiff um die Erde kreiste, um die Erziehung und Ausbildung seines Sohns zu fördern, zu überwachen und teilweise zu übernehmen?

Jesus kam, um eine neue Zeit zu begründen. Er kam, um das alte Gesetz zu erfüllen, dass die Menschheit dem Schutz der „Götter“ untersteht und, dass nie wieder ein Strafgericht eines „strafenden Gottes“ die Menschheit vernichtet (Altes Testament nach der Sintflut).

Er kam in einer Zeit, in der die Erde in dieser Region am dunkelsten war in ihrer Geschichte und unter der Last der Grausamkeit einiger „dunkler Götter“ kurz vor dem Zusammenbruch stand. Er kam, um zu verhindern, dass die „Aus der Einheit gefallenen Götter“ die irdische Schöpfung zerstören, weil sie diese selbst in ihren Besitz bringen wollten. Er kam, um die weggenommenen Menschensöhne, die verblendet und voller Angst der Gewalt folgten und diese an anderen Menschen ausübten, zurückkehren können in die Arme der Liebe, die sie in Wahrheit sind.

Es geht um die Kinder dieser Erde, die geschaffen wurden nach dem Ebenbild der göttlichen Quelle, und darum, die göttliche Schöpfung der Erde und der Menschheit in ihrer vollkommenen Gestalt neu auferstehen zu lassen.

Diese Erde ist bis heute der Kriegsschauplatz von Licht und Schatten. War sie einst der Spielplatz der Götter, von denen vielleicht auch du eine oder einer bist, so liegt es jetzt auch in unserer Verantwortung, uns der Seite zuzuwenden, die das wahre Licht auf diese Erde zurückbringt.

Je mehr Hei-Tei-Tei, alles ist gut, auch wenn das Gegenteil sichtbar ist, je mehr *„Der Aufstieg für jeden ist nicht mehr aufzuhalten“* propagiert wird, je mehr Negation der dunklen Seite stattfindet und Easy going, besonders in der Esoszene, zum Lieblingsbegriff wurde und wird, je mehr alles abgegeben wird an Engel und Meister und Abgabe der Selbstverantwortung durch Worte wie: „Die Meister/ Engel machen das schon, mach dir keine Gedanken“, da muss ich mich gar nicht anstrengen, denn es läuft ja sowieso alles nach Plan, je mehr selbsternannte Gurus ständig neue Meister und Engel erfinden, die auch nur ablenken von dem, worum es wirklich geht, desto unwahrscheinlicher wird der Aufstieg der Menschheit. Weil vieles davon Verblendungen und Ablenkungen von der Wirklichkeit, wie sie hier auf Erden gerade zu sein scheint, sind, was diese jedoch wieder sehr real sein lässt. Denn... hier auf der Erde sind Zeit und Raum eben nicht nur Illusion.

Das ist ein Begriff, den der Mensch geprägt hat. Hier haben wir uns erwählt, in Raum und Zeit in linearem Denken die Menschheit zurückzubringen an einen Ort, den sie nur noch in Träumen erinnert.

Es gibt nur einen Weg: Die Heilung des Teils des multidimensionalen Selbst von Sananda, das durch Sananda sich selbst als Jeshua in diese Welt entsandte, die Heilung der Erde und damit die Heilung der Menschheit.

Der Weg heißt: Befreie dich von der Dunkelheit, die nicht in Gestalt eines, von den Religionen erfundenen Teufels auftritt, sondern sehr oft in schillernder Gestalt mit vermeintlichen Weisheiten, die der Bequemlichkeit des Menschen dienen.

So ist es nicht ganz unberechtigt, dass heute viele Menschen vor New Age und Lichtarbeit warnen. Doch auch das sind nur Teilaspekte, weil das Bindeglied fehlt. Lichtarbeit ist wichtig, sie kann aber auch Schaden anrichten, wenn es keine Lichtarbeit des reinen, universellen Lichts ist. Denn wichtig dabei ist immer, das eigene Ego außen vor lassen zu können. Und das können leider nur wenige, wenn der Erfolg im Außen sich einstellt. Dieses meinte Jesus, als er angeblich sagte: „Eher geht ein Kamel durch ein Nadelöhr als ein Reicher in den Himmel der Liebe.“

Lichtbringer für die Menschheit und die Erde sind diejenigen, die sich durch eine tiefe Liebe zu Gaia, zum Christusbewusstsein und zur Menschheit auszeichnen.

So lege ich dir jetzt unser Werk an und in dein Herz und freue mich, wenn der Weckruf der universellen Liebe dein Leben erfüllt und auch du deinen ganz eigenen kleinen Beitrag leistest, der Menschheit zum wirklichen und wahren Quantensprung in die Liebe zu verhelfen. Denn aus vielen kleinen Beiträgen wird ein großes Feld des Lichts, und daraus kann sich Großes entfalten.

Viele sind berufen, doch nur wenige erwählen sich selbst.

Eva-Maria und Sananda

Die Wahrheit hinter einer Legende...

Egal, mit wem wir auf dieser Welt reden, der Name Jesus oder Jesus Christus ist nahezu allen Menschen auf dieser Erde bekannt. In beinahe jedem von uns gibt es bereits seit Kindertagen eine ganz bestimmte Vorstellung zu diesem Namen. Und obwohl er schon über zweitausend Jahre angeblich tot ist, geht von diesem Namen eine ganz besondere Faszination und Anziehung aus.

Meist denken wir dabei an die unbefleckte Empfängnis der Jungfrau Maria, an die Geburt in der Krippe, an Weihnachten, Ostern, an die weisen Sprüche des Sohnes Gottes mit seinen Wundertaten, der Erlöser aller Qualen derer, die an ihn glauben, so, wie es die Bibel vorschreibt. Wir denken an den Mann, der sich – angeblich – selbst geopfert hat, von seinem eigenen Vater geopfert wurde, um die Sünden der Menschen auf sich zu nehmen und stellvertretend für diese zu sühnen.

Es ist oft das Bild eines jungen Mannes im langen Gewand, mit Bart, langen Haaren und natürlich mit Sandalen. Und meist überstrahlt all diese Bilder eine Süßlichkeit, wie sie durch die Kirchengemälde götterhaft geprägt wurde. Es ist aber auch die Verfolgung und die qualvolle Kreuzigung durch die Römer, die Auferstehung von den Toten und der Aufstieg in den Himmel, was die Menschheit fasziniert. Hinter dem Begriff Jesu steht die Macht einer Weltreligion, die Millionen Menschen in ihren Bann zieht.

Die Anbetung und Verehrung eines gefolterten ermordeten Mannes für die Sünden der Menschen, die damit keine Selbstverantwortung für ihre Taten mehr brauchen, sind die Wahrheiten der christlichen Kirchen.

Übermittelt wurde dieses alles ursprünglich aus den angeblichen Erzählungen der Anhänger von Jesus. Diese wurden übertragen auf die damals üblichen Schriftrollen und später dann in die Evangelien, was ja im Grunde *Die frohe Botschaft* heißt. Doch wie froh ist die kirchliche Botschaft wirklich? Die Evangelien wurden so oft neu geschrieben und verändert, dass wahrscheinlich selbst der Vatikan nicht mehr weiß, wie die Originale aussahen. Diese neuen Botschaften gingen in das Neue Testament ein, das im 4. Jahrhundert nach Christus entstand, und uns in mehreren Übersetzungen an unsere Pflichten erinnert, wenn wir in das Reich Gottes eingehen wollen. Wir haben meist über unsere Religionslehrer in der Schule, unsere Eltern, den Gottesdienst, die Kirche und heutzutage auch über Filme in den Medien diese Art der Sichtweise, diese Art von Wahrheit über Jesus übernommen.

Die Wortwahl des Alten und Neuen Testaments ist für unsere Jetztzeit so weit überholt, das Auftreten der Kirchen meist so ritualisiert und unzeitgemäß, dass die meisten Menschen mit diesem Jesus nichts mehr anfangen können oder wollen. Andere erklären sogar, Jesus sei ein ganz normaler Mensch gewesen, wie du und ich. Wieder andere negieren alles, was geschehen sein soll, als Machtszenario der Kirche und des Vatikans, à la *Gott ist tot*. Andere behaupten, dass es ihn nie gab, oder er gar ausgetauscht und ein anderer an seiner Stelle gekreuzigt wurde. Das Informationsdefizit, aber auch der Informationsbedarf, der Wunsch nach Wahrheit ist enorm groß. Denn bei all dem bleibt die Faszination auf der Suche nach dem Sinn des Lebens, auf der Suche nach der Wahrheit um diese so „sagenumwobene“ Persönlichkeit Jesus.

Die Wahrheit zu finden drängt uns, die Zeit, in der wir uns befinden, auch. In den letzten Jahren haben viele Religionsforscher und Wissenschaftler die Texte analysiert und unzählige Ungereimtheiten in dieser Legende um Jesus gefunden. Da half oft nur theologisches Tricksen, Konzile, Verdrehen von dem, was gewesen ist oder sein soll, zu einer passenden Weltreligion. Doch was ist die Wahrheit?

Peter Krassa war nur einer unter vielen, der Jesus mit Außerirdischen in Verbindung brachte. Auch Erich von Däniken bekennt sich zu dieser Möglichkeit der Interpretation des Leben Jesu. Selbst in den überlieferten Worten des Alten Testaments finden sich deutliche Hinweise darauf, dass die Götter immer wieder in feurigen Wagen vom Himmel kamen und die Menschen entweder in Angst und Schrecken versetzten oder ihnen freundliche Helfer waren. Laut Sananda gab es tatsächlich diese beiden Fraktionen, und es gibt sie bis heute.

Und selbst, wenn wir es nur in der Form sehen, „alles eine Frage des Glaubens", entsteht eine neue Betrachtungsweise für den Sinn unseres Lebens, für den Sinn unserer Erde. Nämlich, statt Buße zu tun und „einen anderen für sich machen lassen, seine eigene Schuld auf sich zu nehmen". Die Verantwortung für die eigenen Verfehlungen einem gefolterten und brutal ermordeten Mann zu übergeben, – keine Sorge, er hat überlebt – steht die Botschaft eines Revolutionärs, eines Visionärs hin zur Selbstverantwortlichkeit und zur Nächstenliebe gegenüber.

Beweise, Belege finden sich für unseren Intellekt in den Forschungen, Interpretationen der überlieferten Texte. Trotzdem liegen die Religionswissenschaftler im Disput. Es ist keine Einigung beziehungsweise Wahrheitsfindung in Sicht. Wir können niemanden mehr fragen. Oder doch?

Eine andere Herangehensweise ist das Channeln. Auch wenn es manchem zuerst als sehr befremdend erscheinen mag, sind die Resultate doch oft verblüffend und bieten eine zusätzliche Sichtweise für den Lauf unserer Geschichte, besonders aber auch für unser jetziges Leben.

„Channeln zu lernen ist die allerwichtigste spirituelle Praktik, die ein Mensch erlernen kann, um sein eigenes spirituelles Wachstum zu beschleunigen", so ein Zitat von Vyvamus. Das Wort „Channeling" kommt aus dem englischsprachigen Raum und bedeutet so viel wie „Kanal sein". Ein reiner Kanal zu sein bedeutet, eine Fähigkeit zu besitzen, die trainiert werden muss, die jedoch auch Demut und Hingabefähigkeit jenseits des abwertenden Egos voraussetzt.

Dabei channelt jeder Mensch von seiner Geburt an bis zu seinem letzten Atemzug auf dieser Erde. Je mehr das Medium die eigene Selbstbemeisterung erreicht hat, sich von negativen Persönlichkeitsanteilen befreit, die eigenen Energien transformiert und zur Verfügung hat, unter Ausschluss aller störenden Fremdenergien aus der Umgebung, desto reiner und klarer kann die Botschaft übermittelt werden. Channeling ist also die Fähigkeit, sich mit, für die meisten Menschen unsichtbaren, höher entwickelten Wesenheiten in lichtvollen Ebenen zu verbinden und die Botschaften und/oder Energien herunterzutransformieren, zu übersetzen und in eine für alle verständliche Form zu bringen.

Es ist ebenfalls von allergrößter Wichtigkeit zu erkennen, dass sich nicht nur die lichtvolle Welt der Meister und Engel mitteilen möchte. Die Gegenseite steht Schlange, um die Menschheit mit ihren eigenen Botschaften auf ihre Seite zu ziehen. Da diese Energien ebenfalls von Licht und Liebe reden, die lichtvollen Meister in oft hervorragender Weise imitieren, kommen leider auch sehr viele Botschaften der dunklen Seite unter die Menschheit. Zumal der Kontakt zu diesen Wesen, die immer und gern dem niederen Ego schmeicheln, sehr viel leichter herstellbar und vermeintlich auch spannender und lustiger ist, – und oft theatralischer, bequemer und anregender zu sein scheint, als zu den wahren Meistern der Liebe.

Wir fällen kein Urteil, wenn wir unterscheiden zwischen Medien, die reiner und klarer sind als andere. Die Unterscheidung resultiert daraus, dass wir in einer Dimension leben, in der wir unterscheiden müssen, weil unser Universum dual ist. Es ist schlicht und ergreifend eine Tatsache sowie eine Fähigkeit des Unterscheidungsvermögens zu erkennen, dass es starke Unterschiede in der Qualität der übermittelten Botschaften gibt. Denn jeder Mensch channelt tagein und tagaus. Jeder Mensch channelt sein eigenes Unterbewusstsein, die Gefühle seines Emotionalkörpers, sein Ego, seinen Intellekt, sein Inneres Kind, aufgeschnappte Energien aus der Umgebung, etwas Angelesenes aus der Erinnerung etc. Der Mensch, der die Verantwortung für sich selbst und sein Leben weitestgehend abgegeben hat, kann daher kein klares Medium – weder für sich selbst noch für andere Menschen – sein, da er nicht in der Lage ist, über sein eigenes Unterbewusstsein und in der Materie gefangenes Denken hinaus zu channeln.

Bei all dem ist jedoch immer wieder eins zu beachten: Glaube nicht alles blind, nur weil es gechannelt ist. Unterscheide, ob es dir etwas nutzt, ob es lichtvoll ist, ob es in dir ein Gefühl der Bestätigung auslöst und ob es der Menschheit im Allgemeinen nutzt. Dieses, die Allgemeinheit betreffend, gilt allerdings nur dann, wenn das Channeln nicht nur und ausschließlich dir selbst gilt.

Ein wahrer spiritueller Meister oder Meisterin wird dich immer respektieren, und zwar dort, wo du stehst. Er oder sie wird deinen Weg nie kritisieren, dir niemals irgendwelche Ratschläge geben, die du nicht erbeten hast, dir niemals sagen, was du tun und lassen sollst oder musst, sondern wird immer präsent sein, um dich in Liebe zu begleiten, und nicht, um dich zu leiten. Richte dich aus an der Göttlichkeit, an Mitgefühl mit allen Wesen, an Urteilsfreiheit, an Selbstliebe und Selbstachtung, dann kann dir auch nur Lichtvolles begegnen. Ein wahrer Meister/eine wahre Meisterin ist immer ganz leise, das gilt auch für Meister und Meisterinnen auf der menschlichen Ebene.

Somit können wir auch hierzu sagen: „Alles eine Frage des Glaubens", und haben doch als Ergänzung zu den kritischen Stimmen der Forscher, zu den Zweifeln in unserem Herzen, als Kontrapunkt zu dem bedingungslosen Glauben, der uns scheinbar alles abnehmen und scheinbare Erlösung bringen soll, eine Alternative! Die ewige Suche des Menschen in seinem Bestreben, den Glauben in sich zu finden, mündet letztlich in dem Bemühen, einen Weg zu finden, darzustellen, was „Liebe sein" für den Einzelnen bedeutet.

Tatort Jesus beschreibt einen deutlichen und klaren Weg, den Weg zur Selbstverantwortung und zu innerem Wachstum, frei von religiösen Zwängen und gefordertem Leiden, weil Gott angeblich straft, wen er liebt. Sananda beschreibt hier einen klaren Weg der Selbstermächtigung mit einem Vorbild, einem Freund, einem Bruder statt einem Führer. Beweise für diese kritische Neuzeichnung unserer Geschichte liegen in der logischen Beschreibung und dem inneren Vertrauen. Die Chance, dieses zu nutzen, ist jedoch das Ziel und auch unsere Hoffnung auf eine bessere Welt.

Auch wenn die alte Religionsauffassung bequemer erscheint, auch wenn es an konkreten Beweisen mangelt, die alte Wahrheit ist überholt und bringt uns kein Stück weiter in dieser Zeit. Wir brauchen keinen New Age Meister, wir brauchen keinen strafenden Gott, wir brauchen den Weg zur Selbstverantwortung für uns selbst und für unseren Nächsten. Dieser Weg ist die Wahrheit von Sananda, der eine kurze Spanne an Zeit als Jeshua seinen Weg der Liebe mit uns ging, der den Menschen seiner Zeit den Weg in die Freiheit bereitet hat und dieses bis in die heutige Zeit voller selbstloser Liebe immer noch tut!

So dient dieses gechannelte „Neue Testament“ als neue Wahrheit, für uns als DIE Wahrheit, als Inspiration einer anderen Sichtweise unserer Geschichte mit dem Ziel, uns zu lösen von irreführenden, abhängig machenden Machtstrukturen, hin zu unserem wahren Selbst. Dieses Buch ist eine moderne Interpretation, eine Chance, den Sinn des Lebens, den Sinn des Universums und unsere Verantwortung und Hingabe darin zu finden.

Thomas & Eva-Maria Ammon, im März 2008

Teil 1: Wir sind untrennbar miteinander verbunden

Sananda: Ich bin mitten unter euch!

Meine geliebten Schwestern und Brüder in Gaias Armen. Meine geliebten Freundinnen und Freunde in unserem allumfassenden Sein. Ich begrüße dich, berühre deine Seele mit der Kraft meiner Seele und sende dir Frieden bringenden Segen!

Die Zeilen dieser Schrift sind mein ganz persönliches Anliegen, um euch, die ihr wieder inkarniert seid, um der Erde in dieser Zeit, der letzten kurzen Zeit der Dunkelheit, ein Licht zu sein, zu zeigen, was meine wahre Mission war, ist und bleiben wird, so lange Gaia euch trägt. Mein Anliegen ist es, dir Mut zu machen, in deine alte Kraft zurückzufinden, derer ihr euch vor langen Zeiten bewusst wart und vor der so viele Menschen in Furcht leben. Mein Anliegen ist es, meine Kinder, meine Begleiterinnen und Begleiter wieder zusammenzurufen. Mein Anliegen ist, dich, die oder der du mit meinem Sein der Quelle entsprungen bist, zurückzurufen in unser Eins-Sein im unendlichen Sein, in dem wir ewig sind, ewig waren und ewig sein werden.

Es ist mir jedoch ebenfalls ein Anliegen aufzuräumen mit dem Mantel der Augenwischerei, der um mich gelegt wurde und immer noch wird. Die Zeit ist angebrochen, von der ich sprach. Die Zeit ist angebrochen, in der viele vorgeben, in meinem Namen zu lehren, um somit die Seele, die dem Erwachen zustrebt, so oft von diesem Erwachen zu entfernen.

Doch zuvor möchte ich euch ein wenig erzählen von den Ebenen, in denen ich wirke, in denen die Weiße Schwestern- und Bruderschaft ihren Sitz hat. Es ist eine Dimension der Freude, der Liebe, des bewussten Erschaffen und der Fülle. Es ist aber auch die Dimension des Wartens auf eure Heimkehr. Mit mir sind viele hier, von denen ihr nur einige beim Namen nennt. Ihr bezeichnet sie und uns gerne als „Aufgestiegene Meister". Und doch sind auch einige von uns bei euch, mitten unter euch, weil sie euch begleiten wollten in den aufregenden Zeiten der Wende, in denen ihr jetzt gerade lebt. Sie sind unter euch, weil sie der Erde in dunklen Zeiten das Licht bringen wollen. Sie wollen euch helfen, alte Fehler zu vermeiden, damit der Quantensprung für viele, viele Menschen erfahrbar wird.

Vielleicht wunderst du dich, wenn ich unsere Dimension als die Dimension des Wartens bezeichne. Erscheint sie doch so vielen von euch derart erstrebenswert, dass ihr über das Streben und Sehnen danach, endlich wieder in dieser Heimat zu sein, hin und wieder eure selbst erwählte eigene Mission auf der Erde vergesst.

Der Anlass liegt darin begründet, dass wir aus all diesen, für euch meist unsichtbaren Dimensionen hier sind, um selbst weiterzulernen und die Menschheit in ihrem Wachstum darin zu unterstützen, aufzusteigen in die Liebe, bevor wir selbst weitergehen. Ihr alle werdet eines Tages den Wechsel in unsere Dimension erleben, um hier eure weiteren Erfahrungen zu machen, die auf der Erde nicht erfahrbar sind.

Ihr und wir sind untrennbar miteinander verbunden im großen Spiel dessen, was wir in allen Universen „das Leben“ nennen. Im Grunde sind zwar auch wir, genau wie ihr, in der Arbeit am Quantensprung der Seelen und der Erde beteiligt, doch in erster Linie am weiteren Quantensprung unserer eigenen Seele, wie jeder Seelenfunke es ist. Auch wir sind nicht fertig in unserem Hineinwachsen zur erinnerten Göttlichkeit der Wahrheit. Wir geben an euch weiter, was wir selbst erfahren und gelernt haben. Doch lernen wir hier in unseren Ebenen all das weiter zu erfahren, was wahre gelebte Göttlichkeit und Vollkommenheit ist, was wir auf der Erde nicht erfahren wollten oder konnten.

Selbstverständlich ist eine Seele, die die Dritte und Vierte Dimension hinter sich gelassen hat, nicht in der Dimension der allumfassenden Göttlichkeit und Liebe, ebenso wenig, wie wir es sind. Wir haben die dritte und/ oder vierte Klasse abgeschlossen. Doch viele Stufen liegen auch vor uns, die du uns Meister nennst. Genauso, wie du in der irdischen Schule eine Schulklasse meistern musst, bevor du in die nächste versetzt wirst, erwählten wir alle, die einzelnen Dimensionen mit all ihren Aufgaben zu meistern, bevor wir in die nächste aufsteigen können. So lernen wir hier die urteilsfreie Liebe, da dieses auf der Erde so gut wie niemals zu einhundert Prozent möglich sein kann. Dazu müssen auch wir viele Dinge in uns heilen, die noch an die Erde gebunden sind. Die Dimension der Erde bietet zu viele Wahlmöglichkeiten und Ablenkungen vom erwählten Ziel. Hier in unserer Dimension sind diese Ablenkungen nicht mehr so belastend. So ist unsere Heimatdimension diejenige, in der auch du einst deine Meisterschaft in göttlicher Liebe erreichen wirst, bevor du in die nächste Dimension strebst oder als Meister/in der Liebe die Wesen in den niederen Dimensionen schulst.

Auch wir haben Lehrer in anderen Dimensionen, die uns begleiten, so, wie wir euch unterstützen und leiten, wenn ihr es geschehen lasst.

Viele von euch zweifeln und fragen: „Haben die Meister nichts anderes zu tun, als sich Channel auf Erden zu suchen?" Oh doch, meine Schwester, mein Bruder; wir haben anderes zu tun, denn so viele, die glauben, dass wir sie als Medium erwählt haben, sind oft nichts anderes als Betrogene ihres inneren Wunsches nach Größe und Anerkennung im Außen. Wir wählen als „Channel", wie ihr es bezeichnet, verwandte Seelen, die Inkarnationen mit uns geteilt und sich freiwillig heute wieder inkarniert haben, um der Erde in diesen aufregenden Zeiten des Wandels beizustehen. Wir wählen als Channel Teilaspekte unserer Selbst, die in, von und mit uns sind im universellen Eins-Sein der Gezeiten der Universen. Wir wählen als reines Medium Mitglieder unserer Gemeinschaft, die sich noch einmal auf Erden inkarniert haben, um einen Weckruf zu senden.

Es ist an der Zeit, dass DU, die oder der du dich berufen fühlst, tief in dich hineinspürst, wer und was du in

Wahrheit bist. Wenn wir dich rufen, dann tun wir dies in Absprache mit deiner Seele, die ein Teil unserer eigenen Seele, ja, die unsere eigene Seele ist. Du hörst und verstehst den Ruf tief in deiner Seele. Oft erreicht uns dann dein Rebellieren, deine Fluchttendenz, daraus resultierend, dass du dich erinnerst an Gefahren, die dein Wissen auf Erden einst mit sich brachte.

Vieles im außen lässt dich fühlen, dass du nicht erinnern willst, denn auch die Ängste all deiner Teilaspekte im großen Alles berühren deinen Weg und dein Sein. Doch du hast freiwillig gewählt, den Raum des Alles-Was-Ist zu verlassen und als individueller Teil deiner Größe und Teil von allen und allem, oft in tief gefühlter Einsamkeit, auf der Erde ein weiteres Mal eine alte Entgleisung zu bewältigen, an der so viele von uns, auch ich, Sananda, in ganz besonderem Maße, beteiligt waren. Wir, die wir als Überseele zurückblieben, haben in Anerkennung deines Mutes dir all die Unterstützung zugesichert, die du anzunehmen dich bereit erklären wirst, wenn der Weckruf dich erreicht.

Du bist heute wieder auf Erden, auch, um darüber zu wachen, dass die alten Fehler nicht blind wiederholt werden. Du kannst dich erinnern an die Zeiten, in denen wir unachtsam waren und das Leben auf der Erde, wie du es heute kennst, seinen Lauf nahm. Du kannst dich erinnern an die Zeiten, als Lemuria sich erhob. Du kannst dich erinnern an die Zeiten, als Atlantis sich verdunkelte, bis es in den Fluten versank. Du kannst dich an den Untergang vieler Kulturen erinnern und an die Ursache, warum dieses geschah.

Schließe nur sanft deine Augen, wenn du magst, wenn du eine tiefe Erinnerung erfahren willst. Ich bin bei dir! So spüre meine Gegenwart und lass dich berühren, wenn du es wünschst, damit ich dir die Bilder zeigen kann, die du hier und jetzt brauchst.

Du bist hier auf Erden, um darauf hinzuweisen, dass sich vieles wiederholt und nicht alles geschehen muss, was prophezeit wurde, wenn die Menschheit sich endlich von der Scheinheiligkeit der weltlichen Furcht befreit. Auch ich erfuhr die Angst eines Menschen und damit, wie wehr-, hilf-, und machtlos die Angst einen Menschen macht. Überwinde deine Ängste. Wir eilen zu jeder Zeit herbei, wenn dein reines Herz uns um Hilfe ruft. Klopfe an, so wird dir aufgetan. Wir heilen nicht deine Wunden, das wäre ein Eingriff in deinen freien Willen und in deinen Wunsch nach Erfahrung. Doch wir helfen dir, die Ursache dahinter zu erkennen, damit du selbst den Schatten erkennst und dich davon selbstermächtigt befreien kannst.

Wir, hier in unserer Dimension, leben gar nicht so viel anders, als ihr es in der euren tut. Wir erschaffen, wie ihr erschafft, nur sehr viel direkter und bewusster. Wir lieben, wie ihr liebt, nur sehr viel universeller. Wir tragen unseren Körper, nur in eurem Sinne sehr viel ätherischer usw. Wir bekommen Kinder, jedoch ohne Schmerzen. Unsere Dimension ist jedoch völlig frei von allem, was euer Leben oft so schwierig erscheinen lässt. Wir sind frei davon, einer Arbeit nachgehen zu müssen. Wir sind frei von Streit, Missgunst, Habgier und Hader. Das alles sind Attribute der Dritten Dimension und findet hier keinen Raum.

Wir sind auch gar nicht so weit entfernt von dir und deiner Welt, denn wir leben direkt neben dir, mit dir, in einer Parallelebene, die direkt neben dir liegt. Auch wir haben unsere Aufgaben, Verpflichtungen und den Wunsch nach weiterem Wachstum. An diesem Wachstum arbeiten wir. Die Arbeit mit euch auf dem Planeten Erde ist ein Teil dieses unseres Wachstums hin zur göttlich vollkommenen Liebe, hin zu vollkommenem Verzeihen, was nicht zu verzeihen ist, weil es nichts zu verzeihen gibt.

Und… nicht immer macht es uns nur Freude, dieser Aufgabe nachzukommen.

So oft erfahren wir, dass unsere Channel rebellieren, aufbegehren, nicht wissen wollen, sich nicht wagen weiterzugeben, was wir der Erde zu sagen haben, weil auch die großen Seelen auf Erden immer wieder und immer noch vom Mangeldenken ihrer selbst belastet oder voller Angst vor ungewissen Folgen sind. So sind viele Botschaften, die der Menschheit dienen könnten, nicht an die Öffentlichkeit gelangt, weil der Mut im Medium fehlte.

Mein Leben auf Terra war, genau wie das eure bis heute, geprägt von Erfahrungen, Freude, Liebe, Leiden und

Trauer. Was meinen persönlichen Aufstieg bewirkte war, dass ich durch die Erfahrung der reinen Gottheit in mir selbst die Kraft fand, auch in den schwersten Stunden meines Lebens Liebe zuzulassen, zu empfinden, mich selbst in meinem irdischen Ego zu vergessen, Mitgefühl empfinden und in dieser Energie um Liebe für meine Gegner bitten konnte, indem ich ihren Seelen von Seele zu Seele das Karma erließ und ihnen verzieh. Dieses konnte geschehen, weil ich in der Gnade meines eigenen Lichts war und die Gottheit in ihnen erkannte unter all ihren Masken, die der „dunkle Herrscher“ ihnen aufgesetzt hatte. Dieses konnte ich jedoch auch, weil ich um die Hilfen wusste, die mir selbst zuteil wurden, und in dem Wissen, dass mein Ende noch nicht gekommen war.

Viele von euch spekulieren, ob ich überhaupt gelebt habe. Sie suchen nach Beweisen. Ihr belegt und widerlegt den Jeshua aus Palästina. Spüre in dich hinein. Ihr spekuliert, ob ich gekreuzigt wurde oder nicht. Manche unter euch behaupten, es sei ein anderer an meiner statt gekreuzigt worden. Wenn das so gewesen wäre, wäre ich nicht anders als die Dunkelheit selbst und ein Feigling dazu. Immer wieder gibt es neue Interpretationen, angebliche Durchsagen, neue Erkenntnisse und Auslegungen. Schau dich um in der Welt.

Es gab und gibt mich wirklich! Und es gab diese meine Inkarnation auf der Erde, die ich mit so vielen von euch geteilt habe. Dennoch: Es ist euch flüchtig nur das bekannt,

Meisterschaft & Liebe

was von den Widersachern dieser Erde bekannt werden sollte.

Mein für viele so unverständliches Verhalten der urteilsfreien Liebe, trotz aller Widrigkeiten, hat dazu beigetragen, dass ihr mich bis zum heutigen Tag auf die Rolle des Leidenden, des Opfers und des Karmaabnehmers reduziert. So verfälscht die Welt bis heute mein Leben, meine Lehren und meine wahre Absicht: nämlich aufzuräumen mit dem Strafenden, der sich Gott nennen lässt, der die Welt in Dunkelheit hielt und dieses in so vielen Teilen der Erde – unter vielen Namen, bis hin zum Unaussprechlichen – auch heute noch in schrecklichster Weise tut. Ich aber sage euch:

Niemals hat mich ein göttlicher Vater der Menschheit geopfert, damit ihr frei von Sünde werdet.

Niemals war ich auserkoren als Karmaabtreter, stellvertretend für die Erdenmenschen, die Last der Sünden der Welt auf mich zu nehmen und dafür mein Leben zu geben.

Niemals war ich bereit, für auch nur einen einzigen Menschen den Leidenden, den Besiegten zu mimen oder gar einen grauenvollen physischen Tod zu erfahren.

Und niemals waren es die Juden, die mich kreuzigten. Sie werden auch aus diesem Grund bis heute von

religiösen Fanatikern verfolgt, weil ihnen dieses unterstellt wird. Mein Volk hat mich NICHT gekreuzigt.

Die Kreuzigung war römisches Recht, und kein Jude war berechtigt, diese Strafe zu vollziehen.

Das ist das große Unrecht, das in meinem Namen der Menschheit gebracht wurde. Euch wurde beigebracht, dass ihr in Erbsünde auf die Erde kommt. Und doch, wie könnte ein reines Wesen, das als große Seele in einem kleinen Körper die Erde betritt, mit einer Erbsünde belastet sein?

Niemals übernahm ich eure angeblichen Sünden. Weil das alles Illusion ist. Es gibt keine Sünde außer der einen Sünde gegen die eigene Seele, die du dir selbst zufügst im Glauben an Schuld, und der einen Sünde gegen die Seele eines anderen Menschen.

Doch deine Seele wieder zu heiligen – sprich zu heilen – obliegt jedem Einzelnen von euch selbst. Niemand kann das Karma eines anderen übernehmen, und schon gar nicht das der ganzen Erde. Und niemals war ich reduziert auf Leid oder gar auf Unterlegenheit. Mein Bestreben war und ist bis heute, den Sieg der Freiheit in die Menschheit und auf die Erde zurückzubringen.

Mein selbst erwählter Weg war, meinem Selbst und der Menschheit die Wahrheit der Liebe auf Erden zu bringen. Die Wahrheit darüber, dass DU und die göttliche Ur-quelle, aus der wir alle sind, eins seid. Du findest, wenn du den Gottesbegriff brauchst, Gott Vater, Gott Mutter in deiner Seele und nicht in alten, von Menschen verfassten Schriften aufgrund verschwommener Erinnerungen bis hin zur totalen Verfälschung. Jedes Wort der Ehre und der Liebe, das ich zur göttlichen Mutter und der großen Göttin Maria Magdalena sagte, wurde gestrichen, selbst vom inneren Kreis oft nicht wahrgenommen und als nicht existent angesehen, weil es nicht in die Zeit und nicht in die Kultur passte, dass ich die Frauen liebte und ehrte. So wurde zum Beispiel ein Wort verfälscht, das ich in diesem Zusammenhang niemals geäußert habe. Dieses soll sein: „Weib, du bist nicht meine Mutter!"

Wie kann nur ein Mensch glauben, dass ich die Göttin, deren irdischer Körper und deren Liebe mich in diese Welt gebracht, die mich genährt und meinen Weg ermöglicht hat, die ihren eigenen Weg aufgab, um mir Mutter zu sein, damit die Erde heilen kann, so unangemessen in ihrer Größe missachtete?

Diese Verfälschung dient der Welt der Ohnmacht, in der die Anhänger von Religionen gefangen bleiben, und sie dient dem patriarchalischen Gott, dessen Anbetung ich zu meiner Lehrzeit ad absurdum führte. Sie dient der dunklen Welt dazu aufzuzeigen, dass auch ich angeblich die Frau verachtete, wie es zu der Zeit, in der ich auf der Erde wandelte, üblich war und bis heute an so vielen Orten auf Erden noch die Regel ist.

Nein!, die weibliche Kraft, genannt die große Göttin“, in all ihrer Größe ist in jeder Frau verborgen. Die Göttin, die meine weltliche Mutter war, verdient in ihrer Größe jede Hochachtung, denn sie ist in mir, und ich bin von ihr. So, wie auch du von, mit und in ihr bist, so, wie sie in dir.

Ganz klar sagte ich, dass ein Gott, der Blut und Opfer verlangt, egal, ob von Mensch oder Tier, nicht meine, nicht deine wahre kosmische Quelle ist.

Jener, der sich als Gott anbeten lässt und dabei die Größe der Göttin, die weibliche Kraft, ohne die nichts existieren würde, leugnet, ist der Abgefallene, der diese Welt im Dunkel gefangen halten will und vielerorts bis heute hält. Doch diese meine Worte wurden niemals schriftlich niedergelegt und stehen schon gar nicht in euren Schriften.

Genau wie du und jeder andere Mensch auf dieser Erde war ich weder heilig in eurem Sinne, noch war ich frei von Fehlern. Es ist wohl nicht möglich, in diesen Energien auf dieser Erde völlig fehlerfrei, sprich: immer in der Liebe, zu sein, wenn du dich dem Leben „draußen“ nicht entziehst und völlig zurückgezogen dein Leben gestaltest. Doch ist dieses auch nicht der wirkliche Sinn einer Inkarnation auf Erden. Und natürlich gab es Menschen, die auch mir hin und wieder auf die Nerven gingen. Dazu gehörte sogar manches Mal meine Mutter. Was übrigens immer wieder mal auf Gegenseitigkeiten beruhte. (Lachen)

Ich folgte in der Inkarnation dessen, den ihr Jesus nennt, mein Leben lang meiner inneren Stimme, der Anbindung an meine große multidimensionale Seele, die mich genau instruierte, welchen Weg zu beschreiten mein nächster Schritt war, und den Lehren meines Vaters in oder über den sichtbaren Wolken.

Meine irdische Mutter – Maria – lehrte mich von Anbeginn an, dass ich diese Stimmen ehren soll, dass ich ihnen lauschen darf und muss. Sie brachte mich immer wieder zu meinem Ursprung, zu meinem Vater, und lehrte mich, niemals zu vergessen, woher ich kam und was meine selbst erwählte Aufgabe war. Und somit ist der Ausspruch „Weib, du bist nicht meine Mutter!" niemals so gesagt, wie er für euch ausgelegt und interpretiert wurde. Ich kann ihn allenfalls als Abgrenzung zu meiner Jugendzeit stehen lassen.

Ich musste meinem Weg folgen und auch meiner Mutter klar machen, dass wir in einer bestimmten Phase unseres Lebens nicht mehr die Kinder sind, dass mütterlicher Schutz vor den Herausforderungen unseres selbsterwählten Schicksals uns nicht weiterbringt. Ich gab sie frei von ihrer Verantwortung für meinen Weg, denn die weltliche Angst holte sie ein ob dessen, was mir geschehen könne. Sie kannte schließlich meinen Auftrag. Meine wahren Worte waren: „Göttin, du bist nicht NUR meine Mutter, erinnere dich an deine selbstgewählte Aufgabe, so, wie ich mich an die meine erinnere."

So gab ich sie frei in Liebe. Ich gab meinen Geschwistern die Mutter und meinem irdischen Beschützer, Josef, den ich ebenfalls Vater nannte, die Frau zurück, die vor Sorge um mein Fortgehen und davor, was mir mit meinen, für damalige Zeiten umwälzenden Ansichten alles geschehen könne, alles hinter sich lassen wollte, um mich zu schützen. So hatte sie die Wahl, den Weg der Mutter und den Weg der Göttin für andere, in Freiheit von mir, zu beschreiten. Sie hat beide Wege wunderbar in Einklang gebracht. Doch dies alles wurde von denen, die angeblich meine Evangelien schrieben, verfälscht, um der Welt zu beweisen, dass ich die Frauen verachtete, so, wie es eure Kirchen bis heute tun. Dies war niemals mein Sein.

Erkenne, ab einem gewissen Punkt im Leben eines jeden Menschen kommt der Tag, an dem du alleine weitergehen und die Verantwortung für dich selbst tragen musst.

Erkenne auch, dass die Menschen, die irgendwann lange nach meinem Abschied von der Erde nur noch Fragmente meiner Worte kannten und kaum Einsicht in mein Leben hatten, sehr vieles verbreiteten, was nicht der Wahrheit meines Seins entsprach.

Daher ist das Neue Testament eurer Bibel ebenso vollkommen unzulänglich wie die Lehren aller Machthaber dieser Welt. Wie sollte ein Mann, der euch als Paulus bekannt ist, der mir niemals begegnet ist oder jemals mit mir in Kontakt war, der mich sein Leben lang verfolgte, der meine Gefangenschaft und meinen Tod forderte, meine wahren Lehren verbreiten können? Nein, auch dieses ist ein Part eurer Religionsstifter, zu denen Paulus als Vertreter der Aus-der-Einheit-Gefallenen gehörte.

Es gab keine Begegnung mit meinem Lichtkörper, der ihn erblinden und sich bekehren ließ. Paulus brachte diese Lehre selbst in die Welt und lehrte fortan selbsternannt in angeblich meinem Namen, was niemals aus meinem Munde kam, weil sie mich auch nach meinem Fortgehen vernichten wollten, um die Menschheit klein und machtlos zu halten. Lies seine Worte in den Schriften und schau, ob du dort die Liebe findest.

Meine Absicht mit diesen Zeilen in dieser Schrift besteht darin, dich ein wenig teilhaben zu lassen an dem Menschen, den ihr Jesus nennt; nicht, um mich zu erklären oder gar zu rechtfertigen, sondern, um dir den Weg zu ebnen, das wahre Christusbewusstsein als das zu erfahren, was es in Wahrheit ist.

Meine Absicht ist es, dich wissen zu lassen, dass eure Religionen mit mir nichts zu tun haben, und vor allem den Missbrauch meines Seins zu beenden, damit die Menschheit endlich das Licht in sich selbst erfährt, aus dem wir alle sind.

Als Mitglied der Weißen Schwestern- und Bruderschaft habe ich die Aufgabe übernommen, die Erde zu begleiten, bis sie den Quantensprung vollbracht hat und mit ihr so viele Lichter wie möglich. Ich bin so lange hier in dieser Dimension auf und mit dem Planeten Erde, bis der einst so harmonische Zustand der Vollkommenheit in Liebe wiederhergestellt ist.

So ist es mir ein tiefes Seelenanliegen, dass sich die Spreu vom Weizen trennt und die Erde mit all denen, die sie lieben, wieder das Juwel im Universum wird, als das sie einst gestaltet wurde.

Einst setzte ich mich dafür ein, dass zwei männliche „Götter" die Erde betreten durften. Sie erst brachten die Dunkelheit auf die junge, vollkommene Erde. Somit bin ich Mitverursacher an aller Dunkelheit auf Erden und bringe das Licht zurück in die Welt.

Mein damaliges Leben ist in allen Detailpunkten nicht von Relevanz, das ist vorbei. Daher werde ich nur von den wichtigsten Stationen meines Wirkens berichten. Doch meine Aufgabe, die ich in Galiläa begann, ist erst dann beendet, wenn du in dir selbst den göttlichen Vater, die göttliche Mutter gefunden hast, damit du in dir das Heilsein erlangst, das die Erde genau heute braucht. Du bist aus der Quelle, in der Quelle, Teil der Quelle, wie Alles-was-ist.

Meine Aufgabe ist beendet, wenn du erkennst, dass du vollkommen frei und ein vollkommener Ausdruck deiner ureigenen Göttlichkeit bist. Meine Aufgabe ist beendet in dem Augenblick, wenn die neue Erde mit all ihren Erfahrungen des Seins in den Zeiten der Dunkelheit das Licht des Universums erhellt. Sie ist erst dann beendet, wenn die neue Erde in strahlendem Glanz deine neue Heimat ist in den lichteren Dimensionen der Freiheit. Meine Absicht ist, dich zu erinnern, wie es damals war. Meine Absicht ist, mein Versprechen der Wiederkunft am Ende der Zeiten einzuhalten, damit wir gemeinsam das Werk zur Vollendung führen. So erfahre mich, denn ich bin jetzt hier bei dir.

Meine geliebten Freunde, wiedererwachende Götter und Göttinnen auf Erden. Ich bin immer hier und weile mitten unter euch. Doch bevor wir uns den von mir gelebten Wahrheiten zuwenden können, möchte ich aufräumen mit dem fehlerhaften Bild, das von mir und meinem Wirken gemalt wurde, weil dieses Bild die Welt bis heute in einer Dunkelheit gefangen hält, die zu befreien ich mir als Aufgabe gestellt habe. Erkenne das Licht in der Dunkelheit, und sie wird sich befreien in das universelle Licht, das *die* Wahrheit ist, die als einzige gilt.

Kamst nicht auch du eines Tages von anderen Planeten auf diese Erde?

Vielleicht erinnerst du dich der Spiele, die wir hier spielten, und vielleicht wird dir längst in deinem tiefen Inneren bewusst sein, dass auch du Teil hast an dem, was das Leben auf Erden heute präsentiert. Das ist dein innerer Antrieb, der Welt ein Licht zu sein, und doch zweifelst du so oft noch an dem, was du Würde nennst. Ja, du, ich und so viele von uns haben gefehlt an den Geschöpfen der Erde. Und daher ist es unsere selbst auferlegte Aufgabe, genau diese Verfehlungen zu erlösen und die Erde in das Licht der Liebe zurückzuführen, als das sie erschaffen wurde.

Du kamst hierher, um den irdischen Körper, den alle Lebewesen tragen, zu der Vollkommenheit zurückzuführen, die das Universum bestimmt. Um dich zu unterstützen, dieser, dir selbst auferlegten Bestimmung zu folgen, sind wir alle in diesen Zeiten der Vollendung hier, damit die Wendezeit zu einer Zeit der Freude erwachen und der physische Körper in die Unsterblichkeit der Götter zurückverwandelt werden kann.

Wir sind hier, um dir die Früchte vom Baum des Lebens in Liebe zu überreichen, so, wie es bereits im symbolischen Garten Eden erdacht und gewünscht war.

Die Früchte vom Baum der Erkenntnis sind ausgeschöpft, die Erkenntnis kann reifen. So mache dich auf und aktiviere die Lebenskraft in jeder deiner Zellen, damit die Erde in die Unsterblichkeit aufsteigen kann, an die ihr euch alle erinnert.

So erkenne die Zeichen, die dir auf deinem Weg begegnen, und verbinde dich tief mit dem Licht deiner göttlichen, multidimensionalen Seele. Lass dich führen und leiten durch die Liebe, die du in Wahrheit bist, und empfange das Licht, wenn es dich erreicht.

☆☆☆

Der Missbrauch der Aufstiegsebenen auf der Erde

Wisset, dass ihr auf Erden die Macht habt, uns und unser Handeln in unseren Dimensionen, die ihr die Aufstiegsebenen nennt, zu binden mit all den Dingen, die ihr uns nachsagt, unterstellt, fordert und an denen ihr uns festmacht. Gedanken sind Energien, die in allen Universen Gültigkeit haben, die alle Universen durchziehen und in allen Universen wirken.

So ist es in der westlichen Welt in Mode gekommen, Einweihungen mit den Aufgestiegenen Meister anzubieten oder Menschen mit unseren Namen zu locken, sei es durch Seminare, Einweihungen, energetisierte Steinchen oder Fernübertragungen. In solchen Momenten werden wir angerufen und eilen herbei, um Schäden am Einzuweihenden zu vermeiden, soweit es mit dessen freiem Willen übereinstimmt.

Die Pharisäer und Schriftgelehrten der alten Zeit, in der das Licht auf dieser Erde neu verankert wurde, sind ebenfalls wieder unter euch und lehren, so scheint es, in unser aller Namen. Darum sei wachsam und achtsam in deinem Gewahrsein, wenn du mit für dich wohlklingenden Namen der Meisterebenen in Verbindung kommst oder gar ein anderer Mensch dir sagt, er oder sie könne dich in die Energien der Meister einweihen. Das können, wollen und tun nicht einmal wir selbst.

Doch ist es so, dass nur wir selbst es sind, die dich, wenn du bereit bist und in deine Selbstermächtigung trittst, auf bestimmte Energieebenen anheben können, die der universellen reinen Schwingung entsprechen.

Wir würden dich jedoch niemals in unsere eigene Energie einweihen, denn das widerspräche allen Gesetzen des Universums. Jeder einzelne individuelle Funke entstammt der Quelle, und diese Quelle umgibt und durchdringt alles und jeden. Von daher sind alle Wesen eine Energie in unterschiedlicher Distanz zum Wissen ihrer Göttlichkeit. Jedes einzelne Individuum hat wiederum seine ganz eigenen Lernerfahrungen und verbindet sich, wenn die Zeit reif ist, mit den entsprechenden Energien des multidimensionalen Selbst, zu denen es in Resonanz steht.

Wenn du also bereit bist, dann wirst du dich von ganz alleine mit unseren Energien verbinden. Dann wirst du dich uns ganz nah oder von uns gerufen fühlen. Mit deiner Kontaktaufnahme zu den höheren Dimensionen – egal, ob Meister, Engel oder Serafim – wirst du dich mehr und mehr eins mit dir selbst und natürlich auch mit uns fühlen. Doch das kannst du nur alleine tun, und je tiefer du eintauchst in das Einssein, desto mehr wirst du dich universell verbunden fühlen mit Allem-was-ist. Die Trennung wird aufgehoben. Dann wirst du mich ebenfalls als das erkennen, was ich war, bin und sein werde. ICH BIN Liebe und Teil deiner selbst!

Meine Inkarnation als Jeshua war eine Inkarnation, um den Menschen der damaligen Zeit der Unfreiheit und Unterdrückung klarzumachen, dass ein jeder in sich selbst frei, göttlich und vollkommen ist, egal, wie es im Außen auch scheinen mag.

Im politischen Sinn war ich ein Freiheitskämpfer, wie so viele nach mir. Doch war ich kein Kämpfer mit Schwert und Rüstung, sondern ein Lichtkrieger, wie ihr es heute nennen würdet. Ich wollte und sollte in höherem Auftrag der Galaktischen Föderation allen, die es hören und erfahren wollten, das Bewusstsein der inneren Freiheit im Erkennen der eigenen Größe und Göttlichkeit vermitteln. So, wie es bis heute meine Intention ist. Du bist in dir völlig frei, egal, wie es im Außen auch scheinen mag. Du bist in vollkommenem Reichtum auf allen Ebenen deines Seins. Du hast es nur vergessen. Wenn du angebunden bist an die universelle Quelle, dann gehört alles dir, was du dir ersehnst. Das war und ist meine Mission, bis die Erde die Dritte Dimension verlassen hat.

Darum nehmt mich endlich herunter von dem Kreuz, auf das ihr mich seit nunmehr zweitausend Jahren Erdenzeit reduzieren wollt.

Mir wird unterstellt, dass ich eure Kirche begründet habe. Hiervon muss und will ich mich ganz klar distanzieren. Dieser Glaube schadet dir und allen Menschen, die damit in Verbindung stehen.

Ich habe neben meiner geliebten Begleiterin Maria Magdalena und Maria einen meiner besten Schüler, der den Mut hatte, sich der maskulinen Öffentlichkeit zu stellen, damit beauftragt, die Schlüssel des geheimen Wissens zu bewahren und würdige Schüler zu erwählen, um mein geheimes Werk, das ich in vielen Zusammenkünften in unserem innersten Kreis lehrte, an diese weiterzugeben, auch wenn ich schon gegangen bin.

Dieser mein Schüler war niemals ein Papst, wie er von Menschen als Oberhaupt einer Religion eingesetzt wurde, die mit meiner Lehre nichts gemein hat. Simon und Andreas waren Eingeweihte des inneren Kreises. Johannes teilte seine Berufung mit Maria Magdalena, wenn ich auf Reisen war, denn nur in der vollkommenen Vereinigung der Energien der Gottheit und der Göttin – repräsentiert als männlich und weiblich – kann wahre Erleuchtung entstehen. Diese Vereinigung war nicht körperlicher, sondern seelischer Art.

Die Kirchen, die mich als ihren Begründer beansprucht und den Namen Jesus für ihre Zwecke missbrauchen, haben Staatsmänner mehr als zweihundert Erdenjahre später daraus gemacht, weil es für sie das kleinere Übel war, wenn die Beherrscher der Erde ihre äußere Macht bewahren wollten. Und sie haben die Göttin, die weibliche Kraft der Quelle, ohne die nichts existieren kann und die durch Maria Magdalena und mich wieder integriert wurde, daraus erneut verbannt.

Doch du weißt es tief in dir: Ich war niemals ein Sektenbegründer. Jeshua war nur mein weltlicher Name in einer dunkeln Energie vor zweitausend Jahren. Dieser Name kann mich nur durch die Menschen erreichen, die mein wahres Werk in Erinnerung und im Herzen haben. Doch die Menschen auf Erden, die dieser Kirche folgen, folgen einem Aspekt dessen, was ich zu keiner Zeit verkörperte. Darum sind sie auch so weit von mir und unserem Sein der göttlichen Weisheit entfernt.

Darum sage ich euch heute noch einmal: „Ich starb niemals an diesem Kreuz."

Ich entzog meinem irdischen Körper meine Seele, bevor das ätherische Band durch gewaltsamen Auszug der Seele durchtrennt wurde. Maria Magdalena, Johannes, Thomas und Josef von Arimathäa nahmen meinen Körper in ihre Obhut und versorgten ihn so, wie mein Vater es ihnen erklärte. Ich bezog sodann diesen Körper erneut und übergab mich zur Heilung in das Haus meines Vaters und seiner Begleiterinnen und Begleiter. Warum sollte ich mir nicht selbst geben können, was ich anderen schenkte?: Die Rückkehr der Seele in den zur Ruhe gestellten Körper. Dieses ist jedoch niemals eine Auferstehung von den Toten.

Ich habe Freunden geholfen, den irdischen Tod zu überwinden, weil ihre Seele noch nicht bereit war zu gehen, nachdem sie sich nach meinen Anweisungen in die Stille des Körpers mit minimaler Anbindung der Seele begaben. Der Körper wurde weiterhin mit dem Notwendigsten versorgt, bis ich den heilenden Trank verabreichte oder die ätherische Heilung vollzog. Alles andere wäre schwarze Magie, und Zombies sind nun wirklich das Letzte, was die Erde bereichern könnte. So habe auch ich den irdischen Tod überwunden und damit die menschlichen Werte von Rache, Rechthaberei, Tod und angeblicher Verdammnis.

Die Halbwahrheiten, die trotz besseren Wissens über die universelle Lehre verbreitet werden, dienen nur dazu, die Wahrheit zu verschleiern. Meine Wahrheit von Licht und Vollkommenheit galt und gilt all den vielen Wesen auf Erden, die den Quantensprung erfahren wollen. Darum bin ich als Mensch unter die Menschheit gekommen, um die frohe Botschaft der inneren Freiheit und des göttlichen Lichts erfahrbar zu machen.

Die wahren und tiefen Verfälschungen meiner Worte, meiner Lehren und meines Lebens fanden erst nach vielen, vielen Jahren statt, als die vermeintlich Mächtigen der Erde erkannten, dass sie die Erkenntnis der Wahrheit der Liebe, der inneren Freiheit und des Mitgefühls niemals mehr aus dieser Welt verbannen können. Denn es hungert und dürstet die Menschheit nach der Wahrheit, nach Mitgefühl, gelebter Göttlichkeit und Liebe. So geschah es, dass meine Nachfolger und Lehrer der Menschheit entmachtet wurden, die Fragmente der übrig gebliebenen Wahrheiten in ein Machtnetz verstrickt wurden, das auch heute noch die Welt, nicht nur in den so genannten Religionen, beherrscht.

Und so sage ich euch heute: Ich bin *nicht* der Begründer eurer Religionen.

Mein Tempel, den ich erbauen wollte, hat nichts zu tun mit euren Kirchen. Mein Tempel war und ist: Der Tempel im Inneren deines Seins, dort, wo die Göttlichkeit in jedem Menschen zu Hause ist. Das Vermächtnis an meine eingeweihten geliebten Freunde war, die universelle Liebeslehre an geheimen Orten, in geheimen Zusammenkünften, als verschlüsselte Botschaften einen auserwählten Kreis von Schülern zu lehren. Diese geheimen Orte waren notwendig, denn die Zeit war dunkel und besetzt von eroberungswilligen gefallenen „Göttern", die von den Sternen kamen und die Menschheit unterjochten.

Für die Verbreitung der Wahrheitslehren eingesetzt waren für die Frauen dieser Erde Maria Magdalena, meine geliebte Gattin, und meine irdische Mutter Maria mit ihren Jüngerinnen Maria und Martha. Diese beiden großartigen Frauen an meiner Seite lehrten die Frauen der damaligen Zeit, dass sie frei sind, dass sie die Göttin selbst verkörpern und diese Kraft zum Wohl ihrer Nachkommen und ihrer selbst einsetzen dürfen.

Diese Wahrheiten sodann unter die Menschheit zu tragen, in einfachen Worten und verschlüsselten Gleichnissen, um jene zu erkennen, die diese Lehren in ihrem Herzen erfuhren und als Schüler eingeladen werden konnten, war die zweite Weisung. Gleichnisse sind der Schlüssel zur Erkenntnis der tiefen Wahrheiten. Wer Ohren hat zu hören, der höre. Alle diese Lehren waren für die damalige Zeit Ketzerei, Gotteslästerung und Schändung der Ehre des römischen Kaisers, der sich selbst als Gott verehren ließ.

Das Missverständnis der weltlichen Herrscher besteht bis heute darin, dass sie um vermeintliche Macht kämpfen. Sie glauben, dass ein freier Mensch, der Gott und Göttin in sich selbst gefunden hat, ihnen ihre weltliche Macht streitig machen könne. Weil sie den menschlichen Körper genetisch manipulierten, konnten sie euch lange klein halten in eurem Dienst an ihnen. Die Dunkelheit war schon immer geprägt von dem, was allgemein als Dummheit benannt wird. Denn jeder, der dem Weg folgt, den ich ging, wird sie sagen, diese Worte:

„Mein Reich ist nicht von dieser Welt!",

weil er oder sie den Tod, den es nicht gibt, nicht fürchtet. Nicht, weil wir allem Irdischen entsagen, das wäre Lästerung der Quelle selbst, die uns durch Gaia mit ihren reichen Gaben überschüttet. Doch wir wissen: Unser Reich ist in unserem Herzen. Das Königreich ist göttlich, ist die Quelle, und diese ist in jedem Menschen selbst verborgen. Sie kann erwachen, wenn das Christuslicht sich in dir manifestiert und sich auf diesem Thron in deinem Herzen niederlässt. Dann wirst du selbst zu reiner Christusenergie und kannst all die Wunder vollbringen, die von mir bekannt sind. Dann kannst du die Materie beherrschen, kannst fünftausend Menschen mit zwei Fischen und wenigen Broten speisen, kannst Kranke heilen, Wasser in Wein verwandeln und vieles mehr, wenn du das willst.

Christus ist kein menschliches Wesen, kein Mann oder gar ein Aufgestiegener Meister. Auch ist Maitreya nicht der Träger der Christusenergie oder hält gar ein solches Amt inne, wie einige unter euch dies verbreiteten. Wir haben keine Ämter in unseren Ebenen. Wir teilen unsere Aufgaben miteinander. Christusbewusstsein ist, wie der Name bereits sagt, Bewusstsein. Es ist das Bewusstsein der Quelle in jedem Wesen, in jedem Atom.

Christusenergie ist die allliebende Schöpferkraft, die in Allem-was-ist als treibende Kraft des Erwachens das Leben ermöglicht. Christus ist das, was Metatron für euch Menschen ist. Metatron ist, genau wie du selbst, die manifestierte Kraft der Urquelle, aus der alles und jeder sich selbst erschaffen hat. Metatron in Begleitung von Miranlaya ist zuständig für den Zusammenhalt des physikalischen Universums und die Erfüllung der Gesetze darin. Metatron ist die Kraft unserer Quelle, Miranlaya ist die Liebe unser aller Quelle. Wir haben beide als Hüter dieser Kräfte für dieses Universum erwählt, bevor wir selbst uns in die unterschiedlichen Welten entließen, um die Erde von unserem Fehlverhalten zu befreien. Erinnere dich! Beide bringen dieses in alle Schöpfung auf Erden und halten sie in der Waage. So gibt es nur den einen Weg, Christus in dir selbst zu finden, zu stärken und in dir selbst wachsen zu lassen.

Mein Reich ist in mir, und in diesem Reich bin ich der Schöpfer meines Universums, aus der Quelle selbst erschaffen. Ich bin der Erschaffer von allem, was durch mich geworden ist. Ich bin das Einzige, was zählt und durch mich wirkt. Diese Welt der Materie ist Illusion. Eine Illusion des Geistes, die sich selbst verwirklicht. Und in diesem Spiel bist du heute aus Liebe zur Schöpfung und zum Wachstum wieder eingebunden. Doch ist diese Illusion real für uns alle, so lange wir in diesem Universum zu Hause sind. Sie ist nur für die Quelle selbst ein illusionärer Traum, der Erfahrung erst möglich macht.

Ich kam einst, um die Menschheit auf Gaia zu lehren, was allumfassende Liebe ist. Ich kam, um der Menschheit zu zeigen, dass ein jeder die Quelle in sich trägt. Ich kam aber auch, um mein Mitverschulden am Zustand der Dunkelheit auf Erden zu befreien. Ich kam, um allen Menschen zu zeigen, dass sie die Furcht vor diesem „Gott" ablegen dürfen. Ich kam, um auch dich zu erinnern, dass du Mutter und Vater zugleich bist. Ich kam, um dich zu erinnern, dass du aus der Quelle innerhalb der Quelle dein Licht, das du selbst bist, auf Erden zur Erinnerung in dir selbst werden lassen kannst. Und aus genau diesem Grund bin ich heute wieder hier, weil du jetzt bereit bist.

Alles, was den Menschen auf Erden in den vielen Jahren der Dunkelheit angetan wurde, wurde durch mich und auch durch dich mit verursacht, denn es gibt keine Trennung von dem, was irgendein Mensch oder einer der gefallenen außeririschen Götter auf der Erde tut. Doch diese Wahrheit wurde verschleiert und verborgen, indem die Angst auf Erden manifestiert wurde.

So wurden all die Strafen eines Gottes erfunden, um die Menschheit im Wissen gefangen zu halten, klein zu sein, nicht mächtig genug zu sein, um mit der Quelle in Kontakt zu kommen, kein Recht auf eine eigene Meinung zu haben, weil am Ende die Hölle auf den Ungehorsamen wartet. All das alte Wissen, das über Lemuria, Atlantis und das frühe Ägypten erhalten geblieben war, konnte nur noch in einem kleinen Kreis in Mysterienschulen und im Geheimen gehört werden. Das Volk wurde geknechtet durch die Gesetze eines grausamen Gottes und erfuhr niemals die Wahrheit ihres Mitverursachens am Zustand auf Erden. Durch meine Lehre war die Menschheit bereit, die Verantwortung dafür zu übernehmen und sich selbst in die Freiheit zu führen.

Daher wurden diese Lehren so verdreht.

Wäre die Wahrheit vor zweitausend Jahren bis in die Ohren der Menschen vorgedrungen, dann wäre die Erde heute ein wundervoller Ort voller Liebe und Freude zu Allem-was-ist.

So wartete die Menschheit bereits damals auf den Erlöser, und sie tut es bis heute noch immer.

Zu diesem Erlöser haben du und ich uns mit vielen anderen aus allen Universen erwählt. Du bist eine Essenz aus der Ur-Quelle und trägst diese Ur-Quelle in dir. Die Quelle fühlt keine Liebe. Die Quelle sieht kein Licht, denn alles ist die Quelle und damit Licht und Liebe. Licht ist Liebe, daher gibt es auch kein *und* zwischen beiden. Dunkelheit ist nichts anderes als Abwesenheit von Liebe.

Und so verwundert es doch sehr, dass so viele Menschen auf eurer Erde dem anderen Menschen dieses innere Licht verbergen und verweigern. Ihr lehnt die Kirchen ab, da ihr diese Wahrheiten in euch selbst spürt. Und doch gründet ihr oft neue Kirchen, in denen ihr neue Heilsbringer mit euren eigenen Channelings, Wahrheiten, Halbwahrheiten und Lehren bindet. Diese neuen Lehrer nennen sich:

☆☆☆

Lichtarbeiter, Lichtwirker, Lichtbringer

Oh, wie unterschiedlich sind die Eigenschaften dieser Schwestern und Brüder auf der Erde. Schaut euch um in euren „spirituellen Szenen“, wie ihr sie nennt.

Menschen, die sich *Lichtarbeiter* nennen, gibt es sehr viele auf der Erde. Auf der ganzen Erde bekämpfen sie einander immer und immer wieder, weil sie glauben, noch so viel an ihrem eigenen inneren Licht arbeiten zu müssen, ja, es manches Mal sogar bezweifeln oder aber überschätzen. Sie reden von Licht und Liebe und sind doch aufgrund ihres Denkens und Handelns oft davon sehr weit entfernt, weil sie immer wieder eingeholt werden von den kleinen Dingen des niederen Egos im täglichen Leben.

Lichtarbeiter meinen es gut, sie wollen das Richtige und das Gute tun, doch fehlt noch ein wenig an Selbstverantwortlichkeit und oft auch am Unterscheidungsvermögen, welchem Licht sie denn dienen. So hören wir durch sie wieder und wieder die Worte: „Die Meister erledigen das schon!“ Das ist Abgabe der Selbstverantwortung an irgendjemanden da oben. Kommt dir das bekannt vor? Doch wir erledigen gar nichts für euch. Wir wollen und dürfen dieses nicht, weil es dem universellen Gesetz widerspricht, das besagt: Der freie Wille eines jeden Individuums ist heilig.

Lichtwirker haben bereits ein wenig mehr Demut vor ihrer wahren Größe erfahren. Sie integrieren das universelle

Wissen ein wenig mehr in ihr Leben und ihr Sein, denn sie sind bereits ein Stückchen weiter dem inneren göttlichen Licht nähergekommen. Sie haben das Licht, das sie selbst sind, in sich selbst erfahren und bewirken etwas in sich selbst, auf der Erde und am Nächsten, indem sie das universelle Licht zuerst in sich selbst suchen, dann aus sich heraus strahlen lassen und durch die Stärke der Lichtkraft eine Verwandlung im Nächsten und in ihrem Umfeld bewirken.

Erwachsene Lichtbringer sind noch verhältnismäßig wenige auf dieser Erde im Vergleich zur Anzahl von Seelen, die die Erde beherbergt. Sie inkarnieren sich auf der Erde seit den frühen 50er Jahren. Sie sind die neuen Schützer und Bewahrer der universellen Wahrheit auf diesem Planeten.

Diese Wesen sind freiwillig hier, aus Liebe zur Menschheit und in tiefer Verbindung zum universellen Plan, selbst dann, wenn es ihnen selbst nicht ganz bewusst ist in ihrem Tagesbewusstsein.

Sie geben sich dem Erfassen des Lebens hin, erfassen die Wahrheiten in ihrem eigenen Inneren, nehmen die Hilfen aus unseren Dimensionen entgegen, nachdem sie die Quelle der Botschaften tiefgreifend erforscht haben, und geben diese dann weiter an die Menschen, die wirklich die reine Botschaft erfahren wollen.

Viele *Lichtarbeiter* glauben, dass sie die Gesetze des Universums erfasst haben, und gründen neue Vereinigungen, die letztlich wie Kirchen sind, Sekten nennt ihr sie, in denen wieder die Hierarchien herrschen. *Lichtarbeiter* tendieren dazu, zu missionieren und ihre Lehre als die Alleinseligmachende zu verkünden.

Lichtwirker suchen nach der Wahrheit. Sie geben diese weiter, wenn sie ein Stückchen davon erfahren haben. *Lichtwirker* tun alles dazu, sich selbst als das lieben zu lernen, was sie wirklich sind, um so liebesfähig zu sein, wie es einem göttlichen Wesen entspricht. Sie wissen, dass sie an Liebe nur weitergeben können, was sie in sich selbst bereits erweckt haben.

Lichtwirker sind jedoch immer noch, immer wieder, missionarisch bemüht, andere Menschen davon zu überzeugen, dass und wie diese ihr Seelenheil finden müssen.

Lichtbringer erforschen das Sein in sich selbst, im Dialog mit unseren Ebenen und der eigenen Seele. Sie antworten, wenn sie gefragt werden. Sie stellen sich den Dialogen und berühren. Sie hinterfragen sich und ihre Wahrheit und lassen jedem Menschen die ihm eigene Wahrheit. *Lichtbringer* schenken Segen.

Lichtbringer verschwenden keine Zeit mit Zweiflern. Sie wollen nicht überzeugen. Sie wollen nur berühren, wenn ein Mensch ihren Weg kreuzt und seine Seele bereit ist. Sie wissen, dass jeder genau dann den Weg beschreitet, wenn die Seele dazu bereit ist. *Lichtbringer* missionieren nicht und sind bestrebt, das Urteil, genauso wie die Erwartung an sich selbst und andere, abzulegen.

Das ist keine Wertung, kein Urteil, denn im Universum der Liebe gibt es kein Urteil. Es zeigt nur die Dimension des Erwachens und Stadien, die jeder durchläuft und durchlaufen hat, so, wie ihr auch Stufen für den Lichtkörperprozess erfunden habt. Keiner ist weiter oder weniger gut. Doch diese Erklärung dient dazu, dich selbst zu erforschen, zu erkennen, wo du gerade stehst, um sodann deinen nächsten Schritt zu tun.

Jeder Lichtbringer begann als Lichtarbeiter und wird den Lichtarbeitern zum Vorbild gereichen, im Verständnis seines eigenen Wachstums, bis ihr alle zu den Engeln aufsteigt, die ihr in Wahrheit seid.

So ist es der Weg der Erwachten, der mit dem Lichtarbeiter beginnt, zu einem Lichtbringer emporzusteigen und sodann der Welt die Unterstützung angedeihen zu lassen, die alle in die höheren Sphären der Liebe trägt, die diesen Weg gehen wollen. Es ist dein Weg in die Meisterschaft.

Der freie Wille ist das heiligste Geschenk der Quelle an alles, was sich aus der Quelle individualisiert hat. So hebe deinen Kopf, erforsche dich selbst, und dann gehe voran in die Größe deines Lichts in das göttliche Licht der Fülle, der Liebe, Freude, Freiheit und des Friedens, das du selbst bist.

Die Erde braucht Lichtbringer für ihren Quantensprung. Die Erde braucht auch Lichtarbeiter und Lichtwirker. Denn nur durch das Bekanntwerden der neuen Energien werden sich mehr und mehr Menschen dem neuen Bewusstsein öffnen.

Für euch alle, die ihr den Aufstieg, den Quantensprung des Bewusstseins erwartet und ersehnt, gilt: Liebe dich so, wie die Quelle dich liebt, und in dieser Liebe sei geborgen und gewiss, dass du deinem persönlichen Quantensprung täglich näherkommst. Vor allem versichere dich, dass du achtsam bist mit den Menschen, die diesen ebenfalls ersehnen, und dann nimm einen solchen Menschen in Liebe an die Hand!

Sananda

☆☆☆

Das multidimensionale Selbst

Geliebte/r Gefährtin/Gefährte meiner Seele! Lass mich dich heute an das Wesen der Seele erinnern. Daran, was eine Seele in einer physischen Inkarnation ist und was sie nach Meisterung der Dimension, in die sie durch dich selbst entsendet wird, zum allgegenwärtigen, ewigen Individuum erstrahlen lässt.

Daran erinnere dich! Erinnere dich an das, was du in Wahrheit unter all deinen Fragen und Selbstzweifeln in deiner irdischen Inkarnation bist.

Schließe dazu kurz deine Augen und empfange meinen Segen, der deine inneren Augen zum Leuchten bringt. Und nun erinnere dich deines Weges aus den Weiten der Dimensionen bis hin zu dem Platz, an dem du jetzt gerade sitzt.

Erfahre in dir: Du bist Teil des Alles-was-ist.

Du *bist* Alles-was-ist, denn du bist auf dem Weg deines Aufstiegs der Erkenntnis, dass du das Alles bist, um dich endlich ganz und heil zu finden in neu erwachter göttlicher Identität.

Diese Identität bereichert das Alles-was-ist, die Quelle selbst. Wachstum und Durchleuchtung der Materie, des gesamten physikalischen Universums ist der einzige Sinn aller Existenzen.

So wachst du in den höchsten Dimensionen der Universen über all deine Inkarnationen in allen Zeiten, in allen Ausdehnungen und in allen Dimensionen.

Doch in den höheren Dimensionen wacht ein anderer Teil deines multidimensionalen Selbst über deine Ausdehnungen in unseren Dimensionen. In unseren Dimensionen wacht ein anderer Teil deines multidimensionalen Selbst über dich und andere Seelenausdehnungen in unseren Dimensionen und denen darunter. Es gibt noch weitere Dimensionen unter der Dritten. Auch hier hast du Teile deiner Selbst entsendet, damit sie die Erfahrung des Aufstiegs in die Dritte Dimension und die Dimensionen darüber machen können.

Du hast also nur einen winzig kleinen Teil deines Bewusstseins in deinen irdischen Körper gesenkt, der gerade diese Zeilen liest. Viele weitere dieser winzig kleinen Teile deiner großen Seele sind in vielen anderen Verkörperungen in Raum und Zeit oder auch Zeitlosigkeit gleichzeitig. Weil du dieses tief in dir weißt, suchen so viele von euch nach dem Seelengefährten, nach dem Dual, nach dem Zwilling. Doch ich sage dir: In Wahrheit ist jeder Mensch dein Dual, dein Zwilling, weil wir alle aus dem einen Ursprung sind.

Und der Mensch verliert sich so oft in der Zeit. Wie du weißt, gibt es im übergeordneten Sinn weder Zeit noch Raum. Es gibt in deiner irdischen Wahrnehmung allerdings die durch dein irdisches Selbst erschaffene Realität, die dein Tagesbewusstsein für die Wirklichkeit hält. Somit sind Zeit und Raum auf Erden die Wirklichkeit, die du nur in tiefer Meditation teilweise abstreifen kannst. Zeitlosigkeit bedeutet, immer im ewigen Jetzt zu sein, nicht an gestern einen Gedanken verschwendend, nicht an ein Morgen denkend.

Da sich nicht alle Seelenfunken zur gleichen Zeit individualisieren, gibt es eben unterschiedliche Bewusstseinsstufen oder Bewusstseinsreife.

Je unausgereifter das junge Bewusstsein ist, desto mehr identifiziert es sich mit der äußeren Welt und verliert sich oft in ihr. Das junge Bewusstsein ist ein Teil deines multidimensionalen Selbst, der neu entsendet wird, um eine neue, weitere Erfahrung zu erleben und sodann ebenfalls seinen Weg zu gehen, bis es die Erkenntnis des universellen Göttlichen in sich selbst erfährt. Diese Erkenntnis des unendlichen, ewigen Seins lässt dich erahnen: „Mein Reich ist nicht von dieser Welt!“. Dann ist diese Welt Schein und Illusion, die aufzeigen will, dass es das Göttliche auf dieser Ebene nicht gibt. Diese Welt ist ein Spielplatz der Erfahrungsebenen, derer es viele gibt in den Universen der Liebe.

Mit einem einzigen kraftvollen, schöpferischen Gedanken kannst du dein Reich zu jeder Zeit neu erschaffen und erfahren, wozu deine Schöpferkraft im Stande ist.

Du denkst einen kraftvollen Gedanken und erschaffst

damit sogar manches Mal ein eigenständiges Universum, das sich dann jedoch deinem Bewusstsein und deinem Blick entzieht, da du in der Dichte der Erdatmosphäre deinen physischen Raum inne hast. Je mehr Energie du deinem Gedanken gibst, desto stärker und machtvoller wird deine Schöpfung. Dein Hohes Selbst überblickt deine Schöpfungen. Es schenkt ihnen seine Hinwendung und seinen Halt, denn dein Hohes Selbst bist du selbst in einer anderen Dimension. Es übernimmt und trägt die Verantwortung für deine Schöpfungen.

Wenn du zum Beispiel einem Wunschgedanken von einer heileren Welt deine universelle Schöpferkraft schenkst, so wird diese Kraft sich materialisieren und in genau die Dimension entschwinden, die seinem Schöpfer – das bist in diesem Fall du – oft so unerreichbar erscheint. Denken viele Menschen diesen Gedanken der Vollkommenheit mit dir, so entsteht daraus eine machtvolle Schöpfung, die sich in einem Paralleluniversum manifestieren wird, wenn es auf Erden nicht möglich ist.

Es entsteht eine neue Erde voller Freude und Vollkommenheit. Konzentrierst du deine Schöpferkraft auf Vollkommenheit, so wird Vollkommenheit sein. Doch erst in dem Augenblick, in dem du diese Vollkommenheit in dir selbst gefunden hast, deine eigene Verbundenheit mit deiner Schöpfung erfährst, wirst du den Zugang zu diesen, deinen Schöpfungsebenen finden und selbst aktiver Teil deiner Schöpfung werden.

Je mehr du ein bewusster Teil deiner multidimensionalen Seele wirst, indem du dich mehr und mehr in die Verbindung einlässt und den Schleier der irdischen Schwere durchdringst, desto heiler und ganzheitlicher wird dein Leben auf Erden sein.

Je tiefer deine Anbindung an dein großartiges Ich-Bin wird, desto erfüllter wird dein Leben auch auf Erden sein.

Je mehr du erkennst, dass du auf der Erde Gott und/oder Göttin selbst bist und dich mit dieser, deiner wahren Identität verbindest und eins wirst, desto mehr wirst du die Größe der Unendlichkeit in das Sein auf Erden strahlen lassen. So, wie ich es tat.

Denn dein Reich ist in allen Dimensionen zu Hause. Dein Reich ist die Unendlichkeit, die Vereinigung all deiner Teile. So wird deine Verbundenheit mit Allem-was-ist zu einem Teil deiner Botschaft auf Erden. Je mehr du in Kontakt kommst mit anderen Teilen deiner Selbst – egal, in welcher Dimension sie sich befinden – desto heiler und vollständiger wirst du in dir, und du verfügst über einen Erfahrungsschatz, der deinen jetzigen um Längen übertrifft.

Verbinde dich immer wieder mit deinem multidimensionalen Selbst und bitte darum, an deine Seelengefährten angebunden zu sein, die deinem Sein auf Erden dienlich sind. In jeder Rückführungssitzung trittst du in Kontakt zu einem anderen Teil deiner multidimensionalen Seele. Tritt in Kontakt zu deiner großen multidimensionalen Seele und erbitte die Anbindung an andere Seelenanteile. Wenn du in der Meditation mit diesen in Berührung kommst, kannst du deren Erfahrungen als deine eigenen in dein Bewusstsein und in dein Unterbewusstsein integrieren. So wird schnelleres Wachstum für alle erreicht.

Alles, was ihr hier zu erleiden und zu erfahren habt, ist im Grunde die Illusion, die auch du ansatzweise immer wieder erkennst, weil ihr glaubt, dass ihr leiden müsst. Doch all das Leid ist für die Verkörperung, in der ihr euch befindet, sehr real, weil ihr genau dieses erschaffen habt, um die Erfahrungsebene der Erde in einen lichtvollen Planeten zu erheben. Ich kann es dir nur immer und immer wieder in Liebe sagen:

Du bist lichtvolles, strahlendes multidimensionales Sein im Erfahrungsreigen der großen multidimensionalen Seele, aus der du selbst dich entsendet hast.

Dein multidimensionales Selbst ist Mutter und Vater zugleich für deine Seele in jeder deiner Inkarnationen. Da so viele diese Wahrheit nicht einmal erahnen und auch gar nicht erfahren sollen, weil die „aus der Einheit Gefallenen“ um ihre Macht fürchten, wurde ein Gott erfunden, der angeblich über allem wacht: Ein Gott, der lobt und straft, der harte Gesetze erlässt, damit der einzelne Mensch sich klein und unbedeutend fühlt.

Doch wenn etwas Illusion ist auf der wundervollen Erde, dann ist es dieser Gott. Er ist der Diener der Aufrechterhaltung der Illusion, dass Leben beschwerlich ist.

Auch die Erlösung von deinem Leid ist Illusion. Wenn du leidest, dann ist dieses Leid sehr real für dich in deinem Leben. Das Einzige, was wirklich und echt ist und dich aus deinem Leid erlöst, ist die göttliche Liebe und die göttliche Freude am reinen Sein, die du und jeder einzelne Lichtfunke auf Erden wirklich seid.

Das Leiden wurde glorifiziert von den großen Religionen, um dich und die Menschheit unter dem Joch der Unwissenheit und der Macht von außen gefangen zu halten. Das Leiden der Menschheit wurde bewusst erschaffen, damit ihr das Leben auf Erden nicht so wichtig nehmt. Es wurde euch bewusst gemacht, dass ihr, je mehr ihr leidet, einen besseren Platz im Himmel bekommt oder gar hundertvierzig Jungfrauen auf die tapferen Männer warten. Warum?

Ein fröhlicher, sich seiner ureigenen Göttlichkeit bewusster Mensch braucht keine Kirchen und folgt ihnen auch nicht, da er oder sie die wahre Göttlichkeit in sich selbst wiedergefunden hat und bemüht ist, diese Göttlichkeit in jedem anderen Menschen und Wesen zu erfahren und zu entdecken. Ein sich seiner Göttlichkeit bewusster Mensch schützt die Schwächeren, bringt Licht und Freude auf die Erde und unter die Menschen. Wenn mehr Menschen diese Göttlichkeit leben würden, dann gäbe es weder Kirchenmächte noch Staatsmacht.

Das Leid der Menschheit erfüllt mein Herz mit Trauer, daher war es mein Anliegen, Schmerzen zu lindern und Kranke zu heilen. Kein Mensch muss in Wahrheit physische Schmerzen ertragen. Es gilt nur zu erkennen, wo die Liebe fehlt, und diesen Mangel auszugleichen. Dann wird der Mensch gesund.

„Oh, Sananda, du sagst das so einfach!", höre ich jetzt viele seufzen, und doch, die Wahrheit ist, dass du in einem unbewussten Teil deiner Selbst das Leiden wähltest, weil dieser unbewusste Teil mit den Dingen des täglichen Lebens aus irgendeinem Grund nicht zurechtkam, oder weil du dich vom Weg deiner vollkommenen Seele abwandtest. So erkenne, wenn dich körperliche Schmerzen quälen, ist das In-dich-Gehen und das Erforschen der Ursache der Beginn deiner vollkommenen Heilung.

Auch ich legte nicht einfach nur Hände auf und sagte sodann: „Nimm dein Bett und wandle"! Nein, ich sprach zu der Seele und dem Herzen des Menschen, bis dieser bereit war, die Krankheit und die Schmerzen gehen zu lassen. Dieses geschieht in der Erkenntnis der Ursache und dem Wissen, dass er oder sie diese Krankheit nicht mehr braucht. Ich sage nicht, dass es einfach ist, doch ich behaupte, dass es funktioniert, weil ich weiß, es ist möglich. Doch lass uns zurückkehren zur multidimensionalen Seele und wie ein einzelner Seelenfunken sich aus ihr entwickelt.

Du erwählst dir als multidimensionales Sein eine neue Aufgabe oder Lernaufgabe, die du zum Beispiel auf der Erde erfahren möchtest. Ein neues Spiel könnten wir es nennen. Passend zu dieser Lernaufgabe wählst du dir ein Umfeld, in das du inkarnieren wirst. In dem Augenblick, in dem die Seelen dir antworten, die dich begleiten wollen und deinem Erfahrungswunsch entsprechen, entsendest du einen winzig kleinen Teil deines Bewusstseins in den Körper der weiblichen Verkörperung in der dir erwählten Dimension, die du auf Erden zum Beispiel später Mutter nennen wirst, um die Gestaltung des physischen Körpers zu übernehmen und zu überwachen.

Du kannst bis zur Vollendung deines ersten Jahres auf der Erde zu jeder Zeit entscheiden, die Verkörperung zurückzunehmen und den ausgesandten Teil deiner Seele in dein multidimensionales Bewusstsein zurückziehen, wenn die Umstände sich aufgrund des freien Willens im Umfeld verändern. In diesem Augenblick hört dieser Seelenfunken auf, als Individuum zu existieren. Er kehrt ohne nennenswerte neue Erdenerfahrung zurück in die Einheit des multidimensionalen Seins, wenn es die erste Inkarnation dieses Bewusstseinsfunkens ist. Es ändert sich nichts. Es ist kein Verlöschen, sondern ein Verschmelzen, das mit tiefer Freude verbunden ist.

Wenn nun dieser Funke zu einem späteren Zeitpunkt erneut eine irdische Erfahrung machen möchte, dann beginnt dieser Weg von vorn. Ihr seid es also selbst, die die Entscheidung treffen, ob dieser Teil der Seele hier oder an einem anderen Ort wachsen will oder wieder in die Einheit des multidimensionalen Bewusstseins zurückkehren wird. Ein neues Spiel eben, das, wie im Kleinen so im Großen, auch abgebrochen werden kann, wenn es für das multidimensionale Sein keinen Sinn mehr ergibt.

Entscheiden eine junge Seele und ein multidimensionales Sein, die Erfahrung zu beginnen und fortzuführen, so beginnt auch das junge Wesen voller Freude, die dreidimensionale Welt zu erforschen. Von diesem Augenblick an gibt es kein Zurück aus dem Rad der Erfahrung, bis der Quantensprung, sprich die Verschmelzung mit dem multidimensionalen Selbst, als vollkommen erwachtes Individuum erreicht ist.

Ist die Entscheidung für diese Inkarnation gefallen, dann entscheidet sich aufgrund der gewünschten Erfahrung und des Umfelds, wie eine Seele zur Reife gelangt. Wird das Kind gefördert, geliebt und in freudiger Harmonie der weltlichen Eltern aufgezogen so, wie es mir vergönnt war, dann kann eine Seele in einem einzigen irdischen Leben zu großen Höhen aufsteigen. Doch durch die alte, dunkle Erziehung mit Geboten und Strafen, die die Erde beherrscht, verdunkelt sich so oft der Weg der Seele, dass es zum Rad der Wiedergeburt kommen muss.

In Wahrheit bist du alles. Du bist in mir, und ich bin in dir. Das war und ist meine Lehre zu allen Zeiten, in denen ich der Menschheit Lehrer war. Der kleine Teil von dir, der sich erwählte, die irdische Erfahrung zu suchen, wird zu unvorstellbarer Größe erwachen, wenn du den Kontakt zu deinem multidimensionalen Selbst und all den Teilen deines Selbst verstärkst und erweiterst. Dann wirst du auch mir begegnen, denn ich bin Teil von und in dir, so, wie du in mir und Teil von mir bist. Das waren meine Worte an die Welt!

Indem ich erfuhr, dass ich alles bin, dass ich auch alles im vermeintlich anderen bin, konnte ich den Schein erkennen und die Wahrheit des multidimensionalen Seins auf Erden erfahren.

So konnte ich den Tod überwinden, der in Wahrheit nicht existiert, weil ich Hilfen bekam und die Gesetze des Lebens verstand. So kannst auch du erfahren, dass du heil in dir selbst sein kannst, und du wirst den Tod im Schmerz nicht kosten, denn die Seele überwacht und bewohnt diesen Körper. Sie versorgt ihn zu jeder Zeit mit allem, was er benötigt. Du musst es nur glauben, dann wirst du selbst entscheiden, zu welchem Zeitpunkt du von der Erde gehst, körperlich völlig unversehrt.

Doch wie viele unter euch fragen sich, ob nicht dieses oder jenes, was sie gegessen, getrunken oder geraucht haben, dem Körper Schaden zufügt, oder sie sagen es einem anderen nach. Je öfter du dir diese Frage stellst oder das Verhalten eines anderen ob dessen Gelüste verurteilst, desto mehr wird ein fester Glaube daraus. Dieser Glaube ist es dann, der in eurem Unterbewusstsein Wurzeln fasst und euch körperlich krank werden lässt, weil ihr selbst an diesem Ort in eurem Körper beziehungsweise Ätherkörper die Dunkelheit befestigt habt.

In dem Augenblick, wenn du erkennst, welche Ursache du selbst gesetzt hast für deinen körperlichen Schmerz, kannst du diesen auch wieder entlassen. Damit aktivierst du deine Selbstheilungskräfte und beginnst damit, dich selbst zu heilen.

Viele von euch waren meine Freundinnen und Freunde auf Erden. Vielleicht auch du?

Dann erinnere dich wieder der Worte, die ich zu dir sprach, als wir über die Erde wanderten. Erinnere dich, wie mein Herz dein Herz berührte und du dir der wahren Größe deiner Seele gewahr wurdest. Doch du glaubtest dich noch nicht so weit zu wissen, dass du das alles auch aus dir selbst heraus erfahren konntest. Du glaubtest, mich als Meister zu brauchen.

Darum, weil so viele von euch nicht an ihre eigene Größe glaubten, konnten die Religionen entstehen, die mein Bild, mein Sein und meine Worte bis heute verfälschen. Denn nichts lag meinem Sein ferner, als eine Religion zu begründen, die Göttin und Gott im Menschen verleugnet.

In meiner Größe in den Weiten des Universums durchstreifte ich die Welten und sah mit Schmerz in meinem Herzen, was durch unser Versagen, unsere Fehleinschätzung auf der Erde geschehen war. Ich hörte den Ruf der Menschheit nach Freiheit aus der Knechtschaft.

So konnte es geschehen, dass ich die Göttin, die ihr heute Maria nennt, fand und wir gemeinsam beschlossen, dass sie mir Mutter und Lehrerin zugleich sein würde, um die Menschheit an die Kraft der göttlichen Liebe zu erinnern und sie ihr zurückzubringen. Sie und er, den ihr Josef nennt, gaben meiner jungen Seele Geborgenheit, Schulung und den Mut, mich an die Freiheit zu erinnern, um sie der gepeinigten Menschheit zum Geschenk zu machen. Meine Jugend war erfüllt von Erfahrungen meiner eigenen Göttlichkeit, die mir in meiner zweiten Heimat, in die meine Eltern mich immer wieder brachten, in Erinnerung gebracht wurde.

Während meiner Zeit als Kind auf Erden begleitete Maria mich immer wieder hinauf in die Dimension, aus der ich selbst mich auf die Erde brachte. Hier erinnerte ich mich meines Vaters, der in mir zum Menschen wurde. Hier schulten er und seine Begleiterinnen und Begleiter mich immer wieder, bis das Wissen meines multidimensionalen Selbst in mir Gestalt annahm. Mit dieser Göttlichkeit im

Menschsein erkannte ich aber auch den Zorn in mir auf die Unterdrücker, die auf die Erde gekommen waren, um die Menschen zu entmachten, zu versklaven und ihnen ihr Erbe der Unsterblichkeit streitig zu machen.

Ich war niemals der, als der ich beschrieben werde. Ich war kein Lamm. Ich war auch kein Hirte, der eine Schafherde um sich sammelte. Ich war ein sanftmütiger Rebell gegen die Unterdrückung der Seelen, wie ihr es heute nennen würdet. Ich sprach zu allen, die mir begegneten, von der Freiheit in der eigenen Wahrheit und Seele. Da alle Menschen sich erinnern, wenn die Worte der Wahrheit ihr Herz berühren, hatte ich in Kürze eine große Schar Menschen, die mich begleiteten, besuchten und mir folgten. Doch immer wieder machte ich euch klar, dass alles, was ich bewirke, auch ihr bewirken könnt.

Allein dir fehlten so oft der Glaube und die Disziplin, dieses alles neu zu erlernen auf Erden.

Darum ist jetzt deine Zeit gekommen, den irdischen – oft selbsternannten – Meistern und Lehrern Lebewohl zu sagen. Du weißt alles, was du wissen musst, um zu der Vollkommenheit aufzusteigen, die du erstrebst. Du musst es jetzt nur noch tun.

Darum folge mir nach in dem Sinne, dass du authentisch und echt wirst und dich der Größe erinnerst, die du in Wahrheit bist. Dann gehe hinaus in die Welt und verkünde dein Evangelium der Freiheit im Geiste in Einheit mit Allem-was-ist!

In tiefer Liebe und Verbundenheit,
Sananda

☆☆☆☆☆

Teil 2: Mein Neues Testament

PROLOG: Timarilamaa – unsere Heimat

Einst in der ewigen Quelle vereint, begann der Traum zu pulsieren. Es pulsierte ein Sehnen nach Erfahrung des Seins, und so vernahm ich eine Schwingung von Erwartung, Liebe und Freude in mir, die neu war. Ein Sehnen ergriff uns nach dem Weg, der uns zum Individuum erweckt. Ich folgte dem Klang der Liebe, in die wir gebettet waren, hinaus aus dem Atem des Lebens, der überall ist, hinein in das Leben als einzelnes ICH.

Wir erkannten einander, du, ich und die vielen, die das Sein erneut erfahren wollten in der Schöpferkraft der Liebe. Wir liebten das Leben als Individuum. Wir liebten das Erschaffen in Freude und Harmonie, indem wir die Energie der Quelle, die in und um uns ist, bündelten; uns mit Bild und Klang verbanden, um neue Welten zu erschaffen, in denen wir uns einrichteten. Wir erfanden das Leben in einer Form, die Männlich und Weiblich repräsentiert, und ließen herrliche Universen entstehen.

Du kannst dich der jungen Schöpfung dergestalt erinnern, dass die große Quelle allen Seins feinstoffliche Lichtenergie ist, die alles durchdringt, die alles ist und alles ausfüllt. Es gibt nichts anderes als diese universelle Kraft der vollkommenen Einheit. Durch den Klang des Weiblichen, die ich die Göttin nenne, und das Bild des Männlichen, den ich hier Gott nenne, verdichtet sich die Energie. Ein weiterer Bewusstseinsfunke löst sich aus der feinstofflichen

Kraft der Quelle und nimmt Gestalt an. So löst sich unser Kind in der vollkommenen Schöpfung der Seelen und nimmt uns selbst als Kind an. Denn dieses Kind, deine Schöpfung, ist ein ebenso vollkommenes Selbst, wie wir alle es sind. Somit ist alles beseelt aus dem Ur-Sein. Alles ist freiwillig selbst erschaffen, manifestiert sich im eigenen Klang als individuelles Sein aus der Quelle in der Quelle. Wie im Kleinen, so im Großen; wie oben, so unten.

Gleich mir erschien Miranlaya in diesem Universum, in das es uns alle bis heute zurückzieht. An ihre Seite erträumte sich der, den ihr Metatron nennt. Metatron war später und ist bis heute mein geliebter Gefährte für diese Erde, an deren Schicksal ich von Beginn an beteiligt war.

Auch du, die/der du dich vielleicht noch in der Quelle selbst erträumtest, kamst hervor, meine geliebten Brüder und Schwestern, auf unserem Gesang oder auf deiner eigenen Schwingung schwebend. So viele lachende, individualisierte Seelen kamen als Gefährten zu uns, die uns Begleiter im neuen Spiel der Schöpfung wurden. Und auch ihr sangt euer Bild der Lieder in die Quelle so, wie ihr es bis heute tut. Frei und erlöst erschuft auch ihr Galaxien, Planeten, Formen, Wesen, und was immer euch schöpfenswert erschien.

Wir lebten in vollkommener Einheit. Wir waren eins und doch ein vollkommenes Individuum. Begriffe wie Harmonie, Verzeihen und Liebe waren uns fremd, denn wir lebten all dieses nicht nur, nein, wir waren es.

Wir lebten im Wissen des ICH im DU im ALLES-WAS-IST, des Alles-was-ist in mir, in dir, in uns, in sich selbst. Die Quelle ist in dir, ist in mir, ist in allem, was du siehst, fühlst, hörst, schmeckst, und du bist gleichermaßen in der Quelle selbst. Kurz: Die Quelle ist alles, und in dieser Quelle sind du und ich geborgen, durchdrungen und umgeben zu jeder Zeit, von Ewigkeit zu Ewigkeit. Der Ewigkeit des uns Ergießens aus der Quelle, dem Reigen der Erfahrungen und der Rückkehr zur Quelle, bis wir uns von neuem entschließen, der Quelle zu entspringen – neuen Taten, neuen Abenteuern entgegen. Ein ewiger Kreislauf des Lebens im Jetzt.

Die Quelle ist überall, denn alles ist die Quelle. Die Quelle ist DU, und die Quelle ist ICH. Daher bin ich Teil von dir, und du bist Teil von mir, weil die Quelle uns von Ewigkeit zu Ewigkeit in Einheit hält, da wir selbst Teile der Quelle sind. Erinnere dich der einstigen Zeit, wenn du diese Zeilen liest, deren Weg Rowena bereitet hat.*)

Wir bedachten nicht, ob wir Liebe fühlen, denn was ist Liebe an einem Ort, der nichts anderes ist, weil wir trotz aller Trennung im individuellen Sein keine Trennung verspürten.

Hier am Puls des Universums, der unser aller Ausgangspunkt in alle Universen ist, hier fühlen wir die Ein-

---

*) *„Lady Rowena – Die Kraft der Göttin in dir“,* Smaragd-Verlag.

heit mit allem. Hier begannen wir das Spiel des Erschaffens, und viele von euch waren von Anbeginn an mit mir gemeinsam vereint in einem Spiel, dessen Ende es nicht gibt, weil es sich täglich von Augenblick zu Augenblick neu entfaltet, sich selbst individualisiert und erfährt. Ein Sein, das sich wiederholt und wiederholt, denn es gab nie einen Anfang und niemals ein Ende. Alles erschafft sich selbst aus der Quelle, um am Ende des Zyklus wieder einzutauchen in die Quelle, ein wenig zu ruhen und sodann von neuem der Quelle zu entströmen.

In der harmonischen Dunkelheit erschufen wir Licht. Im Nichts und aus dem Nichts, aus dem alles entstand, schufen wir in uns selbst wunderbare Wesen, Planeten, ersannen das Spiel des Miteinanders und des Gegeneinanders, indem wir einander übertreffen wollten im Erschaffen der schönsten Planeten, der schönsten Galaxien, der schönsten Formen, Figuren, Gesänge, Bewegungen, der vortrefflichsten Bauwerke und Techniken.

Wir waren, wie junge Kinder und junge Tiere es auf Erden sind, voller Freude und Übermut. Wir bauten unsere Türme und warfen sie wieder um. Wir spielten wunderbare Spiele, und unser aller Lachen hallte wider in den Universen. Je fortgeschrittener wir wurden im Erschaffen der Liebe in einer Form, desto verdichteter wurden die Planeten, die Universen und die Galaxien.

Doch schlichen sich auch Konkurrenz und Ehrgeiz ein,

weil das Erschaffen mit der Zeit seinen Reiz verlor. Da wir in unserer Verbundenheit in jedem Augenblick das Gleiche wollten und wunderbar fanden, verloren wir mit der Zeit die göttliche Freude an der Gleichförmigkeit. Leichter Unfriede kam auf. Natürlich dauerte dieses alles nach irdischer Zeitrechnung eine kleine Ewigkeit. Doch irgendwann kam der Moment, da wurde es einigen von uns ein wenig langweilig. Ein ganz neues Spiel. Eine ganz neue Erfahrung. Ein ganz neues Sein.

Und so kam es, dass einige der männlichen Götter ein eigenständiges, neues Spiel erschufen. Konkurrenz. Sie erfanden Wettkämpfe, das Spiel und den Sieg.

Wir bewegten uns zwischen den geschaffenen Welten und übertrafen einander im Erschaffen der schönsten oder auch der ungewöhnlichsten Formen. Wir erfanden die Gemeinschaft und lebten auf unseren Planeten in Einheit und Freiheit. So wollte ein jeder den schönsten Planeten mit den wunderbarsten Formen und Lebewesen erschaffen in den Weiten des Universums.

Unsere Formen verfestigten sich. Die Trennung begann. Der Raum war erschaffen, der uns voneinander trennte. Wir benötigten bald Transportmittel, um die Universen zu durchstreifen, und statteten einander Besuche ab. Diese Transportmittel, ihr würdet sie heute Raumschiffe nennen, benötigten weder Treibstoff noch benötigten wir Zeit, da es die Zeit in der Form, wie sie euch bekannt ist, nicht gab, denn wir lebten den Augenblick im ewigen Jetzt. Und doch…, der Beginn des getrennten Seins war erschaffen!

Wir lebten in einem wunderbares Universum, vielleicht warst auch du bei uns, das in fantastischer Schönheit durch die Weiten des Seins erstrahlte. Es erfüllte voll strahlender Liebe das Universum mit Gesang und Freude. Timarilamaa *(der Name wird mehr gehaucht, und das letzte A wird sehr lang gedehnt)* war ein Planetensystem dicht am Ausgangspunkt unseres Seins. Hier entwickelte sich unser erstes Zusammenleben in Gruppen, in Familienverbänden und in der Gemeinschaft in einer vollkommenen Harmonie, wie ihr es euch auf Erden erträumt und erinnert.

Timarilamaa wurde erhellt von drei wundervollen, leuchtenden Monden, die die Landschaften in sanftes Licht tauchten und einer wundervollen Vegetation ihre Schönheit verliehen. In dieser Galaxie begann das Spiel der besonderen – ihr würdet es physisch nennen – Liebe zwischen zwei Wesen. Doch diese Liebe war anders als das, was ihr auf Erden darunter versteht, denn unsere Gestalten waren von sehr feiner, zarter Struktur.

Und so begann der Zyklus der Kinder. Sie bereicherten unser Sein um eine ganz besondere Liebe zu einem Indviduum. Dieser erste bewusste Schöpfungsakt fand dergestalt statt, dass wir unsere Auren miteinander verschmolzen, unser Licht aus uns strahlen ließen, es miteinander vereinten und gemeinsam unser vereinigtes Licht und unseren individuellen Ton in den Ton der Quelle einfließen ließen. Aus diesem vollendeten Klang verdichtete sich die Quelle, und vor uns stand unser Kind, mit allem ausgestattet an Bewusstsein, das auch wir hatten. Unsere Kinder waren unsere Freude, und sie blieben lange in ihrer jugendlichen Gestalt. In den Zeiten von Lemuria sangen wir auf eurer Erde dergestalt unsere Kinder auf die Erde.

Hilflose Säuglinge, wie sie später auf der Erde das Licht des Seins erblickten, gab es erst nach dieser Ära, nach dem so genannten Sündenfall, in der Art, wie ihr sie bis heute kennt. Euer vollkommener Körper wurde genetisch so manipuliert, dass ihr der Alterung und dem Verfall des Körpers unterworfen wurdet. Doch wir lebten auf Timarilamaa wie in einem wunderbaren Traum und erweckten mit unserem Gesang eine vollkommene Gesellschaft zum Leben, an die viele von euch sich bis heute, wenn auch nur dunkel, erinnern.

Doch schlichen sich mit den Winden, die verwehten, auch andere Kräfte in unsere vollkommene Schöpfung. Andere Planeten waren rund um uns entstanden, die sich der destruktiven Seite zuwandten. So besuchten uns immer mehr Wesen aus diesen Systemen, denen wir vertrauten, weil uns Destruktivität fremd war.

Viele unserer Schwestern und Brüder trennten sich von unserer Gemeinschaft, folgten den Regenten des Chaos und lebten den neuen Kampf gegeneinander. Ihr nennt sie heute die „Gefallenen Engel“ oder die „Aus der Einheit Gefallenen“.

In ihren Spielen um Sieg und Niederlage wurden sie hart. Sie wollten die Herrschaft über alle und alles erlangen. So wurden auch wir in den neuen Kampf involviert. Regeln und Gesetze für alle Universen wurden erschaffen. Es entstand das Gremium der Föderation, das über alles wachte, was sich in den geschaffenen Universen selbst erschuf. Und das tut es bis heute. In diesem Universum hier, in dem die Erde ihren Platz einnimmt, geschieht dieses unter der Leitung von Metatron und Miranlaya.

Wir, die wunderbaren Schöpfer in Einheit, fanden Gefallen daran zu experimentieren, und so kam es, dass viele Planeten der Zerstörung anheim fielen. Die Abgefallenen aus der Einheit erschufen und zerstörten nicht nur die eigenen Schöpfungen, sondern auch die der anderen.

Und so kam es, dass vor langer, sehr langer Zeit ein tiefes Grollen unsere Heimat erfasste. Der Grund, auf dem wir lebten, kochte und bebte. Unser wundervolles Timarilamaa zerbarst in einer gewaltigen Explosion.

Unsere Seelen erschauerten unter der Explosion. Wir jedoch wurden in eine neue Dimension geschleudert. Ein Aufschrei der Seelen erschütterte die Quelle. Ein neues Universum entstand. Das war der Akt, den eure Wissenschaftler heute den Urknall nennen.

Wir befanden uns in einer neuen Dimension, weit ab von der Quelle allen Seins, und die Qual vieler Seelen hält an bis zum heutigen Tage. Der erste Schock hatte unser Sein erschüttert, und die Sehnsucht nach der „alten Heimat“ nahe der Quelle brachte tiefen Schmerz in unser Herz. Auch in uns wohnt bis heute noch immer die Sehnsucht nach der Einheit, die wir in uns selbst wieder erfahren wollen. Auch in uns wohnt die Sehnsucht, Timarilamaa neu erstehen zu lassen und das Leben in vollkommener Einheit wieder zu erfahren.

Wir fanden uns sehr bald zurecht in der neuen Dimension. Die Fähigkeit, neue Schöpfungen zu begründen, war uns nicht verloren. So erschufen wir von neuem Galaxien, Universen und Planeten, die unsere Gemeinschaft neu entstehen lassen sollten. Doch wir fühlten die Sehnsucht nach Timarilamaa. Die Trennung von unserer Heimat bewirkte jedoch, dass auch wir uns mehr und mehr voneinander getrennt fühlten.

Wir hatten unsere Positionen neu erschaffen und bevölkerten in unterschiedlichen Gruppen die neuen Planeten im neuen Universum. Doch erinnerten wir uns voller neuer, zuvor nie gekannter Sehnsucht an unser Leben auf Timarilamaa, das wir hier neu begründen wollten. Zum allerersten Mal, seit wir uns unserer Individualität bewusst waren, gab es einen erinnerten Ort, der scheinbar für alle Zeit verloren war. Und so waren wir voller Freude über jenen Ort, der versprach, ein neues Timarilamaa zu werden.

Viele von uns waren unermüdlich in ihrem Kampf darum, wer der Bessere ist, denn wir waren uns in unserer Einzigartigkeit zu ähnlich. Es unterschied uns zwar, dass wir uns in männliche und weibliche Energie in das duale Universum teilten, doch gab es in unserer Gruppe weder Trennung noch Andersartigkeit. Die Gruppe der Zerstörer wollte nun immer mehr Macht. So begann es zu kriseln zwischen den Göttern, und die Konkurrenzkämpfe nahmen zu.

Der Rat wurde angezweifelt, Metatron und Miranlaya als Hüter der Quelle in ihrer Position bekämpft, und es begann die Zeit, in der die Streitigkeiten um Positionen zunahmen. Die „Aus der Einheit Gefallenen" wollten die Macht über das Universum übernehmen.

Die Destruktiven wurden verbannt in ihr eigenes Universum. Ihr nennt dieses heute den Fall der Engel. Der „Regent des Chaos" war ihr Anführer, und er schwor Rache, denn er wollte den Platz des Höchsten einnehmen, den es nicht gab. Der „Regent des Chaos" wollte die Herrschaft über die Universen und verzauberte viele mit seiner Magie. Seine Mutter, eine wunderbare Schöpfergöttin, wollte ihn bitten, abzulassen von seinem Tun. Er aber tötete sie, als die Erde noch jung war, und verbannte ihre Seele in ein dunkles Universum, das er für sie erschuf. Dort wartet sie bis heute auf ihre Erlösung.

Der „Regent des Chaos" ernannte sich zum Führer der neuen Bewegung. Er und seine Anhänger begannen, mehr und mehr Unterschiede zu schaffen. Die ersten Kriege fanden statt zwischen unseren Welten. Gut und Böse waren erschaffen, und mit ihnen die Dualität.

Doch einer seiner Brüder, nennen wir ihn Chayim, entbrannte in tiefer Liebe zu Gaia. Er wich kaum von Gaias Seite, während der „Regent des Chaos" sich mehr und mehr von ihm und allen weiblichen Wesen entfernte und entfremdete. Der „Regent des Chaos" hatte auch hier an diesem Ort seine Freude daran, geschaffene Planeten und Galaxien zu zerstören. Er wollte einzigartig sein und die Herrschaft über alles und jedes ICH erlangen.

Wir fühlten unser tiefes Mitgefühl mit seinem Verloren-Sein, das er als Einzigartigkeit betrachtete. Er verachtete seinen Bruder mehr und mehr, der immer mehr Gaias Begleitung suchte. Die Brüder fielen in Streit, und so erfand diese rein männliche Energie das Spiel „Ich habe einen Fehler gemacht".

Damit wurden das Gefühl der Schuld und das negative Ego geboren, auf denen alles aufbauen sollte, bis die Erlösung erreicht ist. Auch dieses Spiel genossen wir und fanden es in unserer Unschuld zuerst einmal spannend. Wir schauten fasziniert zu, doch die weiblichen Kräfte unter uns erkannten den Ernst der Lage und verfügten, dass eine Regel in diese Existenz gebracht werden musste, um die Einheit, die wir liebten und ehrten, wieder erfahren zu können, wenn die Faszination verflogen war, weil wir den

Punkt nicht erkennen würden, wenn sich alles gegen uns kehrte. So setzten wir uns zusammen und erfanden „Ich plane ein Universum, das Heilung bringt“.

Gaia und die Göttinnen fanden die Lösung, weil sie erkannten, was diese Situationen imstande waren auszulösen. Sie handelten schnell und schufen diese Galaxie, in dem die Erde auch heute noch atmet. Sie kamen zu der Übereinkunft, dass sie einen wundervollen weiblichen Planeten erschaffen, der alles beinhaltet, was es bisher an wundervoller Schöpfung gegeben hat. Und so erschufen die Göttinnen die Erde. Diese wundervolle Erde, ein Juwel aus der Liebe zu Allem-was-ist geboren, wurde beseelt durch die Größe unserer Schwester Gaia.

Sie sangen diesen wundervollen Planeten der Liebe in das Sein, und die Erde erschien als weit leuchtendes Juwel im Zentrum der neuen Galaxis. Die Göttinnen wollten Timarilamaa neu erschaffen und bestückten den neuen Planeten mit all den wundervollen Attributen, die wir von Timarilamaa her kannten. Sanfte Hügel und Täler, wundervolle Pflanzen und Tierwesen bevölkerten die junge Erde. Sie war strahlend in ihrer Einzigartigkeit in diesem Universum. Wir bewunderten voller Ergriffenheit die Perfektion der Schöpfung aus sich selbst heraus.

Unsere Frauen erschufen einen Planeten, der alles besaß, was es an Schönheit, Wärme und Liebe in allen Universen zuvor gab. Die Erde strahlte Liebe und Vollkommenheit aus. Sie sollte ein Ort werden, an dem die vollkommensten ätherischen Schöpfungen sich versammeln und wachsen konnten. Und sie war es. Die junge Erde voll weiblicher Kraft und Ausstrahlung bildete einen Anziehungspunkt für die Liebe und war tabu für destruktive Schöpfung.

Das Universum hielt den Atem an. Wir dankten in lautem Jubelgesang der weiblichen Weisheit und Weitsicht. Gaia beseelte die Erde. Sie besaß all unser Wissen, so, wie es mit jedem ist, der aus der Quelle sich selbst ergießt. Gaia ersang wunderbare Wesen, denen sie ihre Essenz aus der Quelle einhauchte. Zarte ätherische, traumhafte Geschöpfe, gespeist aus der Quelle, bereicherten unser Sein und verzauberten die Erde. Die junge Erde war bevölkert von den zarten ätherischen Wesen, die ihr bis heute Devas, Feen, Elfen nennt.

Die Göttinnen brachten die Energie der Kristalle und der heiligen Steine von Timarilamaa auf die Erde, die sie in ihrer Aura bewahrt hatten, und verdichteten sie mit ihrem Gesang.

Lemuria hieß der Kontinent, der die wunderbarsten Antennen der Kraft in sich barg. Diese wunderbaren ätherischen Kristalle der höchsten erinnerten Göttlichkeit wurden von den zarten Wesen, die diesen Kontinent hüteten, als Erinnerungsspeicher und Kraftquelle genährt. Sie erhellten die Erde für lange Zeit. Auch einige von uns besiedelten die Erde. Wir lebten voll Freude und Frieden in unseren feinstofflichen Körpern, die dem euren gleichen, jedoch sehr viel ätherischer sind. Es erwachte eine Kultur der Freude, der Harmonie und des Wachstums auf der jungen Erde.

Ich war glücklich, an der Seite dieser wundervollen und individualisierten Ichs meinen Platz einnehmen zu können, denn sie liebten mich so, wie ich sie liebte. So begann der Begriff Liebe zu einem weiteren, ganz individualisierten Wesen Einzug zu halten in unser Sein. Es entstanden Vorlieben und Abneigungen unter uns.

Der „Regent des Chaos" und sein Bruder Chayim fielen in Streit, weil Chayim an Gaias Seite sein wollte, doch ihr Sein an die Erde geknüpft war. Chayim konnte nicht ohne Gaia sein. So betraten die Brüder eines Tages gegen alle Regeln den noch jungen, so zauberhaften Planeten. Chayim entflammte in Liebe zur Wärme der Kraft dieser wunderbaren Erde, als sein ätherischer Fuß den Boden berührte. Doch der „Regent des Chaos" wurde der Harmonie und Schönheit bald müde. So verließ er die Erde, nachdem er einige Wesen der Erde derart verändert hatte, dass ein wenig Dunkelheit das Strahlen der Erde durchdrang. Zarte Bienen bekamen Stachel, neue Schöpfungen, die nur durch andere überleben konnten, entstanden. Zu jener Zeit wurde durch den „Regenten des Chaos" der Grundstock gelegt, dass die Tierwesen der Göttin zu Raubtieren werden konnten. Zu jener Zeit schuf er Parasiten und Plagegeister, die ihr bis heute bekämpft. Gaia seufzte auf. Chayim schwor ihr, sie von allem zu befreien und die Tat seines Bruders zu sühnen. Die Angst hatte zum ersten Mal Einzug gehalten.

Der Rat wurde einberufen ob des unheilvollen Eingreifens in den Plan der Erde.

Es sollte beschlossen werden, dass jedes Betreten und Einmischen in die Entwicklung der Erde Konsequenzen nach sich ziehen muss. Das Gesetz von Ursache und Wirkung war geboren. Das Prinzip der Strafe war erschaffen.

Sofort wurde der zurückgelassene Chayim von der Erde geholt, damit die Erde sich regenerieren konnte. Doch Gaias Verehrer wurde zusehends schwächer. Er verzehrte sich vor Sehnsucht nach Gaia und bat um die Erlaubnis, an die Erde gebunden zu werden. Der Schmerz hatte tieferen Einzug gehalten in unser Sein.

Da unser Mitgefühl mit seiner Sehnsucht unendlich war, fragte ich Gaia um Rat, wie wir ihm helfen könnten. Gaia erklärte sich bereit, ihm Heimat zu geben auf der Erde. So bat ich den Rat, ihm zu erlauben, in Gaias Nähe zu sein. Dieses ist mein/unser Anteil an der Dunkelheit, die bis heute die Welt umhüllt. Der Rat stimmte zu, als Gaia und ich uns bereit erklärten, die Verantwortung zu übernehmen für sein Handeln auf der Erde.

Chayim wurde gestattet, auf dem Kontinent, den ihr heute Atlantis nennt, sein Reich zu begründen. Er war glücklich, in der Energie Gaias zu atmen, und ehrte die Kultur und die Schätze der Erde. Sein Bruder verfluchte ihn, doch Atlantis ging seiner Blütezeit entgegen. Er ist bis heute auf Erden und wartet auf die Erlösung vom Bann seines Bruders. Wenn Chayim sich erlöst, wird er in Einheit mit Gaia eine neue Erde erfahren, in der die vollkommene Symbiose weiblicher und männlicher Göttlichkeit manifest wird.

Aufgrund meines Eingreifens konnten so die Brüder und ihre Anhänger die Erde besiedeln, wenn nur ein Wesen auf der Erde seine Zustimmung gab. So wurden die Menschen erschaffen nach unserem Ebenbild!

☆☆☆

Eva und Adam

Der „Regent des Chaos“ und seine Anhänger umgingen die Gesetze. Er besuchte seinen Bruder, der ihm dieses nicht verwehrte. Und so erschuf er ein Wesen auf und von der Erde. Dieses Wesen war sein Geschöpf und konnte nur eines, nämlich ihm seine Zustimmung geben. Dieses Geschöpf betete ihn an, hieß ihn auf Erden willkommen und war ihm blind ergeben. Von diesem Augenblick waren sie die „Götter“, ihre Schöpfer. Was seither auf Gaia geschah… Du weißt es.

Das Erdenwesen war ihnen uneingeschränkt untertan. Es rief immer wieder nach seinem Schöpfer, betete ihn an und verehrte ihn als Gott. Es ermöglichte damit, dass der „Regent des Chaos“ zu einem Teil dieser Erde werden konnte. Da dieses Wesen nicht perfekt und aufgrund mangelnder Intelligenz als Sklave unbrauchbar war, wollten sie das Erdenwesen vervollkommnen, damit es sich zu einem brauchbaren Sklaven entwickelt, der sich schnell reproduzieren lässt. Sie wollten durch diese Sklaven die Erdschätze plündern und die Erde in ihren Besitz bringen. So entstand nach langer Zeit des Forschens und Manipulierens das erste Wesen, das ihr Adam nennt. Aus diesen Forschungen und Schöpfungen entstanden unter anderem auch die Arten der Neandertaler, die Menschenaffen, deren menschlicher Ausdruck in ihren Augen das Herz so vieler bewegt. Um diese kümmerten sich die Schöpfergötter nicht weiter, sodass sie sich ungehindert fortpflanzen konnten, denn anfangs schufen sie die Erdenwesen noch in weiblicher und männlicher Form. Der Teil seiner multidimensionalen Seele, der sich trennte, versorgte seine Geschöpfe mit Seelenfunken. Nur ein Seelenfunke ermöglicht das Leben.

Adam war seine letzte Schöpfung. Er erhielt mehr seiner Seelenenergie als alle Schöpfungen zuvor. Er und seine Artgenossen erwiesen sich hierdurch als die perfekten Sklaven. Sie waren klug genug die Befehle zu verstehen und auszuführen. Doch waren sie nicht intelligent genug, diese infrage zu stellen. So schufen sie mehr und mehr dieser Männer. Es dauerte eine gewisse Erdenzeit, bis uns klar wurde, dass sie die Erde ausschließlich mit männlichen Geschöpfen bevölkern wollten und dies der Untergang der weiblichen Kraft auf Erden sein würde.

Der „Regent des Chaos" wollte die Erde mit rein männlicher Energie überfluten, um alle Spuren der Göttinnen, der weiblichen Kraft, daraus zu entfernen. Damit wäre die Erde dem Untergang geweiht, da sie, aus der weiblichen Kraft erschaffen, durch die Überbetonung der männlichen Energie aus der Retorte zerstört würde. Seine Mutter reiste mit unserem Einverständnis zur Erde, um seinem Tun Einhalt zu gebieten. Er jedoch tötete ihren Körper und band ihre Seele in Dunkelheit. Chayim war, wie wir, erfüllt von Entsetzen. Er trennte sich von seinem Bruder und lehrte die Ebenbilder der Götter die Handhabung der Materie und den Ackerbau, damit sie sich selbst ernähren konnten. Allein seine Lehre stieß auf taube Ohren, versorgte doch der „Regent des Chaos“ sie mit allem, was sie benötigten.

So erklärte unsere Schwester Lilith sich bereit, sich um den Anführer der Männer auf Erden – Adam – zu kümmern. Sie und andere aus unseren Reihen verdichteten ihren Körper und ließen sich auf der Erde nieder, um die weibliche Kraft neu zu integrieren und zu festigen.

Adam gesellte sich zu Lilith. Sie fand den Menschen interessant und amüsierte sich über seine Unwissenheit. So lehrten unsere Frauen die Männer auf Erden, dass sie den Gottesfunken in sich tragen wie alles, was lebt. Adam entbrannte in Liebe zu Lilith, und sie blieb an seiner Seite. Jedoch konnte sie das unfreie Leben auf Erden an der Seite eines Erdenmannes nicht lange ertragen. Die Übergriffe des Mannes von der Erde, der sich zum Führer aufgeschwungen hatte, weil er der „Sohn Gottes“ war, ließen sie eines Tages sehr zornig werden. Sie verfluchte ihn und kehrte mit einigen anderen Frauen zurück auf unser Schiff.

Adam tobte. Er drohte mit der Rache durch seinen Gott. Doch war dieses für Lilith kein Grund, sich weiterhin um die Männer der Erde zu sorgen. Sie wollte nie wieder einen Fuß auf den Boden der Erde setzen.

Also mussten wir einen neuen Plan entwerfen, damit wir das Gleichgewicht auf Erden wieder herstellen konnten. Unsere Sorge war groß, weil die Männer auf der Erde täglich mehr wurden. Wir mussten den weiblichen Gegenpol auf die Erde bringen, um das Gleichgewicht wieder herzustellen. So erklärte sich Lilith bereit, ein weibliches Kind mit unserem Erbe zu gebären. Dieses erste Kind sollte Adam an die Seite gestellt werden.

Da Lilith ihren Körper bereits auf der Erde verdichtet hatte, konnte sie zur ersten Mutter eines Menschenwesens werden. Wir entnahmen Adam Blut und isolierten ein Gen des irdischen Wesens. Dieses kreuzten wir mit Liliths Genen. Sie gebar nach kurzer Zeit das erste weibliche Menschenwesen. Die Zeit der Entwicklung eines menschlichen Wesens nahm zu dieser Zeit nur einige Tage in Anspruch. Da dieses Wesen unsere Gene besaß, wuchs es in einigen Wochen zu einer wunderschönen erwachsenen Menschenfrau heran. Durch das Gen Adams sind daher einige Teile eurer DNA noch unerweckt. Doch mussten wir Gene der Erde verwenden, damit diese neue Rasse sich zur wahren Kraft entfalten konnte.

Da aus der Quelle alle Kraft männlich und weiblich in vollkommener Synthese ist, erschufen wir also den Männern auf Erden zur Führung weibliche Wesen, die durch unsere Frauen geboren wurden. Die erste weibliche Göttin, die euch bis heute bekannt und durch uns zur Erde gesandt wurde, ist jene, die ihr Eva nennt. Adam und die anderen Männer auf Erden waren aus der Retorte geschaffen. Eva und andere Frauen wurden durch unsere

Gefährtinnen geboren. Sie sollten das Licht und die Erleuchtung unter die Männer tragen.

Wir stellten sie Adam an die Seite, und seine Aufregung ob Liliths Verschwinden entschwand. Sie begründeten den ersten Hausstand der Familien, wie ihr sie bis heute kennt. Als wir sahen, dass es gut war und Eva ihre Kraft zur Veränderung des Bewusstseins des Mannes einsetzte, setzten wir die Besiedelung, mit weiblicher Kraft ausgestattet, an anderen Orten der Erde fort. Das erklärt auch, weshalb einer ihrer Söhne – Kain – in die Welt hinausziehen konnte, um an einem anderen Ort seinen neuen Hausstand zu begründen. Nach mehr als zwanzig Jahren gab es bereits viele Stämme auf der Erde. Sie folgten dem Befehl: Wachset und mehret euch.

Natürlich nahm der „Regent des Chaos" das nicht so einfach hin, wollte er doch den weiblichen Planeten in einen Planeten verwandeln, der von seinen gezüchteten Menschenmännern zerstört würde. So begann wieder ein neuer Krieg zwischen uns, der vor dem Rat endete.

Er bekam den obersten Befehl, in das Leben auf Erden, das er so eigenmächtig begonnen hatte, nicht weiter einzugreifen und die Entwicklung des neuen Geschlechts sich selbst zu überlassen. Doch viel zu oft schon hatte er dieses Gebot übertreten.

Wir gingen noch einmal hinunter. Wir lehrten die Menschen, wie sie auf der Erde und in ihrem Körper zurechtkommen konnten. Chayim übernahm noch einmal die Aufgabe, die Männer den Ackerbau zu lehren. Wir übergaben sodann die Erde an Eva und Adam, stellvertretend für die ganze Menschheit, so, wie es in euren Schriften steht, und zeigten ihnen, wie sie sich fruchtbar vermehren und sich die Erde untertan machen konnten. Die Erde untertan machen heißt nichts anderes als: Nehmt die Erde in liebenden Besitz, wachset an eurer Erfahrung und gebt ihr das Licht zurück, das ihr in Wahrheit seid. Dies ist und war der „Baum der Erkenntnis."

Eva besaß alles Wissen unserer Frauen. Sie lehrte Adam die Geheimnisse des Lebens, des Universums und des Lichts. Den „Regenten des Chaos" erzürnte das alles sehr. Er setzte sich über das Verbot erneut hinweg, betrat die Erde und verwüstete den Teil der Erde, in dem das neue Geschlecht Evas lebte, und belegte sie mit einem Fluch. Während Eva im Traumland weilte, beschlief er sie und zeugte Kain. Adam ließ ihn gewähren, denn für ihn war der Regent Gott vom Himmel, der ihm drohte, ihn zu erschlagen, wenn er sich seinem Befehl widersetzte. Hier nahm der Fluch „unter Schmerzen sollst du deine Kinder gebären" seinen Anfang. Die Dauer des Wachsens im weiblichen Leib verlängerte sich, und die Entwicklung des Kindes verzögerte sich um viele Jahre so, wie ihr es bis heute noch kennt. Die Reinheit der irdischen Göttin war beschmutzt durch den Samen des „Regenten des Chaos".

Da die Entwicklung auf Erden nicht mehr aufzuhalten war, kamen immer mehr Götter von den Sternen. Sie missbrauchten die Töchter der Erde, zeugten Mischrassen, um die reine Göttlichkeit, die jede Frau auf ihr Kind übertrug, zu zerstören. Das könnt ihr in euren alten Schriften lesen. Diese „Götter“ begründeten sodann durch Kain eine Religion der Angst, des Schreckens und der Verachtung von Frauen, die bis heute Grundstock einer jeden Religion ist, weil Frauen aus anderem Blut sind. Dem „Regenten des Chaos“ war es gelungen, unseren Beitrag des Lichts auf das Geringste zu minimieren und die Kraft der neuen Göttinnen auf Erden in Ketten zu legen. Die irdischen Göttinnen mussten die Kinder der „Aus der Einheit Gefallenen“ in das Leben auf Erden gebären. Sie alle tragen bis heute seine Gene in sich.

Ich kam mit meinen Begleiterinnen und Begleitern ebenfalls immer wieder zur Erde, um unser Eingreifen zu korrigieren und die ursprüngliche Einheit wieder herzustellen, die durch meinen Mitentscheid entzweit war.

Ich kam zur Erde, um der Menschheit zu zeigen, dass Gott nicht der ist, den sie hier zu verehren gezwungen wurde. Ich kam zur Erde, um wieder gutzumachen, was ich gefehlt hatte, indem ich den Brüdern des Chaos und der Dunkelheit den Weg auf die lichte Erde ebnete. Ich kam zur Erde, um meine Liebe zu den Brüdern und zu den Menschen, die sich bereit erklärt hatten, deren Weg zu teilen, zur Entfaltung kommen zu lassen. Ich kam oft mit meinen Gefährten zur Erde, denn die Brüder waren an unsere Regeln gebunden und verdunkelten sich selbst mehr und mehr, indem sie sich weiter und weiter von der Quelle entfernten. So versuchte ich immer und immer wieder, ihr Tun zu verhindern, Menschen zu erretten, die sie töten wollten, und doch: Ich fehlte in so vielen Zeiten und sah mit an, wie die Menschheit vergaß, was Eva sie nach ihrer Erleuchtung lehrte, nämlich wer und was sie in Wahrheit sind.

Es kamen immer mehr Götter vom Himmel, an vielen Orten auf die sich verdichtende Erde. Die ätherischen Geschöpfe der Göttinnen hatten sich längst zurückgezogen, Lemuria erlosch, die Kristalle entschwanden in den tiefen Schoß der Erde, und Atlantis ging seiner Hochkultur entgegen. Es war dieses ein neuer spiritueller Ort. Hier inkarnierten viele Seelen Lemurias und bewahrten das alte Wissen. Doch auch Atlantis wurde verdunkelt und versank in den Fluten. Das alles ist Geschichte und liegt sehr viel länger zurück, als eure Schriften euch glauben machen wollen.

Heute, meine geliebten Begleiter durch viele Zeiten und Dimensionen, ist der Zeitpunkt auf Erden gekommen, an dem die Erfüllung unseres Versprechens beginnt. Wir werden die Erde in die Höhen emporheben, in denen sie lebte und die sie besaß, bevor der Schleier der Dunkelheit sich über die Schönheit des Planeten Erde senkte.

Durch meine Geburt wurde der erste aus einer Frau geborene Mann, der aus der Quelle der Liebe ist, auf diese Erde gebracht. Das Gleichgewicht zwischen Männern und Frauen wurde hergestellt. Eva und alle Frauen trugen das göttliche Gen der reinen Quelle seit Anbeginn der Menschheit. Nun gab es auch den Mann, der das göttliche Gen in sich trug. Die Gene der Retortengeborenen wurden durch meine Nachkommen weniger und weniger, und auch die Gene derer, die durch die Abgefallenen gezeugt wurden. Daher brauchte es zweitausend Jahre, bis genügend Menschen mit vollkommenen Genen des Lichts die Erde erhellen konnten. Die Tage des Lichts nahmen ihren Anfang.

Die Erde ist jetzt bereit für den Quantensprung. Mit ihr bist auch du bereit, ihren Quantensprung zu begleiten und diesen selbst zu erfahren. Die Erde wird zu dem ätherischen Palast für die Wesen der Göttinnen in Vereinigung mit den Göttern, die in uns allen ihren Anfang nahmen. Die Erde wird auferstehen zu dem Timarilamaa, das wir alle erinnern und ersehnen.

Die DNA der Menschheit erwacht. Die Neuen Kinder, die seit den frühen fünfziger Jahren die Erde besiedeln, bringen mehr und mehr dieser Neuen Kinder auf die Erde. Sie sind es, die den Grundstein legen, damit ihr alle den Quantensprung erfahren und eure Körper in die Vollkommenheit zurückführen könnt, die euer göttliches Urrecht ist.

Jubiliere und freue dich, denn du hast dich selbst auserwählt, die Erde und die Menschen in die Freiheit zu begleiten und in ihrem Heilwerden zu unterstützen. Dazu haben sich alle, Gaia, Chayim, wir hier in unserer Dimension der Liebe, und auch du, sich bereit erklärt, in vollkommener Erinnerung der wahren Quelle des Lebens, die in uns allen ist.

Wir kehren zurück nach Hause. In ewiger Liebe der Verbundenheit im Ich.

Sananda

☆☆☆

Es war eine dunkle Zeit auf Erden

Wir schauten schon lange mit Besorgnis hinab auf die Erde. Wir hörten die verzweifelten Rufe und Schmerzensschreie der Menschheit nach Gerechtigkeit und der Gnade Gottes. Viel zu lange schon beherrschten die „Aus der Einheit Gefallenen“ die Erde und hielten die Menschheit in Schrecken und Angst vor der Strafe des Allmächtigen. Unsere Frauen auf Erden drohten mehr und mehr, ihr inneres Licht zu verlieren. Sie stöhnten und weinten unter den Grausamkeiten, die ihnen angetan wurden.

Zwar konnten wir vor langen Zeiten, als der „Regent des Chaos“ Hesekiel verblendete, das Schlimmste verhindern, weil Hesekiel bereits mit den Schiffen des Alls in Kontakt war. In diesem Fall durften wir ihm als Helfer der Menschheit ebenfalls erscheinen, um ihn als Propheten auf den rechten Weg der Hilfe für die Menschheit zurückzubringen. Der „Regent des Chaos“ hatte durch Hesekiel Angst und Schrecken unter die Menschheit getragen. Er sollte den Weg bereiten, die Menschheit, die sich weigerte, ihm zu folgen, ein zweites Mal zu vernichten, wie es bereits zu Zeiten der euch bekannten Sintflut geplant war.

Nur durch die Mithilfe eines Menschen von der Erde war die Auslöschung der Anhänger der uralten Lehre des Lichts, von Eva gegeben, möglich. Dieser Mensch war Hesekiel. Durch unser Eingreifen, indem wir Hesekiel eine andere Lehre zum Segen der Menschheit gaben, indem wir ihn emporhoben in unsere Schiffe, ihn unterrichteten und die Gesetze des Alls lehrten, konnten wir die dunklen Mächte aus dem Universum aufhalten und die Auslöschung der Menschheit verhindern. Doch nun schien die Endzeit erreicht, und der Sieg der dunklen Macht über die Erde schien unabwendbar.

Die Dunkelheit, die die Erde gefangen hielt, war im ganzen Universum spürbar, denn die „Aus der Einheit Gefallenen" kämpften seit vielen Zeiten um die Herrschaft über die Erde und die Menschen. Sie benutzten die Söhne der Menschheit für ihre Machenschaften, entrissen den Müttern die Söhne, die durch sie verroht wurden. Sie beeinflussten die Söhne der Göttinnen und sandten sodann die neuen Männer der Erde, die nur noch ihre Werkzeuge waren, in ihre Kriegszüge. Nein, die Knaben aus euren Schriften wurden nicht getötet. Sie wurden im zartesten Alter den Müttern weggenommen und in die Schulungslager der Dunklen gebracht. Daher nennen wir sie die „Weggenommenen". Dort wurden sie zu Kampfmaschinen für die unbegreiflichen Zwecke der Abgefallenen zerstört.

Die Menschheit weinte unter der Knechtschaft und den Kriegen, denen sie unter der Herrschaft eines Gottes des Schreckens hilflos ausgeliefert waren. Wohnte doch in jedem der Erdenbewohner das alte Wissen, das Lilith und Eva sie lehrte, dass dieser Gott, unter dessen Namen all das Unrecht geschah, nicht die göttliche Kraft ist, die in allem wohnt, die alles beseelt, was ist. Doch sein Same war zu weit schon gestreut, und es wurde dunkler und dunkler auf Erden.

Die Eroberer führten auch untereinander und gegen uns ein hartes, erbarmungsloses Regime, um sich die Erde anzueignen und Land für Land in ihren Besitz zu nehmen. Und sie tun es bis heute!

Ein Eingreifen durch uns war unmöglich, da wir an unseren Eid gebunden waren, nicht weiter von außen in die Entwicklung des Menschengeschlechts einzugreifen, nachdem wir vor vielen, vielen Zeiten die Frauen auf die Erde sandten, um das Gleichgewicht wieder herzustellen. Das Netz der Abgefallenen war weitreichend, und die Menschen selbst erfüllten ihre Werke. Das universelle Gesetz besagt jedoch, dass in die Entwicklung eines Planeten von außen nicht eingegriffen werden darf, egal, wie notwendig es scheint. An dieses Gesetz mussten wir uns halten.

Die „Aus der Einheit Gefallenen" hatten dieses Gesetz immer wieder übertreten und damit die Erde geschunden. Sie wollten den einst so herrlichen Planeten mit allen Mitteln unter ihre Macht bringen, um den Göttinnen, die ihn erschufen, zu beweisen, dass die Macht dem männlichen Anteil gehört, seit der „Regent des Chaos" seine Mutter tötete und in die Dunkelheit bannte.

Er und seine Begleiter waren für die Menschheit Gott, denn sie kamen immer wieder in ihren „Feuerwagen" von den Sternen. Das war der Beginn der großen Dunkelheit auf Erden. Die Erde war abgeschnitten von der kosmischen Kraft. Die Menschen sanken in ein tiefes Vergessen und erschraken, wenn die „Götter" vom Himmel kamen, denn sie erfuhren nur Grauen und waren machtlos gegen ihre Waffen. Von diesem Augenblick an, als sie vergaßen, dass es uns ebenfalls gab, musste ein männlicher Gott verehrt werden, der erbarmungsloser nicht sein konnte. Er hielt die Menschen in Angst und Schrecken vor der Strafe, die einen jeden erwartete, der oder die nicht seine unsinnigen Gesetze befolgte.

Seine ureigene Furcht vor der Kraft der menschlichen Göttinnen, die, durch eine der unseren geboren, mit den Kräften des Lichtes ausgestattet war und in allen Frauen auf Erden wirkte, war groß. So entstand die Verrohung auf Erden, indem den Frauen die Rechte abgesprochen und sie zu minderwertigen Sklavinnen degradiert wurden, mit denen die Abkömmlinge des Dunklen und ihre menschlichen Sklaven machen konnten, was immer sie wollten. Und sie taten dieses hingebungsvoll den Frauen an. Der Schrecken und die Angst unter den Frauen war immens, und ihre Machtlosigkeit wuchs mit jedem seelischen und physischen Schlag, den sie erhielten. Die wenigen, die die alten Mysterien bewahrten, lebten abgeschieden und unauffällig in den Wäldern, Höhlen und Bergen.

Es lag ein dunkler Ring von Schmerz- und Wutenergie um den Planeten Erde. Die menschlichen Lichter, die wir noch wahrnehmen konnten, wurden weniger und weniger. Je mehr die Menschen litten, desto weniger lichtvolle Energie konnte den Planeten und seine Bewohner erreichen. Die Angst-, Schmerz- und Wutenergie verschmutzte die Gitter, die die Erde umgaben, und machte diese undurchlässig für das Licht der Quelle. Mit jedem Schmerzensschrei, mit jedem Tropfen Blut, den ein Mensch oder ein Tier im Schmerz verlor, erstarkte die Macht der „Aus der Einheit Gefallenen" und ihrer Anhänger. Es war die Energie, die ihnen Kraft und Stärke verlieh und immer noch verleiht – bis heute. Das Morden und Foltern überzog einen großen Teil des Planeten Erde und schwächte die Seele jedes einzelnen Individuums.

Wir schauten voller Schmerz und Trauer auf das Geschehen auf Erden, und eines Tages reifte in uns eine Idee, wie wir der Menschheit neue Hoffnung schenken und das Rad wenden können. Ein Eingreifen war nur möglich durch einen Menschen, der als Kind einer Menschenfrau auf die Erde kam. So reifte in mir der Entschluss, mich selbst zu reproduzieren; mir selbst Vater zu sein, sodass ich selbst es sein würde, der diesen Weg antrat.

Da ich bereits viele Zeiten auf der Erde verbracht hatte, war es für mich nicht ungewöhnlich, diesen Schritt noch einmal, doch dieses Mal als Menschgeborener, zu vollziehen. So teilte ich diesen Entschluss meinen Begleiterinnen und Begleitern mit. Wir riefen den Hohen Rat der vollkommenen Liebe zusammen, um die Erlaubnis zur

Heilung der Herzen auf Gaia zu erhalten.

Wir kamen zusammen auf dem Planeten, den ihr Sirius nennt, und besprachen die Einzelheiten. Der Hohe Rat kam zu dem Schluss, dass dieser Weg gegen keinerlei universelle Gesetze verstößt, da die Hilfe in diesem Fall durch ein Wesen von der Erde selbst kommen würde. Doch die Zustimmung der Mutter auf Erden musste freiwillig sein.

Viele von euch, die ihr diese Zeilen lest, waren ebenfalls anwesend in unserem Palast. Ihr stelltet euch zur Verfügung, meinen Weg zu begleiten, unsere Mission zu unterstützen und diesen Weg zu unserem Weg werden zu lassen. So viele von euch blieben dann im Zyklus der Inkarnationen, um das Licht aufrechtzuerhalten, und ihr wartet bis heute auf meine Rückkehr. Die einzige Bedingung, die an mich gestellt wurde, war, dass eine Rückbindung an mein Wissen und mein universelles Sein erhalten bleiben musste. Es musste eine Frau auf Erden gefunden werden, die frei war von Angst vor den Dunklen und rein genug, in meinem Sein auf Erden die Liebe, die wir alle in Wahrheit sind, auch als Mensch in mir zum Erblühen zu bringen. Diese Frau musste jedoch auch energetisch so fein sein, dass sie einen Transport auf unser Schiff erfahren konnte.

Wir kehrten zurück auf unser Mutterschiff, das in der Energie von Gaia seinen Platz einhielt, um die Erde zu beschützen.

Sinnend schaute ich hinunter auf den herrlichen Planeten, den die weiblichen Kräfte einst als Wesen der Liebe erschufen, und erblickte ein wundervolles Licht, das schon seit längerer Zeit meine Aufmerksamkeit besaß, in der Gegend, die in dieser Zeit auf das Härteste betroffen war vom Eroberungswillen der „Aus der Einheit Gefallenen“ und ihrer Handlanger. Dieses göttliche Wesen war Mirjam – Maria.

Sie war Schülerin im Tempel der Isis, studierte die alten Schriften der universellen Weisheit und erstrahlte im reinsten Licht der Liebe zu Allem-was-ist. So keimte in mir der Wunsch, dass sie mir Mutter auf Erden sein möge, wenn ihre Zeit gekommen ist. Ich begleitete ihre Wege zwei weitere Erdenjahre lang, bis sie zu einer Eingeweihten der alten Mysterien erhoben war.

Nun war der Zeitpunkt gekommen, dass ich zu ihr in Kontakt treten wollte. So begab ich mich in ein kleines Schiff und besuchte Maria, die auf den Stufen ihres Tempels die Sterne am frühen Abendhimmel betrachtete. Sie spielte versonnen mit einer Katze und strahlte vor Freude über die Lebendigkeit des kleinen Tieres.

Als sie meines Fahrzeugs gewahr wurde, erschrak sie ob der Fremdheit meines Gefährts und des Strahlens meines Schutzanzugs. Sie erbebte vor Unsicherheit und verschloss ihre Augen vor meinem Strahlen. Unsere Anzüge strahlen auf Erden sehr hell, um unsere Körper, die nicht der Dichte der Erde angepasst sind, zu schützen und das Licht in uns zu halten. Daher nennen so viele die unseren auch Engel.

„Maria, ich sah dein eigenes inneres Leuchten, und ich komme in Frieden mit einer Bitte an dich, um der Menschheit das Licht in die Herzen zu senken“, sprach ich. Sie hob ihren Blick, und ihr Blick in meine Augen ließ sie erinnern, wer sie und ich in Wahrheit sind.

Nein, es war kein Erzengel, der ihr die Worte brachte, dass sie ein Kind zur Welt bringen wird. Das ist ein Mythos, weil unsere Anzüge strahlten wie leuchtendes Gold. Es waren meine Worte, meine Bitte an sie, mir Mutter zum Segen der Menschheit und der Erde zu sein, die ihr Herz berührten, und sie selbst zu dem Entschluss gelangen ließ, der Menschheit und der Kraft der Göttin diesen Dienst zu erweisen. Sie wollte mir Mutter sein, um in diesen Zeiten der Dunkelheit das Licht der Liebe und der weiblichen Kraft zurückzubringen für alle Frauen dieser Erde.

Doch sie erschrak, da sie einen männlichen Beschützer oder gar Ehemann niemals in Erwägung gezogen hatte; wollte sie doch im Tempel der mystischen Schwestern- und Bruderschaft des Lichts ihren Dienst verrichten, um das Licht der Liebe und das uralte universelle Wissen auf Erden aufrechtzuerhalten. Es war unmöglich in diesen Zeiten, in dieser Kultur, eine ledige Mutter zu sein. So erzählte ich ihr von einem weiteren Licht, das ihr Josef nennt, den ich mit ebensolchem Wohlbehagen gesehen und mir als Ziehvater erwählt hatte, wenn er sein Einverständnis gab.

Mirjam willigte ein, und gemeinsam suchten wir ihn auf in seinem Haus, abgeschieden von jeder Hektik und dem Lärm der Welt da draußen.

Auch Josef war ein Eingeweihter der Mysterien der Schwestern- und Bruderschaft des Lichts. Er lauschte meinem Plan, betrachtete die wunderschöne junge Frau an meiner Seite und zog sich zurück in seine Meditation. Als er zurückkehrte, gab er sein Einverständnis, sein Leben in den Dienst der Heilung der Erde zu stellen, mit Maria an seiner Seite.

Oh, wie ich beide von Herzen liebte für das Opfer, das sie bereit waren zu geben, indem sie ihren geplanten Lebensweg aufgaben, um mir den Weg zu weisen, wenn ich unbewusst und im irdischen Vergessen in ihre Mitte geboren würde. So blieb ich noch lange bei ihnen, bevor ich Mirjam zu ihrem Tempel zurückbegleitete.

Ich teilte ihnen mit, dass wir sie intensiv schulen würden, denn sie hatten die Aufgabe, mich an mich selbst zu erinnern, mir alles neu zu erklären, was ich durch die Geburt als Menschensohn vergessen würde. Ich erklärte ihnen, dass wir von Wolken umgeben am Himmel unser Zuhause haben, und nahm sie in regelmäßigen Abständen mit in meine Heimat. Nein, zweifle nicht. Erinnere dich der alten Geschichten, in denen immer wieder Männer und Frauen mit in den Himmel genommen wurden. So war es auch mit Maria und Josef.

Sie lernten viel von unserem Wissen, da sie durch ihre Schulungen sehr gut eingestimmt und vorbereitet waren. Als sodann die Zeit reif war, verschmolzen wir ein Gen meines Seins mit der weiblichen Eizelle von Maria. Ich trennte einen Seelenaspekt von meiner Seele und senkte auch diesen in den Schoß dieser großartigen Frau, die sich trotz aller Widrigkeiten in dem Land, in dem sie lebte, ihre Göttinnenkraft bewahrt und verstärkt hatte. So wuchs ein Teil von mir als Abbild meiner Selbst in dieser wunderbaren Frau heran. Dieser Teil meines Seins träumte mich dem irdischen Vergessen entgegen, dem ich einen Funken meiner Seele in den sich bildenden Körper senkte.

Die beiden wunderbaren Menschen, die auf Erden meine Eltern sein würden, kamen immer wieder auf unser Schiff, um alles aufzunehmen und ihre Aufgabe in Vollkommenheit antreten zu können.

Sie feierten eine stille Hochzeit, und zwischen beiden erwachte eine tiefe, große Liebe und ein tiefes Vertrauen, die auch die Basis waren für mein Sein, mich geliebt und willkommen auf Erden zu fühlen. Sie hatten die Aufgabe, mich immer wieder daran zu erinnern, wer ich wirklich bin.

Und so sprach ich, wenn ich vom Vater im Himmel sprach, niemals von einem Gott der Bibel da oben, sondern von mir selbst, der ich mein eigener Vater war, bin und bleiben werde. Denn ich bin eins in mir und doch durch zwei vereint.

Doch sprach ich nie von Gott im Himmel oder gar vom Vater im Himmel, wie es in euren Schriften steht. Nein, ich sprach immer von meinem Vater in den Wolken oder über den sichtbaren Wolken, um den Menschen das Vertrauen zu schenken, dass dort oben sehr viel mehr ist als nur ein strafender Rächer, der alle Taten der Menschen bewacht und bestraft.

Die Menschen sollten erfahren, dass dort oben Liebe ist und Verbundenheit, dass dort oben Wesenheiten sind, die der Menschheit ihr naturgegebenes Recht auf Freiheit und Unabhängigkeit zurückgeben.

Die Menschen meiner Zeit sollten erfahren, dass dort oben nur Götter sind. Im Sinne der Wertung auf Erden sollten sie erfahren, dass es nicht nur die strafenden, sondern auch die guten Götter gibt. Daher gaben wir so vieles preis von unserer Anwesenheit. Wir zeigten uns verstärkt den Menschen, damit sie Vertrauen erlangten in unsere Anwesenheit, die durch meine Geburt wieder möglich wurde.

Die Menschen sollten und mussten erfahren, dass sie nicht alleine sind, und dass sie eine Wahl haben, sich vom

Abgefallenen abzuwenden. Dieses alles die Menschheit zu lehren und der Erde die Freiheit zurückzugeben, dazu kam ich in diese Welt, die meine ganze Liebe besitzt.

☆☆☆

Vor zweitausend Erdenjahren – meine Geburt und Kindheit

So nahte der Tag meiner Geburt in die Arme der beiden wundervollen Menschen, die ich mir als Eltern, Förderer und Beschützer erwählt hatte. Ich verankerte jetzt den Teil meiner Seele fest im Leib der Göttin, die ihr Maria nennt, und erwachte als Jeshua in weiche, seidene Tücher gehüllt, umgeben von den Eingeweihten des mystischen Bundes des Lichts, dem meine irdischen Eltern angehörten. Diese Weisen waren es, die mir den ersten Besuch abstatteten, um mich voller Freude und Liebe zu empfangen.

Nicht Hirten, Esel, Schafe und Englein waren es, die mich begrüßten, wie eure nette Weihnachtsgeschichte so rührselig verkündet. Nein, es waren die Brüder und Schwestern des heiligen Bundes des Lichts, der seit Anbeginn der Zeit auf Erden, durch Eva und den erwachten Adam gegründet, die tiefen Wahrheiten gehütet, bewahrt und geheiligt hat. Der mystische Bund war informiert über meine Mission und hatte sich verpflichtet, mir alle Wege zu ebnen, die für meine Mission notwendig waren.

So war ich von der ersten Sekunde meines irdischen Daseins unter den Weisen der Erde, die von Beginn an das Wissen um die Existenzen hüteten. In dieser mystischen Runde wurde meine Geburt gefeiert, wurde ich auf Erden willkommen geheißen. Auch lag ich weder in einer

Krippe noch wohnten wir in einem Stall. Josef war ein wohlhabender Mann, wir reisten mit großem Gefolge, und die Herbergen waren bestellt, als meine irdischen Eltern zur Volkszählung aufbrachen. Auch durch meinen Vater in den Wolken waren alle irdischen Belange unserer Familie für alle Zeiten gesichert.

Am Himmel erstrahlte durch die dünne Wolkendecke des Frühlings das Lichtschiff meines überirdischen Vaters, der ebenfalls bei meiner Geburt anwesend war.

Er berührte mich sogleich mit der Kraft seiner heilenden Hände, um in mir das Vergessen zu verhindern. Er erinnerte sich selbst in mir an seine Großartigkeit. So war der Stern von Bethlehem nichts anderes als der Leuchtkegel eines Raumschiffs neben einem Kometen, der am Nachthimmel seine Bahn zog, dessen Kommandant mein Vater war, der mich aus sich selbst erschaffen hatte, in heiliger Vereinigung und Verbindung mit der Eingeweihten des mystischen Bundes, Maria.

Allein den Menschen waren strahlende Raumschiffe, die am Himmel ruhten, fremd, kannten sie doch nur die vom Himmel herabbrausenden Feuerschiffe ihres Gottes. Daher erzählen sie bis heute von einem alles überstrahlenden Stern. Eine solche Verwechslung würde in eurer heutigen aufgeklärten Zeit nicht mehr geschehen, denn der Mensch kann immer nur das einordnen, was er aus Erfahrung und Wissen kennt. Das Einzige, was die Menschen zu dieser Zeit jedoch kannten und erinnerten, waren Feuerwagen, die mit großem Lärm und Getöse vom Himmel kamen. Die Feuerwagen jedoch waren die Transportmittel des Herrschers der Nacht. Das Schiff meines Vaters war eingehüllt in eine wunderbare weiße Wolke und schwebte lautlos über Bethlehem.

Wir kehrten zurück in das Haus meines irdischen Ziehvaters, der mich den Umgang mit der Materie dieser Welt lehrte. Er war mir ein wunderbarer Vater und brachte mich, im Wechsel mit meiner Mutter, immer wieder zu meinem wahren Vater, damit ich die Gesetze des Universums neu erfuhr und tief in meinem Herzen verankerte, um sie der Menschheit zum Geschenk zu machen, wenn meine Zeit gekommen war.

So war meine Kindheit geprägt von der liebevollen Begleitung meiner irdischen Eltern, die ich mir für diese Ebene gewählt hatte, und der liebevollen Schulung meines überirdischen Vaters und seiner Begleiter/innen in seinem Haus in den Wolken. Er und sie alle lehrten mich die Gesetze des Universums, die Lenkung der Kraft der Lebensenergie in jedem menschlichen Sein und wiesen mich ein in die Geschichte des Universums und der Erde.

Je mehr ich heranwuchs, desto mehr fühlte ich die tiefe Einheit mit meinem Vater, und je mehr ich diese fühlte, desto mehr schmerzte mich das Geschehen um mich herum. Ich erkannte die Grausamkeiten, die durch die Besetzer unser Land heimsuchten und erschauerte ob all der Qualen, die die Menschen in ihren Gesichtern widerspiegelten. Tiefes Mitgefühl erfüllte mein ganzes Sein.

Das Land war geschunden von den schon seit Ewigkeiten andauernden Raubzügen der außerirdischen Besetzer und ihrer Diener auf Erden, denen sie Macht garantierten, wenn diese in ihrem Sinne handelten. Die Menschen waren voller Angst, sie verrieten und beraubten einander und unterwarfen sich einem Regime, wie es grausamer kaum sein konnte. Die alten Schriften sprachen von einem Erlöser, der die Freiheit bringt, und das ganze Land wartete voller Sehnsucht auf den Erlöser, der sie vom Joch der Römer befreien sollte.

Doch am meisten schmerzte mich die Missachtung und Misshandlung der Frauen, Kinder und Bedürftigen. Sah ich doch im Hause meines Vaters die Größe der Göttinnen, sah ich doch die Kraft der Göttin in meiner Mutter auf Erden und erkannte ich diese in Magdalena, die ein entscheidender Teil meiner Kindheit war. Daher war ich mehr als nur entsetzt darüber, wie die Frauen der Erde verachtet, ausgeschlossen, gedemütigt, als minderwertige Sklavinnen missbraucht und misshandelt wurden und als unrein und Pfuhl der Sünde galten.

Maria Magdalena war kurz nach mir auf diese Erde gekommen, um meinen Weg zu begleiten. Doch war sie als Seelenanteil von Nada auch gekommen, den gequälten

Frauen auf Erden Lehrerin und Gefährtin auf dem Weg zu ihrer wahren inneren Göttin zu sein. Sie hatte für sich die gleiche Mission erwählt, die ich mir erwählt hatte. Ebenso war der, den ihr Johannes den Täufer nennt, mir vorausgegangen, um da zu sein, wenn ich meine Mission begann. Er wollte die Menschen auf meine Lehre vorbereiten und einstimmen. Diese beiden waren mir Freunde vom ersten Tag meines irdischen Lebens an bis zum Ende meines Lebens als Mensch, das ich erst sehr viel später beendete, als sie euch glauben machen.

Maria Magdalena war die Tochter unserer Nachbarn. Wir verbrachten die ersten Jahre viele Stunden in unbeschwertem Spiel, wie es bei Kindern die Norm ist. Schon sehr bald war uns jedoch klar, dass wir zusammengehörten und füreinander bestimmt waren in einem Leben, das ein anderes sein würde, als wir es in der Welt, in der wir lebten, tagtäglich sahen.

Im Alter von sechs Jahren wurde ich aufgenommen in den Tempel der Bruderschaft. Hier begannen meine Schulungen in die Mysterien des Lebens, wie sie auf Erden bewahrt wurden. Da mein Erinnerungsvermögen sehr leicht zu aktivieren war – ich war ja nur zur Hälfte ein Erdenmensch – wurde ich bald zum besten Schüler in der Akademie zu Karmel. Die hohen Eingeweihten wussten auch hier um meine Aufgabe, und so erhielt ich eine bevorzugte Ausbildung.

Doch immer wieder kam die Zeit, in der ich zurückkehren durfte nach Hause in unser kleines Dorf der Ruhe. Und hier kam sie mir jedes Mal strahlend entgegengesprungen, meine beste Freundin der Kindheit, umarmte mich stürmisch und wollte mich nie wieder gehen lassen.

Wir erwarteten beide sehnlichst unser Erwachsensein, damit wir für immer neben- und miteinander sein konnten. Doch nach kurzen Wochen der Ruhe und kindlicher Leichtigkeit in gemeinsamem Spiel gingen wir wieder getrennte Wege. Magdalena ging in ihren und ich in meinen Tempel der Schulung.

So kam die Zeit, dass ich nach meiner Einführung in den Tempel zu Jerusalem, der im Alter von zwölf Jahren für jeden männlichen Juden Pflicht war, für einige Zeit nach Heliopolis reiste, um auch hier in die mystische Schwestern- und Bruderschaft des Lichts aufgenommen zu werden. Hier studierte ich die alten Schriften und erlernte tief wandelnde alchimistische Techniken, in denen ich meine Fähigkeiten schulte. Ich erlernte die Künste, die ihr heute schamanisch nennt, und vervollständigte mein Wissen über die Religionen meines Landes und der Besetzer.

Nach einem kurzen Urlaub zu Hause, den ich mehr mit Magdalena voller Freude verbrachte als mit meinen Eltern, trat ich eine Reise nach Indien an, mit Josef von Arimathäa an meiner Seite. Unser Abschied war tränenreich, denn es sollten einige Jahre ins Land gehen, bevor ich wieder zu Hause war. Doch Magdalena und ich wussten, dass am Ende unsere Vereinigung stand. In Indien sollte ich die Techniken der heiligen Mönche erlernen, die Großmeister darin waren, die Materie zu beherrschen und die alten Schriften zu studieren, die von der Entstehung unseres Universums berichten.

Als ich nach drei Jahren zurückkehrte, voller Freude darauf, nun endlich die Liebe meines Lebens als meine Ehefrau an meiner Seite zu wissen, war Magdalena verschwunden. Sie war die Ehefrau eines anderen Mannes geworden, den ihr irdischer Vater für sie erwählt hatte. Ihm missfiel mein Wanderleben, denn er wünschte für seine Tochter einen Ehemann, der für Haus und Hof sorgte.

Der Schmerz in meinem Herzen war unerträglich. Doch viel mehr als um meinen Schmerz sorgte ich mich um sie. Ich wusste, wie sehr sie mich liebte und wie tief sie unter dieser Situation, die Gattin eines Mannes unseres Volkes zu sein, der Frauen verachtet, leiden musste. Magdalena hatte eine gleichwertige Ausbildung erhalten wie ich selbst. Sie war frei aufgewachsen in dem Wissen, dass sie selbst die Göttinnen des Universums verkörperte. Wie grauenhaft musste es für sie sein, jetzt an der Seite eines Fremden zu leben, für den Frauen nur minderwertige Nutztiere waren. Das war die Religion meines Volkes, meines Landes. Mein Herz schmerzte, und mein Tränenfluss wollte nicht enden.

Hinzu kam, dass ich um ihre Mission bangte und fürchtete, dass nun die große Last dieser Aufgabe allein auf den Schultern meiner Mutter ruhte. Beide hatten die große Aufgabe übernommen, den Frauen und Kindern des Landes die Freiheit zu bringen. Beide waren auserwählt, die weibliche Kraft auf Erden in den Frauen und Kindern neu zu verankern.

Ich wähnte Magdalena für alle Zeiten verloren, denn eine Trennung von ihrem Mann hätte für sie den sicheren Tod bedeutet. Nur die Männer dieser Zeit durften ihre Frau verstoßen, töten oder entlassen. Für die Frauen des Landes war dieses unmöglich, obgleich es auch ein Gesetz gab, dass ein Gericht eine Frau von ihrem Mann freisprechen konnte. Doch das geschah so gut wie nie. Eine Frau, die ihren Mann verließ, galt als Freiwild und Dirne. Wurde sie gefasst, so war die Steinigung zumeist der einzige Weg, dem kaum eine Frau in einer solchen Situation je entkommen konnte.

So begab ich mich noch einmal zu meinem Vater in den Wolken und erfüllte mich mit neuer Kraft für den Weg ohne die Liebe meines Lebens. Doch du weißt es. Wir trafen einander wieder. Sie sah mich am Jordan, als ich Johannes begegnete.

Unsere Augen trafen sich, und in ihren Augen las ich ihre tiefe Liebe zu mir, die sie tief in sich vergraben hatte. Und so nahm ich sie bei der Hand und bat meinen Vater, uns beide zu holen, um uns zu rüsten für das, was auf uns zukommen sollte. Doch hiervon berichte ich später.

Nach meiner Rückkehr begab ich mich auf die Reise, um meine Aufgabe zu beginnen, zu den Menschen von der Macht der Liebe und ihrer wahren Herkunft zu sprechen. Meine Mutter erkannte, dass nun der Zeitpunkt gekommen war, an dem sie mich gehen lassen muss. Ihr Schmerz war überwältigend. Sie bat mich zu bleiben. Sie fürchtete, dass mir Unglück geschehen könne, denn sie kannte meine Mission und die Situation in unserem Land. Wir stritten um meine Freiheit von ihr. Doch ich forderte sie auf, sich um ihren Mann und ihr Haus zu kümmern. Ich erklärte ihr, dass ich sie später holen würde, wenn ich meinen Weg begonnen hatte. Zuerst jedoch musste ich mich zu Johannes begeben. Mein Weg war durch ihn bereitet. Er jedoch schwebte in ernster Gefahr. Ich verließ unser Haus mit einem letzten Blick auf meine weinende Mutter in den Armen ihres Mannes. Mein Herz war schwer.

Und hier beginnt nun das, was für euch zu einer Religion der Verleugnung und Unterdrückung gemacht wurde und eine Verfälschung meiner Mission.

Hier beginnt... Tatort Jesus!

Darum schreibe ich hier für dich, durch meine geliebte Gefährtin, mein

Neues Testament.

Johannes, der Täufer?

Mein Dienst begann, Gestalt anzunehmen. Ich betrat den Weg, den mein Vater mir gewiesen hatte. Ich sollte den Freund aus meinen Kindertagen aufsuchen, der am Jordan predigte und meinen Weg bereitete, indem er die Menschen auf meine Lehren vorbereitete und einstimmte.

Schon von weitem sah ich eine große Menschenmenge, die seinen Worten lauschte. So setzte ich mich still an das Ufer des herrlichen Flusses, genoss die laue Frühlingsluft und betrachtete seine wundervolle Gestalt, die von einem überirdischen Leuchten erfüllt war, das aus ihm erstrahlte und die Menschen vor ihm umhüllte. Es war dieses Leuchten, das die Menschen in seinen Bann zog. Seine Worte unterstrichen die Größe seines Bewusstseins.

„Wahrlich, ich sage euch, ein Bote meines Herrn erschien mir und bat mich, euch mitzuteilen, dass der Menschensohn auf dem Weg ist, um euch das Heil zu bringen. Ihr hörtet sie, meine Worte, dass ihr göttlich und frei seid in eurem Herzen, dass ihr, wenn ihr erkennt, was ihr in Wahrheit seid, die Freiheit auch im Außen, in eurem Land, sich mit der Zeit manifestieren wird. Ihr hörtet meine Worte, dass ihr genau so viel Wert habt und seid wie jeder andere auch. Es gibt ihn nicht, den Unterschied der Schichten, den euch alle einreden wollen. Das ist von Menschen gemacht, um euch in die Abhängigkeit zu treiben und in ihr zu halten. Ich sagte euch, dass Gott nicht dort oben oder in Rom lebt, sondern ganz allein in jedem Einzelnen hier vor mir. In DIR! Allein ihr seid voller Furcht und Zweifel.

Der, der nach mir kommt, wird euch tiefer an das erinnern, was eure Pflicht eurer Seele gegenüber ist. Er wird die Furcht aus eurem Herzen tilgen. Es ist eure ureigene Pflicht, das göttliche Licht der Quelle allen Seins in euch zu erwecken, dieses Licht in die Welt zu strahlen. Ihr alle bewundert dieses Leuchten, wenn ihr mich betrachtet. Ihr selbst seid dieses Strahlen, wenn ihr es erweckt – in euch selbst. Es ist eure Pflicht, mit diesem Licht das Strahlen der Freiheit in euch zu vollenden und die Erde zu befreien von allem, was nicht den göttlichen Dimensionen entspricht, in denen unser aller freies, lichtvolles Zuhause ist. Dieses Zuhause ist an jedem Ort! Auch hier! Du selbst – jeder Einzelne von euch – bist das Licht der Freiheit, der Liebe und des Lebens."

Johannes rief seine Worte unter das Volk, voller Überzeugung und Freude ob der Größe des universellen Seins. Die Menschen hingen gebannt an seinen Lippen.

Er hob seinen Blick mit strahlendem Lächeln, unterbrach seine Rede, unsere Augen trafen sich, und Johannes trat mit Tränen der Freude auf mich zu. Wir umarmten einander und erbebten vor Freude über unser Wiedersehen. Er blickte zu mir auf, denn ich überragte ihn um Haupteslänge, und sagte: „Mein Freund aus alten und aus Kindertagen, wo warst du all die Jahre?" Doch er sah in meinen Augen die Wahrheit, die zu bringen ich kam, und schlug die Augen zu Boden. Dann wandte er sich der Menge zu und verkündete: „Dieser mein Freund ist es, der da kommen sollte. Dieser mein Bruder ist hier, dem ich den Weg bereitet habe. Jubilieret und frohlocket, denn die Freiheit ist nahe.“

Seite an Seite gingen wir zum Jordan. Hier bückte Johannes sich zu meinen Füßen hinunter, um sie zu waschen. Nicht taufen war das, was er tat. Nein, er verbeugte sich vor der Göttlichkeit in jedem Menschen, der zu ihm an den Jordan kam, und wusch in Demut vor der Größe eines jeden diesem die Füße. Das Waschen der Füße der Männer war die Pflicht der Frauen des Landes. Sie mussten in jener Zeit den Männern die Füße waschen und damit ihre Unterlegenheit demonstrieren. So wusch Johannes symbolisch die Unfreiheit, die Ungleichheit und die Knechtschaft der Frauen von den Füßen seiner Anhänger, bevor er einen Menschen in den Kreis seiner Schüler aufnahm. Ein Mann, der in seinem Kreis aufgenommen werden wollte, musste zuvor seiner Gattin oder einer anderen Frau die Füße waschen und schwören, dass er nie wieder eine Frau abfällig behandeln würde.

Ich weigerte mich, denn er besaß die gleiche innere Größe, wie sie mir ganz selbstverständlich bewusst war. Nie zuvor hatte ein anderer Mensch sich derart vor mir beugen müssen. Doch er erklärte mir, dass er sich zurückziehen müsse, weil seine Reden Missfallen erregt hatten, sowohl bei den Rabbis, beim Hohen Priester, bei Herodes und den Römern. Johannes wollte mir auf diese Weise öffentlich sein Amt in seinem Ritus, der dem Volk am Jordan bekannt war, übertragen. So ließ ich ihn gewähren. Sodann beugte ich mich und wusch seine Füße. Damit war sein Amt auf mich übertragen.

Johannes hat niemals eine Taufe eingeführt. Dieses taten später eure Religionsstifter. Johannes war sehr wohl bewusst, dass es eine Erbschuld nicht gibt. Daher war und ist keine so genannte Taufe vonnöten. Johannes war, genau wie ich, ein Abkömmling der Sternenrasse, aus einer Menschenfrau geboren, und ein hoher Eingeweihter des heiligen Bundes. Er wusch jedoch auch die Füße der Menschen, um das Ritual der alten Gelehrten, zum Beispiel die Beschneidung der Knaben, zu entmachten.

Während wir noch am Ufer des Jordan standen, vernahmen wir ein leises Surren am Himmel. Ich wusste, das ist das Zubringerschiff meines Vaters. Die Menschen am Ufer des Flusses sahen hinauf zum Himmel. Eine leichte Wolkendecke entzog das Schiff dem Blick, doch der Himmel darüber erstrahlte in hellem Glanz. Ich erkannte die vertraute Stimme meines Vaters, die da ausrief:

„Volk von Israel! Vernehmt meine Worte. Das ist mein einziger, geliebter Sohn. Er ist zu euch gekommen, von mir gesandt, mit meinem Segen, um euch die Freiheit aus der Knechtschaft der Demütigung zu bringen! Er ist zu euch gekommen, damit ihr frei seid und erkennt, dass ein Gott,

der vom Himmel kommt, ein Quell der Freude und der Liebe ist. Sein Wort und seine Kraft werden euch befreien. Seid gesegnet und wählt den Weg der Freiheit, Gleichheit und Verbundenheit!"

Auf diese Weise hat mein Vater die anwesenden Menschen auf meine Mission aufmerksam gemacht und mich innerhalb einer Minute zu einem offiziellen Freiheitsbringer ernannt.

Es war seine Stimme aus den Wolken, die mich tausenden von Menschen bekannt machte, die dieses Ereignis in alle Winkel des Landes tragen würden. Sie würden in ihre Häuser zurückkehren und von einem Gott im Himmel in einer leuchtenden Wolke berichten, der seinen Sohn gesandt hat, um sie zu befreien. Sie würden jedoch auch berichten davon, dass dieser Gott nicht in einem Feuerwagen saß, sondern aus einem sanft summenden Wolkenschiff sprach. Der Weg für meine Mission war bereitet. Vater gab mir die beste Promotion, die ein Mensch sich wünschen kann, wenn er oder sie bekannt werden möchte.

Als die Farbe des Himmels sich normalisierte, schauten die Menschen auf mich und warfen sich vor mir in den Staub. Die Stimme aus den Wolken war dem Volk zu jener Zeit immer noch sehr vertraut, denn der Verkehr aus dem Weltraum hatte nicht nachgelassen, seit Atlantis in den Fluten versank.

Lest euer Altes Testament. Es ist voll von Geschichten, in denen gute und böse Götter vom Himmel kamen. Bei dem technischen Verständnis, das eure heutige Zeit auszeichnet, sollte es einem jeden klar sein, der oder die ein wenig denken kann, dass es sich um Zubringerschiffe, die von einem Mutterschiff kamen, handelte und nicht um die Hand Gottes im Himmel, der seinen Sohn zur Schlachtbank führte.

So sprach ich erstmals zu den Menschen, deren Errettung von heute an für mich die höchste Priorität haben sollte.

„Geliebte Schwestern und Brüder im Geiste der großen Quelle des Lebens, besinnt euch und höret meine Worte.

- *Schließe deine Augen und atme tief.*
- *Sei in dir jetzt ganz still.*
- *Spüre hinein in dein Herz.*
- *Atme und spüre den Frieden, der trotz aller Widrigkeiten im außen ganz tief in dir lebt.*
- *Finde den Ort der Stille in dir, und dann, wenn du ganz friedlich und still in dir bist:*
- *Spüre meine Worte in deinem Herzen, während du weiter tief ein- und ausatmest."*

Stille herrschte am Jordan, während ich voller Staunen die Menschenmenge betrachtete, die andächtig und mit geschlossenen Augen meinen Worten lauschte. Mit der

Kraft meines Geistes entfachte ich das kleine Licht in dem Herzen der Anwesenden, das in jedem menschlichen Herzen ruht.

- *„Fühle dich in deinem Herzen.*
- *Erkenne darin die Flamme der Göttlichkeit, die du selbst bist.*
- *Nimm sie wahr, diese Flamme.*
- *Diese Flamme ist direkt in deinem Herzen.*
- *Stelle sie dir ganz genau vor, fühle sie.*
- *Fühle die Wärme, die in dir ist, und nun…*

- *Lass diese Flamme in deinem Herzen sich ausdehnen.*
- *Lass sie mit jedem Einatmen des Lebens größer und größer werden.*
- *Lass die alles überstrahlende Flamme sich über dein Herz hinaus ausdehnen und deinen ganzen Körper erfüllen.*
- *Und sodann lass die Flamme des universellen Lebens über deine Körperform hinauswachsen.*

- *Erlaube, dass sich deine vollkommene Flamme, die jetzt weit über dich hinausstrahlt, mit der Flamme der Menschen, die vor, neben und hinter dir stehen, vereint.*

- *Jetzt atme in die Flamme hinaus. Atme hinaus aus der Flamme, die vereint ist mit allen Flammen um dich her-*

um, bis du dich eins fühlst mit allen vereinten Flammen des Herzens.

- *Spüre, wie sehr du verbunden bist mit allem und jedem hier am Ufer des Jordans.“*

Ein tiefes Seufzen der Erinnerung erklang an den Ufern des Jordans. Ich erblickte eine hell leuchtende Gemeinschaft, deren einziges Bestreben es jetzt war, in Liebe, Verbundenheit, Frieden und Freiheit gemeinsam die Erde zu lieben, um die Erfahrungen zu machen, für die die Erde geschaffen war. Und so sprach ich weiter zu der leuchtenden Menschheit vor mir.

- *„Nun, wo dein Bewusstsein mit dem Bewusstsein der anderen eins ist, erhebe deinen vereinten Geist und folge mir. Erhebe deinen Geist über die Erde hinaus über die Wolken und finde dich wieder in einem strahlenden Universum der Freiheit, Gleichheit, Göttlichkeit und Liebe.*
- *Du bist umgeben von all den Sternen und Planeten, die du des Abends von unten betrachtest. Du bist jetzt mitten unter ihnen. Spüre die Freiheit, hier zu sein.*
- *Spüre die Leichtigkeit deiner Seele, wenn du all die Last des Alltags hinter dir lässt.*
- *Spüre die Freude der Freiheit, die immer in dir selbst war, ist und bleiben wird. Lass uns hier und jetzt dieses Wissen tief in dir verankern, wenn du zurückkehrst in die Wirklichkeit am Jordan.*

- *Erinnere dich immer, nachdem du zurückgekehrt bist, wie frei du in Wahrheit tief in deinem Innern bist.*
- *So kehre nun zurück und nimm deine Erfahrung mit in deinen Alltag. Erinnere dich immer wieder an dieses Sein in der Freiheit des Seins, wenn du JETZT deine Augen öffnest."*

Ein andachtsvolles Schweigen lag über der Menschengruppe. Ein bewunderndes Staunen erreichte mich. Ein neues Leuchten lag in vielen der Augenpaare, die mich anschauten. Und doch warfen so viele sich erneut vor mir in den Staub, dass ich ahnte, wie viel Arbeit vor mir lag.

Von diesem Augenblick an war ich für so viele der Meister, der ich nicht sein wollte. Ich wollte Bruder sein. Ich wollte die Menschen berühren, indem ich sie an sich selbst erinnerte, und die Fähigkeit in ihnen wecken, sich gegen jedwede Manipulation von außen zur Wehr zu setzen, in vollkommener innerer Erkenntnis und Freiheit. Und so sprach ich noch einmal:

„Mein Freund, das, was du fühltest, fühltest du nicht durch mich, sondern nur in und durch dich selbst. Ich kann dich nicht verbunden in Einheit fühlend machen. Das kann nur jeder Einzelne von euch selbst. Wenn du dieses erfahren hast, die vollkommene Freiheit in dir und die vollkommene Verbundenheit mit allem, dann ist es in dir selbst vorhanden und kann nie wieder durch irgendjemanden von dir genommen werden. Du selbst entscheidest dich für die

Wege, die du gehst; für die Wege, die du als die deinen erkennst. So will ich euch segnen und für heute meine Freude über unser Wiedersehen mit meinem Freund Johannes teilen.“

Ich schloss meine Augen, umfasste die Menschen vor mir mit meinem geistigen Auge, und während ich meine geöffneten Hände vor mich hielt, die Handflächen den Menschen entgegen, sandte ich ihnen die universelle Kraft, mit der ich durch meine Hände und mein Herz verbunden bin. Ich segnete sie mit göttlich vollkommenem Licht.

Ich wandte mich Johannes zu. Sie aber liefen mir nach. Sie wollten mehr aus meinem Munde, wollten mehr der soeben erlebten Erfahrung. Doch diese konnte und wollte ich ihnen heute noch nicht geben. Heute galt mein Hiersein in erster Linie Johannes, dem Freund meiner Kindertage, der in ernster Gefahr schwebte.

Ich bat die Menschen um eine Pause und um Rücksicht auf die Erneuerung meiner Freundschaft mit Johannes. Die Menge setzte sich in respektvoller Entfernung nieder und wartete…

Sie warteten … auf mich.

Der Abend war angebrochen. Johannes und ich entfernten uns ein wenig weiter von ihnen. Wir setzten uns an ein leise flackerndes Feuer. Ich erzählte ihm von der Gefahr, in der er sich befand, weil die Häscher bereits sehr nahe waren. Doch dieser Umstand war ihm bereits bewusst. Er hatte Pläne, am nächsten Tag die Gegend zu verlassen. Johannes hatte nur noch auf mich gewartet. Zu revolutionär waren seine Worte in diesem Land und in dieser Zeit.

So viele Menschen hatten seine Worte in das Land getragen. Die Diskussionen in Städten und Dörfern über das Erscheinen eines Erlösers, der sie aus der Knechtschaft befreien würde, nahmen täglich zu. Viele Menschen begannen bereits, die Gesetze und Gebote infrage zu stellen. Viele begannen, Gesetze und Befehle zu ignorieren. Ein neues, verborgenes Selbstbewusstsein hatte sich in vielen Menschen breit gemacht durch eine Stimme aus dem Untergrund. Diese Stimme war *Johannes, der Gerechte*.

Dieser Umstand hatte nicht nur die Religionsvorsteher, sondern auch die Besetzer des Landes mit Zorn erfüllt. Der König des Landes verfolgte ihn, weil Johannes sein Handeln dessen Frau gegenüber, die er einer anderen wegen verstoßen hatte, kritisiert hatte und Johannes die ehemalige Königin unter seinen Schutz gestellt hatte. Die Häscher waren unterwegs, um den Volksaufwiegler, der es wagte, alles infrage zu stellen, zu dem andere schwiegen, zu verhaften.

Johannes rief einen seiner Schüler und flüsterte ihm etwas zu. Der Schüler verschwand. Als er zurückkehrte, bemerkte ich an seiner Seite die Silhouette einer jungen

Frau. Mein Herz schlug schneller, denn sie erinnerte mich an Magdalena. Als sie näher kamen, erkannte ich die Liebe nicht nur meines irdischen Lebens. Magdalena hatte ihren Mann verlassen. Sie war an den Jordan gekommen, um Unterschlupf und Schutz bei Johannes zu finden. Unsere Umarmung war tränenreich, kraftvoll und warm. Ich wusste, dass wir uns nie wieder verlieren würden.

Wir verbrachten die Nacht zu dritt in vertrauter Gemeinschaft. Als der Morgen anbrach, verabschiedeten wir uns voneinander. Johannes verließ den Jordan. Ich bat Magdalena, auf mich zu warten, bis ich sie am nächsten Morgen abholen würde. So erhob ich mich, um meinen Weg fortzusetzen und meinen irdischen Vater, der im nächsten Dorf auf mich wartete, aufzusuchen. Josef hatte die Aufgabe übernommen, meinen Weg zu bereiten und mir Quartier zu beschaffen, damit ich mich völlig auf meine Aufgabe konzentrieren konnte. Auch wollte ich für Magdalena die Lage erkunden.

Die Menschenmenge war jedoch immer noch hier. Sie folgten mir trotz meiner Appelle, dass ich noch etwas zu erledigen habe, doch dann zu ihnen zurückkehren würde. So wandte ich mich ab, ging von ihnen weg, direkt in die Wüste hinein. Ich bat mehrmals darum, alle sollten nach Hause gehen, doch viele, viele folgten mir, und ich setzte meinen Weg in die Wüste fort. Ich war noch nicht bereit, mit meiner Lehre zu beginnen. Zuerst wollte und musste ich die Liebe meines Lebens in Sicherheit bringen.

Als der erste Tag sich neigte, waren bereits viele umgekehrt. Auch die Verbliebenen fielen mehr und mehr zurück. Hunger und Durst sind für den ungeübten Körper eine Qual. Ich selbst hatte in all den Jahren meiner Ausbildung gelernt, meinen Körper zu beherrschen, weder Hunger noch Durst zu verspüren, wenn eine Erfüllung dieser Bedürfnisse nicht möglich war. Endlich, in der Mitte der Nacht, fand ich mich allein und legte meinen Körper zur Ruhe.

Ich erhob mich, erfrischt durch die Tiefe meines Schlafs in der Nacht, stärkte mich mit ein wenig Wasser und ging zurück an den Jordan. Hier holte ich Magdalena ab. Wir gingen nun gemeinsam in die Wüste hinaus. Die Menge hatte sich zerstreut. So konnten wir unbemerkt das Ufer des Jordans verlassen.

Ich aktivierte meinen inneren Sender und rief meinen Vater. Hierzu darfst du erfahren, dass jedes gute Medium auch heute noch einen solchen Sender und Empfänger in sich trägt. Dieser wird bereits vor der Geburt durch den Anteil des multidimensionalen Selbst im physischen Körper verankert. Der Sender ist von Beginn an aktiv, doch der Empfänger im Menschen braucht einen ganz besonderen Weckruf. Wenn dieser Weckruf den Menschen erreicht, dann geschehen viele scheinbar sonderbare Dinge, manchmal verändert sich das ganze Leben und das Lebensumfeld, doch die Aktivierung hat begonnen durch den freien Willen der Seele.

So verbrachte ich also nicht vierzig Tage fastend in der Wüste, um am Ende halb verhungert einem dubiosen Teufel zu trotzen. Das ist eine ganz andere Geschichte.

Nein, ich verbrachte eine wunderbare Zeit mit Magdalena im Hause meines Vaters. Magdalena erhielt hier nun ebenfalls ihre letzten Schulungen und Einweihungen, die sie vorbereiteten auf den Weg an meiner Seite, als Lehrerin für alle Frauen, die ihren Weg kreuzen würden.

☆☆☆

Die Tage des Lichts nehmen ihren Anfang

Magdalena und ich verließen das Haus meines Vaters. Wir mischten uns wieder unter das Volk. Wir wussten, dass es für sie eine gefährliche Mission sein würde, denn ihr Ehemann würde nach ihr suchen, und am Ende stand für sie der physische Tod, wenn wir sie nicht davor bewahren konnten.

Mir war bekannt, dass am See Genezareth bereits zwei Partner auf mich warteten. So machten wir uns auf den Weg dorthin, um Simon und Andreas zu treffen. Zehn meiner zwölf Begleiter waren mir bekannt aus der Universität auf Karmel. Hier hatten wir gemeinsame Jahre der Lehre erfahren und waren zu Freunden fürs Leben geworden. Sie waren Eingeweihte und in die Mysterien geschulte Brüder aus unserer Gemeinschaft.

Es ist also keinesfalls so, wie ihr es aus euren Schriften kennt, dass sie „nur" arme, nicht sehr intelligente Fischer waren, die ohne zu fragen einfach alles stehen und liegen ließen, um mir zu folgen, ohne mich je zuvor gesehen zu haben. Nein, sie alle hatten mich erwartet, kannten von Kindheit an meine Mission und waren in diese eingeweiht. Sie verließen auch nicht Frauen und Kinder, das hätte ich niemals gebilligt, denn eine verlassene Familie war in der damaligen Zeit dem Untergang geweiht. Sie begleiteten mich mit ihren Familien.

Frauen, Kinder, Witwen und alte Menschen gehörten zu jeder Zeit völlig gleichwertig und damit gleichberechtigt zu meiner Gemeinde wie Männer. Dieses war der erste große Stein des Anstoßes in diesem Land. Als edel geborener Mann der Oberklasse verstieß ich damit offiziell gegen die damals geltenden Regeln der herrschenden Klasse der Oberschicht und schaffte mir damit meine ersten Feinde aus meinen eigenen Reihen. Diesen Affront gegen ihre ehernen Gesetze haben mir viele niemals nachgesehen. Doch war es meine Absicht, dem einfachen Volk zu demonstrieren, dass sie die gleichen Rechte haben, den gleichen Wert besitzen wie alle, die in die materielle Oberschicht geboren wurden.

Meine Begleiter hatten bereits mit meinem irdischen Vater das Land vorbereitet. Nach einer Tagesreise waren an jedem Ort Häuser für uns bereit, die durch die mystische Bruderschaft erworben waren. Hier konnten meine Begleiter und ich uns zur Ruhe begeben, wenn der Abend kam.

Doch wir blieben zuerst einmal an diesem Ort. Hier gründeten wir unsere erste kleine Gemeinde im Schutz des Hauses von Simon. Wir sprachen zu den Männern des Dorfes von Gerechtigkeit, Gleichheit und Freiheit und begründeten einen Ruhepunkt, an den ich später sehr oft zurückkehren sollte, wenn die Menschen meine Energie schwächten und ich neue Kraft gewinnen wollte.

Magdalena nahm ihre Lehrtätigkeit im Kreise der Frauen auf, und schon bald war die Kunde der freien Frauen vom See in das Land vorgedrungen. Meine Mutter lehrte die Kinder die Kunde von Freiheit, Gleichheit und Göttlichkeit. Sie lehrte die Mädchen von Beginn an, dass sie gleichwertige Wesen auf Erden sind, und die Jungen, dass Mädchen zu achten und zu ehren sind, weil nur durch sie das Leben auf die Erde gebracht werden kann.

Doch es kam bald schon der Tag, an dem ich weiterziehen musste. Wir verließen diesen Ort. Eine kleine Schar begleitete meinen Weg. An jeder Station wartete ein weiterer Freund meiner Jugendtage, um sich mir und uns anzuschließen. Unsere Runde wuchs, und die innere Freiheit in Männern, Kindern und Frauen, die mit mir waren, wurde wahrer und fester. Unsere männlichen Begleiter waren: Simon, Andreas, Thaddäus, Aramäas, Johannes, Thomas, Bartholomäus, Philipus, Jakobus, Nathan, Polemerus und Josephus. Unsere weiblichen Begleiter waren: Myriam, Maria, Martha, Sarah, Liora, Esmeralda, Sandani, Lhea, Ruth und Shamira. Sie und noch weitere gehörten zu unserem inneren Kreis und wurden in die tieferen Geheimnisse eingeweiht. Sie wanderten mit uns durch das Land.

Judas Ischariot und Simon Kananäus zählten weder zu meinen Jüngern noch zu unserem inneren Kreis. Beide waren Untergrundkämpfer gegen Rom. Sie wurden uns Freund, doch begleiteten sie uns nur zeitweise.

Bald schon wurde ich von Simon gerufen, eine Kranke zu heilen, deren Kinder um das Leben ihrer Mutter bangten. Ich nahm Magdalena zur Seite und bat sie, mich zu begleiten. Wir eilten gemeinsam zu der Kranken und verschlossen die Tür ihres Zimmers.

Hier berührte ich den leblosen Körper der Frau, ließ meine Hand auf ihr ruhen und tastete nach der Ursache der Ohnmacht. Als der Fluss des Lebens durch meine Hände in sie eindrang, teilten ihre Zellen mir mit, was sie schwächte. Mein Herz wurde weit vor Mitgefühl mit dem Leid dieser Frau. Meine eröffneten Augen schauten hinein in das Gewebe, und ich erkannte die dunklen Gebiete und Geschwulste im Ätherkörper der Kranken. Nachdem ich in engem Dialog mit der Seele der Frau wusste, dass ihre Aufgabe auf Erden noch nicht erfüllt war, bat ich den Ätherkörper der Frau, aus seinem physischen Sein zu mir zu treten. Er löste sich sanft von der Frau. Magdalena hielt die Verbindung über das ätherische Band aufrecht.

Ich dehnte mein Licht und meine Aura. Frei von der physischen Gestalt konnte ihr Ätherkörper sich durch meine Aura hindurchbewegen, darin integrieren und universelle Heilung erfahren. Mit meinen Händen glättete ich die Verknotungen. Der Ätherkörper war geheilt. Er integrierte sich wieder in den Körper der Frau. Wir legten beide noch einmal unsere Hände auf den Körper der Frau, um die physischen Zellen, die zuvor die Krankheit umfingen, durch unsere Hände mit Licht zu erfüllen. Wir sandten unsere vereinten weiblich-männlichen Kräfte in ihren Körper und heilten mit diesen Strahlen die Wunden der Seele. Ein Seufzen erklang aus ihrem Mund. Sodann öffnete sie ihre wunderschönen Augen und erstrahlte in reinstem Glanz der Liebe.

Und so frage ich sie: „Weißt du, was dich krank machte?“

„Ja, Meister! Ich habe es erfahren, während ich auf der anderen Seite weilte. Es war dort so wunderschön. Es war die Schmach, die mein Mann mir bereitet, wenn er mich der Unreinheit bezichtigt. Es war die Verzweiflung, dass Gott mir diesen Körper gab, der unrein ist, wenn er blutet. Es war die Qual meines Lebens, dass ich nicht noch mehr Kinder gebären will, wir bekommen die unseren kaum satt. So wollte ich dem Leben entfliehen, weil auch mir dieser Leib zuwider wurde.“

Krankheitsursache

Ich sah ihr voller Liebe in die Augen, denn ich fühlte ihren Schmerz und ihre Trauer. Magdalena traten Tränen des Mitgefühls in die Augen, und sie nahm die Frau in die Arme. „Schwester“ sprach ich, „nie wieder glaube einem dummen Mann, dass dein Leib, aus der Göttin geboren, unrein sein kann. Schau nur, wie wunderschön und vollkommen der Körper einer Frau ist, die die Kraft der Erde erfährt. Erhebe stolz deinen Kopf ob dieser Worte, denn wisse, nur du als Frau kannst durch diesen Körper der Erde Leben schenken. Du bist ein reines Abbild der großen Weiblichkeit. Ich ehre die Kraft, die dir zueigen ist.“

Sie errötete und erhob sich. „Noch nie sprach ein Mensch diese Worte zu mir, Meister. Du musst aus einem wunderbaren Land kommen, wenn du der minderwertigen Frau dein Ohr und deine Heilkraft schenkst."

„Erhebe dich jetzt, Schwester. Niemand ist minderwertig in der Liebe des reinen Geistes. Und nun komm, deine Kinder weinen um dich. So zeig dich ihnen und lehre deine Töchter meine Worte. Sodann lebe die Kraft, die neu in dir aktiviert ist, und dein Körper wird dir eine gesunde Stütze sein, bis du zurückkehrst in die Heimat, die unser aller Zuhause ist."

Wir verließen gemeinsam den Raum. Die Kinder erstrahlten, als sie ihre erfrischte und gesunde Mutter erblickten. Ich schenkte allen meinen Segen und verließ dieses Haus. Magdalena verweilte noch einige Stunden, gab der Frau neue Kraft und den Kindern neuen Lebensmut.

Dieses ist eine der Gaben, die ich euch zeigte und neu erinnerte, die ihr meinen Weg begleitet habt. Heilung geschieht in Übereinstimmung mit der Seele auf der ätherischen Ebene. Wenn du deinen Lichtkörper geheilt, deine inneren Augen eröffnet und die Liebe zu allem Lebendigen erlöst hast, dann kannst du all das vollbringen, was mir als Wunder nachgesagt wurde und wird, weil du dann der Meister oder die Meisterin der formgebenden, liebenden Kraft bist.

Mein Ruf des Meisterheilers verbreitete sich schnell. Mehr und mehr Kranke wurden zu mir gebracht oder kamen alleine. Von all den Fällen, in denen ich nicht helfen konnte, wollte oder durfte, berichten eure Schriften nicht. Meine Grenzen begannen dort, wo der freie Wille der Seele des kranken Menschen Einhalt gebot. Eine physische Krankheit ist immer auch ein Zeichen, genau hinzuschauen, was unheilig ist, was geheiligt – sprich geheilt – werden will.

Und immer war Magdalena an meiner Seite. Auch davon berichten eure Schriften nicht. Es wäre unmöglich gewesen, allein zu einer Frau zu gehen, ohne ihr Schande zu machen. Die Heilkraft von Magdalena, mit meiner vereint, bewirkte weit tiefere Heilung, als ich allein einer Frau hätte geben können, denn ich war inkarniert als Mann. Als Frau zu inkarnieren, in jener Zeit und an jenem Ort, hätte meinen baldigen Tod durch Steinigung nach sich gezogen. Einer Frau war es untersagt, öffentlich zu predigen oder gar eine Menschenmenge um sich zu versammeln.

Ihr fragt euch, wie ich den toten Lazarus erwecken konnte? Ich aber sage euch: „Gar nicht.“ Lazarus war nicht tot. Lazarus war in einem tiefen Koma, das einem totenähnlichen Schlaf gleicht. Er war zu Besuch in der Anderswelt, mit ätherischer Anbindung an seinen Körper. Daher konnte ich seine Seele zurück in seinen Körper rufen, denn seine Zeit auf Erden war noch nicht abgelaufen. Ich habe niemals so einfach einen Toten erweckt, nur weil seine Anwesenheit mir fehlte. Dazu fehlte sogar mir die Macht.

Hätte ich dieses Wunder vollbringen können, und es wäre rechtens gewesen, läge es da nicht nahe, dass ich als erstes meinen besten Freund, Johannes, den Gerechten, zum Leben erweckt hätte? Er war es, der mir an meiner Seite fehlte. Doch die Seele eines Verstorbenen in seinen Körper, und damit ins irdische Leben zurückzuholen, wenn das ätherische Band sich gelöst hat, ist unmöglich, weil die Verbindung fehlt und die Zellen bereits ihre Tätigkeit eingestellt haben. Der Verwesungsvorgang beginnt sofort, nachdem das ätherische Band durchtrennt ist

Jede und jeder von euch, die oder der sich mit Seelenanbindung und Seelenrückholung, mit schamanischen Reisen befasst, wird diesen Vorgang der so genannten Wiedererweckung nachvollziehen können. Ich rief seine Seele an, damit sie ihren Platz in seinem Körper wieder einnimmt, was diese auch tat. Das ätherische Verbindungsband war während seiner Entrückung noch immer mit seinem Körper verbunden. Ist dieses zerrissen, ist eine Erweckung des Körpers nicht mehr möglich. Der Verwesungsgeruch an Lazarus Grab, von dem eure Schriften sprechen, kam nicht von seinem toten Körper, sondern von den Ausscheidungen eines lebenden Körpers im Koma, die in der Hitze des Sommers sehr schnell in den Zustand der Verwesung übergingen.

Keine Seele wird erneut in einen Körper hinabsteigen, der bereits im Verwesungsstadium ist. Wasser in Wein zu verwandeln ist für einen guten Alchimisten, der ich war, ein Kinderspiel. Doch einen Toten zu neuem Leben erwecken, mit der ganzen Kraft seiner heiligen Seele, wenn seine Lebenszeit abgelaufen ist, ist unmöglich. Wenn das möglich wäre, dann würde so mancher Mensch, der sich selbst das Leben nahm oder die Trauer der Hinterbliebenen fühlt, zurückkehren. Doch weil es nicht möglich ist, muss auch diese Seele auf einen neuen Körper warten, den er oder sie entweder als Baby oder als *Walk In* neu beseelen kann. Zum Thema *Walk In* gebe ich euch gerne später nähere Erläuterungen.

Ihr fragt euch, wie ich Besessene heilen konnte? Nun, laut eurem Neuen Testament muss das Land mehr Besessene beherbergt haben als Unbesetzte. Ich habe niemals auch nur einen einzigen, vom Teufel besessenen Menschen geheilt.

Es gibt keine Besetzung durch einen Teufel oder gar durch Dämonen in euch verständlichem Sinn. Diese Passagen haben die Schreiber in die Schriften eingebaut, um einen Verursacher der Sünde, die euer Gott dann bestrafen kann, zu finden. Sie sind eine Begründung für ihren Satan, den es nicht gibt, und um eine Erklärung für den damit verbundenen Exorzismus zu liefern. Ich habe niemals einen vom Teufel besessenen Menschen geheilt, da es den Teufel nicht gibt. Und wenn es ihn doch gäbe, so hätte ich sicherlich nicht eine Legion von Dämonen in

Schweine verbannt, die sich sodann in den See stürzen. Dazu ist mir auch das Leben von Schweinen zu wertvoll. Also, noch einmal: Es gibt weder Dämonen noch Teufel. Sie alle sind Erfindung, um die Gläubigen zu unterjochen.

Es gibt Anhaftungen von Seelen, die, nachdem sie den physischen Körper abgelegt haben, nicht in die höheren Dimensionen aufsteigen wollen oder können. Diese Seelen darin zu unterstützen, in das Licht zu gehen, ist ein ganz anderer Vorgang, als eure Bibel meine angeblichen Teufelsaustreibungen beschreibt. Auch unter euch Menschen der Jetztzeit gibt es Freunde und Freundinnen, die dieses täglich tun. Wenn ein Mensch glaubt, von Dämonen besessen zu sein, dann kann es bedrohlich wirken, doch es ist nur eine Verwirrung des Geistes aufgrund religiöser Wahnvorstellungen.

Was ich heilen konnte, das waren genau diese Verwirrungen des Geistes, doch derer waren wenige auf meinem Weg. Was ich heilen konnte waren physische Defekte, wenn diese im Ätherkörper nicht bereits vor der Geburt angelegt waren. Was ich heilen oder austreiben konnte waren Schmerzen, Krankheiten, Wahnvorstellungen, körperliche Gebrechen und Blindheit.

Auf dem Lichtschiff meiner verwandten Freunde über den Wolken habe ich gelernt, die formgebende Kraft der Quelle zu bündeln und in das menschliche Herz zu lenken. Ein kranker Geist resultiert immer aus Mangel an Liebe in seinem Leben. In dem Augenblick, wenn du in der Lage bist, die universelle Liebe gebündelt in das ätherische Herz eines solch verwirrten Wesens zu lenken und anzuerkennen, dass Stimmen zu hören nicht verrückt ist, dass unsichtbare Wesenheiten zu fühlen und zu sehen eine Gabe der Quelle ist, die auf Erden erhalten blieb, dann erstrahlt der gesamte Organismus dieses Wesens von göttlichem Licht – und die Verwirrung des Geistes ist erlöst.

☆☆☆

Krankheit = Mangel an Liebe

Meine Versuchung durch den Teufel

In euren Schriften steht zu lesen, dass der Teufel mich versuchte, nachdem ich vierzig Tage in der Wüste gefastet hatte.

Nun, du weiß jetzt, dass ich nicht vierzig Tage in der Wüste fastete. Fasten gehörte nicht zu meinen Lieblingsbeschäftigungen auf Erden. Fasten war eine religiöse Vorschrift, die ich ebenso wenig befolgte wie die Rabbis, Schriftgelehrten und Pharisäer, weil sie unsinnig ist. Niemand kommt zu göttlicher Liebe, indem er oder sie sich kasteit. Zum göttlichen Licht, bereits auf Erden, kommt nur, wer sich in Selbstliebe alle guten Geschenke der Erde von Herzen selbst gönnt und diese voller Freude genießt.

Wir waren nach langer Reise wieder am See Genezareth angekommen, um uns einige Tage der Ruhe zu gönnen. In unserem Dorf waren einige bewaffnete Fremde, die für Aufregung sorgten. Meine Freunde baten mich darum, diese Fremden unserer Gemeinschaft zu verweisen, denn einige hatten sich unseren Frauen gegenüber Übergriffe erlaubt.

Magdalena erschrak und forderte, dass die Frauen sofort zu ihr gebracht würden, damit sie ihre Heilarbeit mit ihnen beginnen konnte. Ihr Befehl wurde sofort ausgeführt. Es traf mein Herz tief, als drei verletzte junge Frauen zu uns kamen, die scheinbar alles vergessen hatten, was Magdalena sie gelehrt hatte. Magdalena führte sie ins Haus, und ich wusste: Die Frauen sind geheilt, wenn ich zurückkehre.

So ging ich voller Zorn zu ihrer Herberge und forderte, den Hauptmann zu sprechen. Er trat hervor. Ich erschrak leise vor dem herrischen und stechenden Blick seiner Augen und der Düsternis seiner Aura. Als ich erkannte, dass ich einen der Abgefallenen vor mir hatte, verflog mein Schrecken. Ich fühlte den heiligen Zorn tief in mir. Er fühlte sich sicher in seiner Macht, da er sich von der Erde entfernen konnte, wann immer er wollte. So begann er seine Verlockungen mir gegenüber auszusprechen.

Er bot mir die Herrschaft über die ganze Erde an, wenn ich zu seinem Anhänger und in seinen Dienst treten würde. Er sagte, dass meine Macht, mit seiner gepaart, uns zu Herren über das ganze Universum erheben würde. Doch ich entgegnete ihm, dass die Erde der Göttin und den Menschen gehöre und ich hier sei, um sie ihm zu entreißen. Hierauf wurde er überaus zornig und drohte mir mit Vernichtung. Doch machte ich ihm sehr schnell klar, dass mein Vater das niemals zulassen würde und ich durch nichts zu beeinflussen sei.

Ich appellierte an seine göttliche Seite, doch vergebens. Je standhafter ich blieb in meiner Sendung der Liebe, desto zorniger wurde der Mann an meiner Seite. Meine letzten Worte an ihn waren: „Fürst der Dunkelheit, weiche und verlasse meine Stadt!“

Sodann ließ ich mein Licht aus mir erstrahlen. Er schloss seine Augen, und gemeinsam mit seinem Gefolge verließ er fluchtartig unsere Stadt.

Magdalena heilte die seelischen Wunden der drei Frauen, die durch ihn Schaden erlitten hatten. Dieses ist die ganze Geschichte meiner „Versuchung“ durch einen vermeintlichen Teufel.

So ist es doch verwunderlich, dass eure Schriften ein solches Geschehen als Versuchung bezeichnen, noch dazu nach vierzig Wüstentagen, in denen ich ja angeblich völlig alleine war. Welcher Augenzeuge sollte denn dieses Geschehen miterlebt haben, um es dann aufzuzeichnen?

Es gibt das Böse auf der Erde, ja, doch es gibt keinen Teufel, der ein Widersacher eures Gottes der Bibel ist. Das ist eine fiktive Gestalt; erfunden, um den Menschen in Angst vor dem Höllenfeuer und der ewigen Verdammnis zu halten.

So frage dich selbst – Mensch in deiner inneren Größe – was unterscheidet den Gott euer Schriften vom Satan oder Teufel eurer Schriften?

☆☆☆

Wunder und vollkommene Heilung

Wunder sind das, woran ich gemessen werde. Wunder sind das, was mich zum Messias der Religionen macht. Wunder sind das, womit man mich ungemein gut verkauft. Wunder sind aber auch das, was ich niemals tat.

Erinnere dich: Ich war ja nicht nur Menschensohn, ich war auch der Sohn „eines“ vermeintlichen Gottes. Mein Ruf war und ist: Gottes erstgeborener Sohn zu sein. So war das genetische Erbe meines überirdischen Vaters natürlich auch in mir. Alle meine Ausbildungszeiten seit meinem sechsten Lebensjahr galten auch der Erweckung dieser überirdischen Kräfte in mir.

Dieses geschah natürlich nicht mit einem Zauberstab oder einem Handauflegen meines Vaters, und plötzlich macht es „Pling“, jetzt bist du eingeweiht und kannst die Natur beherrschen. Nein, da ich in erster Linie Mensch war, waren es Zeiten disziplinierten Studiums und Schulungen sowie strenger disziplinarischer Übungen, denen ich mich unterzog, die meinen Geist schulten, meinen Körper stählten und für die Menschheit der damaligen Zeit als Wundermann erscheinen ließen.

Doch schau dich um in der Welt. Auch in eurer Zeit der Wende gibt es Menschen, die Wunder vollbringen und andere Menschen auf wundersame Weise heilen können. Es sind zwar wenige, doch auch sie haben die Schranken des menschlichen Geistes überwunden durch diszipliniertes Training an den Toren der Matrix im Geiste.

Selig sind die Armen im Geiste, weil sie nicht daran glauben, dass es Grenzen gibt. Selig sind die Armen im Geiste, weil sie genau wie die Hummel fliegen lernen, denn sie glauben nicht daran, dass sie es nicht können. Sie haben die intellektuellen Schranken überwunden.

Selig sind die Reichen an Liebe, denn sie werden fliegen und den Himmel auf Erden erschaffen. Selig sind die Armen im Geiste, weil sie auf ihr Herz hören und es höher stellen als alles angelernte Wissen, als jede gemachte Erfahrung, als alles, was irgendein Mensch ihnen sagt.

Das heißt nicht, dass die Armen im Geiste dumm sind oder nicht denken können. Nein! Arm im Geiste meinte zur damaligen Zeit: Herz und Verstand sind in harmonischem Einklang. Ich lebte in einer Welt und in einer Zeit, in der das Theoretisieren der Männer Palästinas über alles gesetzt wurde. Ich lebte in einer Zeit, in der Menschlichkeit bei der Obrigkeit ein Fremdwort war, in der Frauen und Kinder als minderwertig, dumm und kleingeistig galten. Ich lebte in einer Zeit, in der Geist allen Frauen, Kranken, Schwachen, Armen und Kindern abgesprochen wurde. Daher sind sie selig, die sogenannten Armen im Geiste, denn sie folgen nicht blind den Gesetzen und Schriften, sondern behalten sich die Anbindung an die Quelle allen Lebens. Nach eurem Sprachgebrauch und dessen Verständnis tat ich diesen Ausspruch niemals. Die Frauen, Armen, Schwachen, Kranken und Kinder galten vor dem Gesetz als geistlos. Daher waren sie die Armen im Geiste. Ich gab ihnen ihre Würde zurück.

Doch eure Schriften halten euch auch damit in der Knechtschaft gefangen, weil sie besagten, dass ihr klein sein müsst, dass ihr euch ducken müsst und nur durch die Priesterschaft zu Gott gelangen könnt. Doch die tatsächlich „Armen im Geiste“ eurer Religionen sind selig, weil sie nicht der verkündeten Verdammnis anheim fallen, denn sie wissen nicht, was sie tun. Da sie einer Religion folgen, ohne zu wissen, was das wahre Licht ist, werden sie nach ihrem physischen Tod im Licht erwachen und feststellen, dass sie von ihrer eigenen Seele nicht zur Rechenschaft gezogen werden nach den Gesetzen, von denen sie annahmen, dass diese über sie kommen würden.

Die Seele erwählt immer nur das als Karma, was es abzutragen gilt in einer neuen Inkarnation, was bewusst verursacht wurde. Unwissenheit schützt also hier vor der so genannten Strafe.

Mein Satz wäre jedoch: Selig sind die Reichen im Geiste, denn sie haben Herz und Intellekt in Einklang gebracht.

Es gibt keine Wunder. Es gibt nur Phänomene, die ihr noch nicht versteht.

So tat ich Wunder nur in den Augen der Unwissenden. All die langen Jahre meiner Schulungen, vor allem durch meinen Vater, seine Begleiterinnen und Begleiter, hatten mich mein universelles Sein erinnern, erfahren, integrieren und die Kräfte in mir aktivieren lassen, die allem Leben zugrunde liegen.

Ich erlernte das Erschaffen von Materie, ich lernte die Zusammensetzung von Atomen zu verdichtetem Stoff, und ich lernte, Körpergewebe dergestalt neu zu strukturieren, dass ein Mensch sehend und/oder gesund werden konnte, wenn seine Seele bereit war. All dieses konnte geschehen mit der Kraft meiner Gedanken, Gefühle und Manifestationsfähigkeit, die direkt mit der universellen Quelle verbunden waren. So konnte ich natürlich auch Menschen heilen, wenn sie dafür bereit waren. Daher sagte ich euch: „Das alles, und noch viel mehr, werdet auch ihr tun!“ Ich sagte jedoch niemals, dass ihr das in meinem Namen tun werdet, denn wenn du meinen Namen in die Quelle singst, kannst du die Kraft nicht für dich bündeln.

Menschen müssen nicht sterben oder krank sein. Das ist wider die vollkommene göttliche Schöpfung. Darum heilte ich Kranke und Sterbende, wenn es für den Weg ihrer Seele förderlich war, und immer hob ich dabei das göttliche Urlicht in ihrem Herzen an, damit sie erkannten, woran sie in Wahrheit erkrankt waren.

Jene Begleiter, die ihr meine Jüngerinnen und Jünger

nennt, waren meine engsten Vertrauten. Viele von ihnen waren Eingeweihte oder wurden geweiht und geschult durch mich, durch meine Mutter und durch Magdalena. Auch sie lernten, Kranke zu heilen, so genannte Wunder zu wirken, denn die Menschheit hungerte nach Heilung so, wie sie es auch heute noch tut. Doch viele sahen nicht die universelle Wahrheit hinter den vermeintlichen Wundern.

Auch einige meiner Jüngerinnen und Jünger, Johannes, Martha und Thaddäus, kamen immer wieder in meines Vaters Haus in den Wolken zur Schulung durch die, die mehr sahen, wenn ich sie begleitete. Dieses sagte aus: Niemand kommt zum Vater, denn durch mich. Nur wer durch mich geschult war, die eigenen Energien den sehr viel feineren Energien anpassen konnte, war in der Lage, den Weg in das Haus meines Vaters an meiner und Magdalenas Seite zu überleben.

Was meine Jüngerinnen und Jünger in all den Schulungen durch mich und im Hause meines Vaters lernten, haben sie euch gezeigt und der Welt zum Geschenk gebracht. Auch sie wirkten vermeintliche Wunder, weil sie es gelernt haben, nicht, weil ich sie damit beschenkt oder gar erleuchtet hatte. Nein, auch sie unterzogen sich den Schulungen und Übungen, die dafür notwendig waren, und mit jedem Tag wuchsen ihre Kräfte. Welche Wunder vollbringen denn eure Priester? Das einzige Wunder, das sie bewirken, ist eine schwarzmagische Praxis, in der sie Esspapier in angeblich meinen Leib und Wein in angeblich mein Blut verwandeln. So machen sie jeden, der davon isst oder trinkt, zu Kannibalen.

Niemals schrieben meine Freunde auch nur eine Zeile nieder von dem, was ihr die Evangelien nennt. Diese entstanden aus anderer Feder, aus erinnerten Erzählungen, Erfahrungen, Erfindungen oder Verdrehungen. Sie gingen in die Welt, nachdem ich nach überlebter Kreuzigung meinen Weg fortsetzte, um all das Wissen weiterzugeben und die Flamme der Freiheit lebendig zu erhalten. Sie gingen in die Welt, um die Menschheit zu lehren, dass sie im Inneren frei ist, wenn sie die eigene Göttlichkeit erfahren und leben.

Dieses kann nur geschehen, wenn der Mensch den Ort der Stille, der Kraft und der Ruhe in sich selbst gefunden hat. Dieses kann geschehen in dem Augenblick, in dem das Abbild des vollkommenen Menschen im Herzen eines anderen sichtbar und erfahrbar wird. Wenn ein Heiler das vollkommene Abbild des göttlich erdachten Menschen im Herzen eines anderen findet, aktiviert und zur Selbstheilung ermuntert, dann kann dieses vollkommene Bild im Herzen eines Menschen wachsen, um den Körper und das Leben jedes Einzelnen in die Fülle der Quelle emporzuheben, aus der wir gekommen sind, um das Leben zu heiligen, zu erfahren und zu heilen. Dieses zu erlernen kann nur gelingen, wenn es dir mit dir selbst gelingt. Liebe dich selbst, heile dich selbst. Wenn du das erfährst, dann erst kannst du all das einem anderen Menschen schenken.

Darum geh auch du in die Stille deines Seins. Finde das vollkommene Abbild des vollkommenen Menschen in deinem eigenen Herzen. Sodann lass es wachsen, und du wirst zu dem vollkommenen Menschen werden, der du in Wahrheit bist (siehe auch *Metatron – Ancient-Master-Healing*, Smaragd Verlag). Stell dir den vollkommenen Menschen in deinem Herzen vor, iss vom Baum der Erkenntnis, und dann greife nach der Frucht am Baum des Lebens. Genieße diese Frucht des Lebensbaums, die in dir bewirkt, dass du Gott oder Göttin selbst bist.

Sodann, wenn du in dir selbst heil bist, kannst du die Frucht am Baum des Lebens wachsen lassen. Du erkennst, dass alles Leben ewig ist. Greife danach und verinnerliche es in dir. Dann entscheidest du selbst, ob und wann du die Erde verlassen möchtest.

Wenn diese Erkenntnis tief in dir verwurzelt ist, dann schau einem anderen Menschen in die Augen und erfahre diese Göttlichkeit auch in deinem Gegenüber.

Ein jedes Wesen trägt dieses vollkommene Abbild des universellen Menschen in seinem Herzen. Waren die ersten Menschen aus der Retorte noch frei von dieser göttlichen Vollkommenheit in sich selbst, gibt es unter euch nur noch wenige, die dieses Abbild nicht in sich tragen.

Schließe deine physischen Augen, schau in das Herz deines Gegenübers, nimm die vollkommene Gestalt des

Menschen in seinem Herzen wahr und ehre Gott und Göttin in jedem, der dir begegnet.

Das war meine Lehre, das war mein Sein, das ist meine Mission.

☆☆☆

Die Bergpredigt

Sie hat für viele Debatten herhalten müssen. Meine Worte wurden bis ins kleinste Detail so verdreht, gestrichen, andere weltliche hinzugefügt, damit die Menschheit sich klein und voller Sünde fühlt, um so leichter lenkbar und beeinflussbar zu sein.

Darum werde ich sie heute für dich so wiederholen, wie sie in Wahrheit ist. Niemals kam aus meinem Munde ein „Wehe“ oder ein „tue Buße“ oder eine andere Drohung wider die Menschlichkeit. Das ist die alte Lehre eines alten Gottes und seiner Diener. So lausche meinen Worten. Ein „Wehe“ äußerte ich nur den Schriftgelehrten gegenüber, wenn ich sah, wie grausam diese an den Schwächeren handelten.

Meine Freundinnen und Freunde, Schwestern und Brüder!

Das in die Stille gehen, das Anrufen der göttlichen Quelle ist DIE Nahrung für die Seele in deinem menschlichen Körper. In der Stille waltet die Seele und öffnet sich dir. In der Stille erfährst du die Kraft der Quelle und kannst sie in deinem Leben manifest werden lassen

Nahrung für die Seele

So lass mich dir zeigen, wie du die Quelle selbst erreichst mit den Worten, die deiner Seele entspringen.

- *Geliebtes ICH BIN in der Quelle, aus der Quelle, die du Teil der Quelle selbst bist und mein Sein überwachst. Geliebte Quelle, die du in mir atmest, durch mich atmest, die du alles durchwebst und erhellst, was in deinem Sein sich selbst erschafft und lebt.*

- *Heilige mein Leben auf Erden.*

- *Lass dich mehr und mehr in diesem, meinem Körper nieder, damit das Reich der Liebe zur Wirklichkeit wird auf Erden*

- *Lass mich den Frieden auf Erden finden und leben, den dein Sein ausmacht. Lass mich selbst Frieden sein.*

- *Schenke mir das Brot und den Trank des Lebens, die mein Herz mit Labsal erfüllen und mich frei sein lassen von jeglichem Hader und Zorn.*

- *Erfülle mich mit der Kraft der Liebe zu Allem-was-ist und zu jedem, der meinem Weg begegnet, indem du dich mehr und mehr in mir integrierst und zu einem festen Bestandteil meines Lebens auf Erden wirst.*

- *Lass mich dich als Erstes fühlen in mir, an jedem Morgen, an dem mein Körper den Schlaf abstreift*

- *Hilf mir, mich ständig selbst daran zu erinnern, dass nur die Liebe zu mir selbst und zu Allem-was-ist, die*

Erde zu einem strahlenden Ort der Göttlichkeit emporheben kann.

- *Hilf mir dabei, meine Begrenzungen als das zu erkennen, was sie in Wahrheit sind, und dabei meine Ketten der menschlichen Begrenzung zu sprengen.*

- *Hilf mir dabei, in allen Belangen das zu sein, was ich in Wahrheit bin.*

- *Hilf mir dabei, in jedem Menschen die Göttlichkeit zu sehen, die allem innewohnt.*

- *Oh, du atmendes Licht des Lebens, erfülle mich und die Menschheit mit dem Frieden des Lichts und hilf mir dabei, mich selbst als göttliche Manifestation zu leben in meinem*

- *ICH BIN,*

- *ICH BIN ein reines Geschöpf des Klanges der Quelle,*

- *ICH BIN das Licht der Quelle und öffne mich ihrer Kraft, die von heute an durch mich in diese Welt fließt.*

- *ICH BIN Liebe und Vollkommenheit.*

- *Das ist die eine Wahrheit auf Erden.*

Möchtest du frei sein von Schuldgefühlen, dann vergib dir selbst. Wenn du dir selbst vergeben hast, kannst und wirst du nie wieder einem anderen Menschen Schuld übertragen.

Möchtest du frei sein in dir, dann sei, liebe und lebe, wie und was du wirklich bist. Sei authentisch und echt. Deine multidimensionale Seele weiß, was du bist. Sie weiß, wie du bist. Sie kennt dich besser, als du selbst dich kennst. Darum sei, wie du bist. Bekenne dich zu deinem Sein und lebe dich, denn deiner Seele kannst du nicht vormachen, was du zu sein scheinen willst.

Gehe in Liebe und Mitgefühl durch dein Leben. Sei dir selbst, den Menschen und der Welt ein Licht. Das Himmelreich und das Königreich der Quelle sind nur an einem Ort zu finden: in dir selbst.

Glückselig sind die Starken im Geiste, denn sie werden den Ängsten wehren, die Schwachen stärken und ihre Göttlichkeit strahlen lassen.

Glückselig sind jene, die voller spiritueller Demut ihren Lebensweg gehen, denn sie werden die Größe ihrer Seele in die Welt hinaustragen. Sie werden dem Hungernden zu essen und dem Dürstenden zu trinken geben von ihrem Licht der Liebe.

Glückselig sind die, die arm an Glauben an die Schriften sind, denn sie werden die Begrenzungen der Welt nicht als gegeben annehmen, weil sie in der vollkommenen Einheit mit ihrer Seele sind und wissen, dass nichts unmöglich ist.

Sei voller Mut und lebe das Selbstgefühl deiner Seele, wenn dich die Menschen verleugnen, verspotten oder schlecht über dich reden ob deiner lichtvollen Worte. Zu allen Zeiten wurden die Seher und Propheten, die das Licht der Quelle sahen, angefeindet und verlacht.

Wenn das geschieht, dann zürne nicht denen, die dir dieses antun. Erhebe deinen Kopf voller innerer Göttlichkeit und schau in die verdunkelten Herzen. Finde das vollkommene göttliche Abbild des Menschen und sende ihm das Licht der Quelle. Du weißt, dass das Abbild des göttlichen Menschen mit diesem Menschen nichts gemein hat. Und wenn es erwacht, wird auch dieser Mensch ein vollkommener Ausdruck des Seins sein so, wie du es bereits bist.

Urteile nicht über andere, die vermeintlich auf falschen Wegen wandeln, denn sie werden erweckt werden, wenn ihre Zeit gekommen ist. So, wie du über andere urteilst, daran wird deine eigene Seele dich messen. Darum begegne jedem Menschen mit Respekt vor der Größe seiner wahren Seele, auch dann, wenn er selbst es vergessen hat.

Entziehe dich den Verlockungen der Welt da draußen. Meide Brot und Spiele für das Volk, denn sie wollen dich von dir selbst entfernen. Finde die Freude in dir und in den Dingen der Welt, die dein Herz mit Freude und Liebe erfüllen.

Übe in allem das rechte Maß. Sorge dafür, dass Freude über das Leben in all seiner Pracht dein Leben erfüllt.

Sei immer im Zustand des Mitgefühls mit allen, die weniger haben und sind als du selbst. Reiche jedem die Hand, so weit du es kannst, und hilf dort, wo dein Herz dir sagt, dass hier deine Hilfe gebraucht wird.

Sei immer an dem Ort und in der Gesellschaft, die dir und deiner Seele Kraft und Stärke schenken. Meide die Menschen, die dich irritieren, die dein und ihr eigenes inneres Licht verleugnen, und finde diejenigen, die wie du der Welt ein Licht sind oder sein wollen. Dann geht gemeinsam zurück und erhellt mit dem Licht, das aus euch herausstrahlt, die dunklen Plätze auf Erden.

Gib immer einem Schwächeren die Kraft deiner inneren Stärke. Hilf jenen, die sich selbst noch nicht helfen können, die verspottet, verachtet und/oder ausgenutzt werden, indem du das ICH BIN dieses Menschen anrufst und stellvertretend für deinen Nächsten um Beistand bittest.

Sieh immer in jedem und in allem die Vollkommenheit, die allem zugrunde liegt.

Du bist das Licht dieser Erde. Du bist berufen und auserwählt, dein Licht in deine Welt leuchten zu lassen, damit aus der Erde ein Ort wird, der im ewigen Frieden der Liebe erstrahlt.

Erhebe deinen Kopf, gehe königlich durch dein Leben und strahle. Dann bist du ein Magnet für alle, die noch nach dem Licht suchen.

Die Schriften gaben dir zehn Gebote. Ich aber sage dir, es braucht nur ein Gebot für ein Leben in Friede und Freude auf Erden. Dieses Gebot lautet:

Tue einem anderen wie du willst,
dass dir getan werden soll.

Wenn ein jeder Mensch dieses Gebot beachtet, dann ist die Erde ein Ort voller menschlichen Seins, wie du es dir schöner und freudiger nicht manifestieren kannst.

Alles, was du dir in dieser Welt verdienst und erarbeitest, ist vergänglich. Das Einzige, was auf Erden unvergänglich ist, ist deine Seele und die Erfahrung, die du machst. Daher schätze deine Erfahrungen und hänge dein Herz nicht an die Dinge dieser Welt. Genieße sie und liebe sie, doch mache dich nicht abhängig von ihnen.

Sorge dich nicht um das tägliche Brot, denn so lange du auf dem Weg deiner Seele wandelst, werden Armut und Not dich nicht berühren. Erfülle die Aufgabe, die du selbst dir wähltest vor deiner Inkarnation, und deine multidimensionale Seele in der Quelle selbst wird deinen Weg bereiten und dich auf die Wege führen, die dein leibliches Wohl garantieren.

Finde und bewahre das göttliche Licht in deinem Herzen und suche es in jedem menschlichen Herzen, das dir begegnet.

Wer Liebe schenkt, wird geliebt.
Wer Vergebung schenkt, erhält Vergebung.
Wer schenkt, ohne zu erwarten, wird reich beschenkt mit den Gaben der Quelle selbst.

Du wirst immer ernten, was du säst, darum achte auf deine Gedanke, auf deine Worte und auf deine Taten, denn dieses sind die Saaten, die du aussäst. Wie der Same, so die Frucht.

Wenn du an einem anderen Menschen Fehler entdeckst, so urteile nicht. Schaue stattdessen in dich selbst und erforsche, wie und wo du in Resonanz stehst. Denn an einem anderen stört dich immer nur das, was du in dir selbst nicht wahrhaben willst. Erlöse deine Schatten, und der Spiegel im Nächsten wird sich klären. Sodann wird er nur noch dein eigenes lichtvolles Spiegelbild reflektieren.

Schau genau hin, wo Reste von Feindschaft in dir selbst sich bewahren, und dann erlöse sie.

Wenn du ein Licht in der Welt sein willst, dann leuchte zuerst dir selbst. Ein reines Herz und ein klarer Blick sind die Wegbereiter für deinen Weg nach Hause. Stell dein Licht nie wieder unter den Scheffel, sondern leuchte wie ein heller Stern am Nachthimmel, damit andere Menschen ihren Weg finden in der Dunkelheit.

Missioniere nicht, denn viele Menschenwesen haften zu sehr an den Dingen dieser Welt. Die göttliche Energie der Quelle ist zu fein, als dass diese Menschen sie spüren. Sie wählten einen anderen Weg. Ein weiser Lehrer holt den Schüler dort ab, wo er steht, und gibt ihm nur so viel Information, wie dieser zu verarbeiten imstande ist.

Fehlt dir im einen oder anderen Fall einmal die notwendige Weitsicht, so bitte deine multidimensionale Seele, deine Worte zu lenken. Klopfe an, und dir wird aufgetan, bitte, und es wird dir gegeben, wenn du in reiner Absicht bist. Niemals hat sich ein höheres Wesen, dein ICH BIN oder gar die Quelle selbst, einer ehrlichen Bitte, einer Bitte, die der Menschheit und/oder der Erde förderlich ist, widersetzt.

Was du dir von der Quelle, deinem ICH BIN, deiner Seele, deinem Leben auf Erden erhoffst und ersehnst, das schenke den Menschen, die deinen Weg berühren. Gib, so wird dir gegeben, teile dein Wissen, und es wird sich vermehren.

Strahle Licht und Segen über die Erde, und du wirst gesegnet sein.

So gehe denn hin und errichte dein Leben auf dem Felsen der Wahrheit und der Liebe zu Allem-was-ist. Dann bist du unantastbar für jede Willkür im Außen, und erstrahlen wird dein Thron im Glanz der Quelle in dir.

SO IST ES!

☆☆☆

Maria Magdalena – die Entdeckung

Als ich endete und wir uns von den Menschen entfernten, kamen Soldaten. Sie hatten Magdalena entdeckt und führten sie ab. Es war mir nicht möglich, ihr dieses zu ersparen. Zu groß war die Horde der Soldaten, die auch uns bedrohten, weil wir ihr Unterschlupf gaben vor der Verfolgung durch ihren Mann. Auf ihr lastete noch immer die Schande des Ehebruchs, denn sie hatte ihren Mann verlassen. Auf dieses Verbrechen einer Frau stand die Todesstrafe durch Steinigung.

So eilten wir nach Jerusalem, um alles zu tun, ihr physisches Leben zu retten, denn große Aufgaben warteten noch auf sie, und auch ich wollte ohne sie nicht sein.

Hier traf ich Judas erstmals. Er war Führer einer Untergrundbewegung und bot uns seine Unterstützung an. So wurde er zu dem ersten Begleiter, der bewaffnet und nicht ein Teil meiner Jugendzeit war. Judas war der erste Nichteingeweihte in die großen Mysterien des Lebens, und es schien mir sinnvoll, einen Mann, der des Kampfes erprobt war, an unserer Seite zu haben. Da er gleichzeitig den Truppen der Römer angehörte, war es ihm erlaubt, ein Schwert zu tragen. Judas gehörte nicht zu meinen Jüngern. Er begleitete uns nur zeitweilig und hoffte, durch meinen Einfluss die Menschen, die mir folgten und vertrauten, zu einem offenen Kampf aufrufen zu können. Allein die Menschenmenge hier am Berg hätte in einer Stunde die Horden des römischen Kaisers geschlagen. Dieses jedoch konnte und wollte ich niemals erlauben.

Ich verfolgte die Gerichtsverhandlung. Der Urteilsspruch fiel aus, wie er zu erwarten war. Die Richter waren mitleidlos. Sie hatten kein offenes Ohr für die Qual dieser Frau, wenn sie von den Misshandlungen sprach, denen sie ausgesetzt war im Hause des Mannes, den ihre Eltern für sie erwählt hatten. Sie war als freie Frau aufgewachsen. Sie wollte und konnte sich nicht den Gesetzen der Kultur beugen, die Unterwürfigkeit, Abgrenzung und Dienstleistung von einer Frau forderten.

Wir berieten uns, wie wir sie befreien konnten und waren am nächsten Morgen völlig ohne Plan um 10.00 Uhr zur Stelle, als sie zur Hinrichtung durch Steine geführt wurde. Eine große Menschenmenge hatte sich, wie immer bei solchen Gelegenheiten, versammelt, um dem Schauspiel beizuwohnen.

Das waren Momente, in denen auch ich versucht war, diesen Pöbel zu verachten, der sich am Leid eines anderen Menschen ergötzte. Es war immer das gemeine Volk, das das Urteil vollstreckte, und ich hätte in diesem Augenblick sofort meine Mission geopfert, um sie zu retten. Doch wieder rief der Vater in mir mich zur Ordnung und erinnerte mich an die Größe der göttlichen Quelle, die allem zugrunde liegt. Und doch fiel es mir schwer, auch nur einen kleinen Funken Verständnis zu finden, da ich wusste, was sie wild entschlossen meiner geliebten Partnerin anzutun bereit waren. Es waren Männer, die in den ersten Reihen standen und bereits die ersten Steine in der Hand hielten.

Meine wunderschöne Magdalena ging aufrecht, sich ihres eigenen Lichts bewusst, durch die Menge. Sie schaute jedoch auch leicht verächtlich auf die Männer unseres Volkes, was diese noch mehr gegen die „Dirne“, wie sie nun lautstark beschimpft wurde, aufbrachte.

Auch Frauen waren anwesend, die übelste Flüche und Beschimpfungen gegen die Liebe meines Lebens ausstießen. Mein Herz war schwer. Doch viele andere Frauen weinten bittere Tränen, denn Magdalena hatte ihnen so viel ihrer weiblichen Kraft zurückgegeben, dass sie nicht mehr ohne diesen Zuspruch sein wollten.

Als die ersten den Stein werfen wollten, spürte ich die Kraft meines Vaters in mir. Ich trat an Magdalenas Seite, und meine Begleiter folgten mir. So stand Magdalena zwischen dreizehn Männern, die aufgrund ihrer Kleidung als Oberschicht erkennbar waren. Ich sah einige Männer vor mir, mit Steinen in den Händen, die Heilung durch mich erfahren hatten, und diese Menschen sprach ich an.

„Warum wollt ihr diese Frau töten, was hat sie euch getan?“

Sie stutzten und wurden unsicher, da sie nicht wussten, wie sie uns begegnen sollten.

„Sie hat das Gesetz und die Ehe gebrochen! Sie ist des Todes!“, schrieen jetzt einige der Männer.

Mein Blick blieb unbeirrbar in den Augen der anderen. Der vollkommene göttliche Mensch in meinem Herzen wuchs. Über mir nahm der Himmel die vertraute Färbung an, wenn Vater über mir war. Vater hüllte mich in leichtes Licht, während ich das Licht aus mir heraus strahlen ließ.

So erreichte ich die Herzen einiger Männer. Alle sahen zum Himmel hinauf. Das Licht nahm zu, und manche fielen zu Boden. Ich zeichnete einen Feuerwagen vor sie in den Sand. Die Männer schauten auf das Bild des Wagens der Götter. Sodann nahm ich einen Stein, reichte diesen jenem Mann, der durch mich sein Augenlicht zurückbekommen hatte, und sagte die Worte, die ihr kennt.

„Wenn du oder wer auch immer unter euch ohne Fehl vor eurem Gott Abrahams ist, der werfe den ersten Stein! Wenn du noch nie die Ehe gebrochen oder die Unwahrheit gesprochen hast, dann werfe den ersten Stein. Wenn du jedoch nicht frei von Fehl bist, dann wehe dir, denn wie sagt dein Gott?

So, wie du richtest, so wirst auch du gerichtet werden. Auge um Auge, Zahn um Zahn, das sind die Worte in euren Schriften. So, wie du tust, so wird dir getan. Deine Schuld wird beglichen werden bis in das siebte Glied deiner Nachkommen, immer und immer wieder werden deine Söhne deine Taten büßen. So spricht dein Gott!“

Ein Räuspern ging durch die Menge. Sie schauten gebannt auf das Bild im Sand, und die Ersten wandten sich ab. Ich wiederholte meine Worte, und nach und nach zerstreute sich die Menge, bis wir mit Magdalena allein auf dem Richtplatz standen.

Ich legte den Arm um sie, und während die Anspannung von ihr und uns allen wich, spürte ich ihr Zittern vor Empörung, Erleichterung und Verachtung für die Menschen unseres Landes. So erinnerte ich sie an meine Worte auf dem Berg, und sie entfernte sich leicht beschämt mit den anderen Frauen.

Am Abend dann kam sie gestärkt und voller neuer Kraft in das Haus eines Bekannten, der mich an seine Tafel gebeten hatte. Magdalena wusste davon durch Johannes. Sie betrat mit stolz erhobenem Kopf sein Haus, wusch meine Füße und trocknete sie mit ihren wundervollen langen Haaren. Danach salbte sie meine Füße mit kostbarem Nardenöl. Ich ließ sie gewähren, denn es war ihr Zeichen des Dankes und der völligen Hingabe an unseren Weg, und es war ihr „Ja" für unsere Hochzeit, der nun nichts mehr im Wege stand. Doch bedeutete die Salbung auch, dass sie mich zum König und zum Messias salbte, denn die Salbung durch das kostbare Öl der Narde stand nur dem König und dem Hohen Priester zu.

Der Tumult, der am Tisch entstand, war unbeschreiblich. Mein Gastgeber war empört über die Übertretung, die

Magdalena wagte. Niemals war es einer Frau erlaubt, einen Tisch zu betreten, an dem Männer versammelt waren, doch sie hatte dieses Gesetz übergangen, ohne von mir zur Rechenschaft gezogen zu werden.

Sie hatte das Amt eines Hohen Priesters übernommen und mich gesalbt mit dem Öl der Krönung. Das war ein Affront gegen alle Schriften, Regeln und Gebote des Landes. Sie hatte sich öffentlich auf die gleiche Ebene erhoben, wie es nur den hoch stehenden Herren des Landes gestattet war. Und gleichzeitig hatte sie mich in einen Stand erhoben, der anfechtbar war, denn sie war in ihren Augen nur eine Frau ohne Rechte. Außerdem war sie auch noch eine verurteilte Dirne.

Mein Gastgeber beschimpfte mich lautstark, weil ich das alles zuließ. Ich aber wies ihn in seine Schranken, denn er selbst hatte mir zuvor nicht das Wasser gereicht, damit ich mir die Füße waschen konnte, wie es Sitte war, wenn wir ein Haus betraten. Wir verließen Seite an Seite das Haus, verfolgt von den übelsten Beschimpfungen. Doch Magdalena ließ ihr geliebtes schallendes Lachen erklingen, und mein Herz erglühte vor Liebe und Freude.

Die Kunde ob des ungeheuerlichen Verhaltens Magdalenas verbreitete sich rasend schnell, und wir eilten uns, Jerusalem zu verlassen.

Magdalena war frei. Sie war nach dem Willen des Volkes unschuldig, denn die Hinrichtung hatte nicht stattgefunden.

☆☆☆

Unsere Hochzeit – Wasser wird zu Wein

Wir verließen die Stadt und feierten unsere Hochzeit im Kreise unserer Familie, Freunde und Begleiter.

Das war die Hochzeit, die heute noch Verwunderung hervorruft, denn ich wandelte Wasser in wohlschmeckenden Wein. Da unsere Hochzeit unvorbereitet sehr schnell organisiert wurde, übersahen meine Freunde den tatsächlichen Bedarf an Vorräten. So neigte sich der Wein sehr schnell dem Ende entgegen. Die Regeln der Gastfreundschaft besagen jedoch, dass jedem Gast aufgetragen werden musste, so lange es ihn hungerte oder dürstete.

Als dann einige begannen, Wein zu fordern, wurde mir gesagt, dass er zur Neige ging und an keinem Ort im Dorf auch nur ein Tropfen Wein zu finden sei. So begab ich mich in den Keller mit Johannes und Simon und bat sie, die Fässer mit Wasser aufzufüllen. „Oh, Jeshua, du kannst deinen Gästen kein Wasser anbieten, wenn sie Wein wünschen“, sagte Johannes. Ich lächelte ihm zu und bat ihn zu schweigen.

Sodann legte ich meine Hände in das erste Fass mit reinem Wasser. Ich ließ die schöpferische Energie aus der Quelle tief in die Struktur des Wassers einfließen, manifestierte in mir den herrlichen Geschmack eines frischen Weins, visualisierte einen kraftvollen Weinstock mit tiefroten Trauben, vollzog in meinem Geist die Ernte, das Keltern, überwachte die Gärung und ließ diese Energien gemeinsam mit der manifestierenden Kraft der Quelle in das Fass fließen. So entstand in fünfzehn Minuten ein herrlicher Wein, wie er geschmackvoller auf der Erde nicht sein konnte. Da Wasser ein stark aufnehmendes Wesen auf Erden ist, kannst du, wenn du diese Fähigkeiten beherrschst, Wasser in alles verwandeln, was dein Herz begehrt.

Danach bat ich Johannes und Simon, das erste Fass nach oben zu tragen, während ich mich den beiden anderen Fässern zuwandte und den gleichen Akt der Übertragung noch einmal vollzog.

Du siehst also: Auch das ist kein Wunder. Es ist ein Akt der schöpferischen Manifestation mit einem Grundelement, aus dem alles besteht, was lebt – Wasser.

Wir feierten weiter im Kreis unserer Lieben, Nachbarn und Bekannten, bis der Letzte sich auf den Weg nach Hause begab. Der Wein war so köstlich, dass jeder den Winzer kennenlernen wollte, um diesen Wein zu kaufen. Allein der Winzer lebte in einem anderen Land, so sagte ich ihnen.

Magdalena und ich begannen unser Leben als Ehefrau und Ehemann, und wir liebten unser Leben täglich mehr. Wir ergänzten einander und waren in gemeinsamem Handeln, Arbeiten und Agieren noch fruchtbarer als jemals zuvor, denn die vollkommene Vereinigung männlicher und weiblicher Kraft erschafft den Himmel auf Erden.

Oh, wie sehr ich das menschliche Herzgefühl des Einsseins genoss, und wie sehr ich Magdalena liebte, nicht nur mit meinem Herzen, sondern mit meiner ganzen Seele. In einer solchen Energie ebenso geliebt zu werden ist das Wunder der göttlichen Quelle auf Erden.

Wir feierten und liebten uns auf allen Ebenen unseres Seins. Dazu gehörte natürlich auch die körperliche Liebe, die uns bis in die Tiefen unserer Seele erfüllte und in die Höhen der Heiligen Hallen des Universums emporhob.

Indem die Kirchen euch ein keusches Leben abverlangen, euch von der Kraft der Kundalini, die der Weg zur Erleuchtung ist, abschneiden, beschneiden sie eure Lebenskraft. Ein Mensch, der diese lebensspendende Kraft in sich negiert, sich ihr verweigert oder sie missbraucht und beschneidet, wird immer wiedergeboren werden, bis er die göttliche Kraft, aus der alles Leben in allen Universen entsteht, in sich selbst auf Erden zum Leben erweckt hat.

In eurer Welt ist so vieles mit Schmutz und Tabus behaftet, was die körperliche Liebe ausmacht. Selbst eure tantrischen Techniken sind davon nicht ausgenommen, weil alle Religionen dieser Erde den heiligen Akt der Liebe, der den Menschen direkt in die Arme der erschaffenden Göttin bringt, als Sünde missachtet. Mit diesen Praktiken verurteilen die Religionen ihren eigenen Gott, der den Menschen ja angeblich so, wie er ist, erschaffen hat.

Sie werfen im Grunde ihrem eigenen Gott Fehlbarkeit und Unvollkommenheit vor, weil er den Menschen zu einem schmutzigen Akt der Sünde zwingt, damit die Menschheit seinem Gesetz „Wachset und mehret euch“ nachkommen kann.

Körperliche Liebe ist das Eintauchen, das Einssein mit einem anderen Teil der dualen Göttlichkeit. Körperliche Liebe, in der Harmonie der Seelen erfahren, ist das Tor zur Quelle selbst. Sie ist auf Erden der göttliche Weg, neues Leben zu schenken und einer Seele den Weg zu bereiten, die Erde zu begleiten. Sie ist jedoch nicht nur zu Zeugungszwecken gedacht, sondern dient der tiefen Verschmelzung mit dem universellen Licht.

Der Mensch wurde erschaffen als Frau und als Mann, als getrennte Aspekte der Quelle. In allen Universen sind diese Formen vorhanden. Männlich und Weiblich. In der körperlichen Vereinigung, in der Verschmelzung des Fleisches werden sie eins und können in Liebe und Einheit direkt in die Schöpferkraft der Quelle gelangen.

In dieser Energie wird der Mensch zur Gottheit selbst. Der heilige Akt zwischen zwei Menschen in tiefer Verbundenheit, wenn beide den Wunsch nach „sich selbst im anderen fühlen und erkennen“ nähren, ist die heilige Verbindung, die göttliches Leben erschafft. Das ist die chymische Hochzeit, wenn zwei verwandte Seelen im Akt der Liebe zu einem vollkommenen einzigen Wesen werden.

So schenkten Magdalena und ich der Erde in Palästina durch unsere tiefe Liebe zwei wunderbare Göttinnen, die unsere Mission bewahren und der Erde die Kraft der Göttin neu integrieren sollten.

Unsere Kinder, in der universellen Liebe gerufen und aus der Unendlichkeit des Universums in unser Leben getreten, waren meine Freude, waren mein Leben und sind heute wieder mitten unter euch. Sie sind immer noch tief verbunden mit der großen Göttin des Lebens, die sich in jeder Frau repräsentiert. Nur sind sie sich leider dessen noch nicht wirklich bewusst. Mein Anliegen ist es, dich, meine geliebte Tochter, an dein wahres Sein zu erinnern. Höre und fühle mich, wenn ich zu dir spreche.

Ein reiner Liebesakt unter wahrhaft Liebenden im Bewusstsein, eine reine Seele zu rufen, die die Erde erhellt, lässt die Hüte-Engel der Quelle singen, erfüllt die Aura und ist begleitet von den Hüte-Engeln der Schöpfung.

Darum, wenn du den Wunsch hast, ein Kind in diese Welt zu rufen, das dir und der Erde zur Freude gereicht, sei gewiss, dass du deinen Partner, deine Partnerin, aus tiefer Seele liebst. Lasst sodann eure Auren eins werden und taucht ein in die tiefe Liebe, die nur der göttlichen Quelle entspringt.

Die Zeiten, dass Zweckgemeinschaften entstanden, weil bestimmte Seelen sich inkarnieren wollten, sind vorbei. Viele Jahrhunderte war das der Fall. Viele Beziehungen sind nur aus einem Grund entstanden, weil bestimmte Seelen die Gene genau dieser Eltern erwählten, bereits vor deren Inkarnation. Doch diese Zeiten sind vorbei, denn heute sind genügend genetisch stabile Menschen auf der Erde, die die reinen Gene der Liebe tragen, deren Grundstock Magdalena und ich durch unsere Kinder legten.

Reine Liebe erschafft reine, tiefe, spirituelle Sexualität des Herzens. Sie lässt die Kundalini emporsteigen und den Weg in die höheren Dimensionen der Liebe bereiten. Wenn dieses gelebt und integriert ist, dann erlischt automatisch das körperliche Verlangen, und der Mensch geht weiter auf seinem Weg der universellen Liebe.

Darum ehre dich und deinen Partner oder deine Partnerin, wenn ihr gemeinsam den Weg der Liebe zu einem Weg des Wachstums werden lasst, und erfreue dich eurer wundervollen Gemeinschaft. Vor allem glaube nie wieder den Religionen, dass du dich versündigst, wenn du den heiligen Akt der Liebe erfährst, denn dieser heilige Akt, des Ineinanderversinkens, ist in allen Universen gleich. Nur die vollkommene Vereinigung in tiefer Liebe kann Leben entstehen lassen und Wachstum erzeugen.

Maria Magdalena und ich waren eine Einheit des Geistes, der Seelen und der Körper. So waren wir gemeinsam stärker und kraftvoller, um der Menschheit in unserem Land ein strahlendes Bild der Menschheit zu schenken, und mehr und mehr Herzen folgten uns durch die Zeit.

Unsere kleinen Töchter begleiteten uns in alle Teile des Landes. Sie nahmen teil an den Lehren der Frauen in den Zusammenkünften mit Maria und Magdalena und die freie Zeit, die uns blieb, gehörte nur uns und ihnen.

Unsere Töchter hatten alle Frauen des Landes, die uns begleiteten, zur Mutter, und die Partnerin meines Vaters über den Wolken schulte auch sie in die auf Erden wieder geheimen Kräfte des Lebens.

☆☆☆

Meine Lehre zu meiner Zeit

Die Zeit der Wanderschaft begann immer wieder von neuem. So zogen wir durch das Land, von Dorf zu Dorf, von Stadt zu Stadt. Mehr und mehr Menschen begleiteten uns. An jedem Ort trafen mehr und mehr Menschen zusammen, um den Wundermann aus Galiläa und seine Frau, die für das Recht der Frauen kämpfte, sprechen zu hören und wirken zu sehen.

Es war selbstverständlich, dass ich die Kranken heilte, wenn die Seele bereit war. Doch so viele vermeintliche Wunder, wie es in euren Schriften steht, bewirkte ich nie. Das Heilen der Kranken war niemals mein Hauptanliegen. Mein Auftrag war und ist, das Herz der Menschen von der Selbstsucht zu erlösen, das negierende Ego zu entlarven und der Menschheit die frohe Kunde davon zu bringen, dass die göttliche Quelle in allem, mit allem und vollkommen ist. Mein Anliegen war immer und ist es bis heute, die Menschheit daran zu erinnern, dass jeder Mensch göttlich ist, und euch dabei zu helfen, diese Göttlichkeit in euch selbst zu erkennen, um mit dieser Erfahrung in ungeahnte Höhen des Geistes aufzusteigen.

So verwandelte ich Wasser in Wein, weil ich in vielen disziplinierten Stunden gelernt hatte, Materie zu erschaffen, zu verwandeln, zu beherrschen und Atome derart zusammenzusetzen, dass genau das Ergebnis herauskam, das erwünscht war. So heilte ich die kranken Körper, wie ich bereits an anderer Stelle erwähnte, auch, indem ich die Atome neu ordnete, und der Mensch war gesund. So gebot ich den Elementen, denn sie dienen der Erde und der Menschheit, wenn diese die Natur ehren.

All das wollte ich euch lehren. Ich wollte die Menschen lehren, dass sie Schöpfergötter sind, dass Gott nicht irgendwo da oben in irgendeinem Himmel, sondern hier auf der Erde mitten unter euch, in euch selbst, ist.

Wenn ich vom Vater im Himmel sprach, sprach ich von meinem leiblichen Vater, doch niemals von einem Gott, der über den Wolken thront und alle und alles richtet, was nicht seinem Willen entspricht. Unsere lichten Begleiter dort oben, von denen mein Vater nur einer war, wollten ganz gezielt die Bevölkerung auf ihre friedliche Anwesenheit aufmerksam machen, damit die Menschen endlich erkannten, es gibt keinen *einen* Gott dort oben. Sie sollten erfahren, dass es dort oben viele gibt. Sie sollten den Unterschied erleben, dass es eine Fraktion gab, die ihnen wohlgesonnen war und ihnen aus der Unfreiheit helfen wollte. Und sie sollten erfahren, dass es eine andere Vereinigung gab, die ihnen schaden wollte. Daher sprach ich oft von meinem Vater in den Wolken, und daher hörten sie seine Stimme und sahen sein Licht.

Ich sprach zu der Menschheit vom dunklen Herrscher, der die Erde beherrschen will, um ihre Seelen zu zerstören, und gab ihnen das innere Licht, diesem zu trotzen. Doch dieses kann nur geschehen, wenn der Mensch sich nach dem Licht, das er selbst ist, verzehrt. Wenn du das Licht in dir gefunden hast, das du selbst bist, das vollkommen göttlich ist, dann bist du für die Versuchungen der dunklen Mächte unerreichbar. Dann bist du ein Wesen vom Licht, aus dem Licht und im Licht der Kraft der Quelle, die alles durchdringt und zusammenhält, was ist.

Ich speiste die mehr als fünftausend Menschen mit zwei Fischen und sieben Broten, indem ich ein Hologramm der vorhandenen Materie nachbildete und dieses sich verfestigen ließ. All das hatte ich in den fünfundzwanzig Jahren meiner Ausbildung gelernt. Die Kraft, die durch die Gene meines außerirdischen Vaters in mir angelegt war, ermöglichte so vieles mehr in viel kürzerer Zeit, als es euch zu der damaligen Zeit möglich war. Und doch sprach ich zu euch immer wieder davon, dass ihr all das ebenfalls zulassen könnt, wenn ihr den Glauben findet und diesen in euch zur Gewissheit macht, dass ihr Schöpfergötter seid und die Materie euer Diener ist.

In der Zeit, in der ihr heute lebt, könnt ihr all das viel schneller erlernen und erreichen, als es zu der damaligen dunklen Zeit meinen Jüngerinnen und Jünger möglich war. Es erreicht sehr viel mehr Lichtenergie der Quelle die Erde, sodass ihr alle, wenn es eurem Seelenweg dient und entspricht, diese, euch von Natur aus innewohnenden Kräfte wieder erwecken könnt. Das muss heute keine dreißig Jahre mehr dauern.

Im inneren Kreis, zu dem meine Jüngerinnen und Jünger, meine engsten Vertrauten, drei meiner Brüder und Schwestern, Maria Magdalena, meine Mutter und andere Frauen zählten, übten wir all diese vermeintlichen Wunder. Und alle lernten in der kurzen Zeit, die wir gemeinsam verbrachten, kleine Wunder zu vollbringen. Nur so konnte es geschehen, dass nach meinem Fortgehen meine Jüngerinnen und Jünger ebenso die Kranken heilten, wie ich es tat, weil sie es von mir gelernt hatten. Nur leider erwähnen die Schriften niemals die großen Wundertaten der Frauen, die durch mich und uns geschult wurden und dieses Wissen an andere Frauen weiterreichten.

Es gibt so viele Geschichten in euren Schriften, von denen ich nur einige dementieren möchte, weil sie dazu dienen, euch glauben zu machen, dass ich ein Wundermann des einen rächenden Gottes bin und ihr mir nicht das Wasser reichen könnt. Das ist schlicht und ergreifend nicht die Wahrheit.

Als Menschgeborener bin und war ich ein Mensch wie ein jeder von euch. Als Sterngeborener bin und war ich zur Hälfte ein außerirdisches Wesen mit all dessen innewohnenden Anlagen. Doch das sind die meisten unter euch ebenfalls. So viele Außerirdische, die ihr Götter nennt, haben sich mit den Menschen vereinigt, und so viele Nachkommen entstanden aus diesen Vereinigungen, dass es keine reine menschliche DNA gibt.

Ein jeder von euch trägt Sternensaat und Sternen-DNA in sich, und das, seit der erste Mensch auf Erden erwachte.

Meine Kinder trugen die reinen göttlichen Gene in die Welt, indem sie der Erde die Neuen Kinder schenkten, die sich über das Land verteilten und weitere Nachkommen zeugten. So trägt ein jeder, eine jede von euch auch meine Gene in sich. Wenn das nicht so wäre, würdest du dieses Buch heute nicht lesen.

Obwohl die außerirdischen oder überirdischen Fähigkeiten vielleicht nicht mehr in direkter Linie in dir sofort aktivierbar sind so, wie sie es bei mir durch meinen Vater, deinem Großvater vor ca. 400 Generationen, waren, kannst auch du all diese Fähigkeiten in dir wieder erwecken. Meine Aufgabe war eine ganz andere als es die deine ist. Meine Aufgabe war, in kurzer Zeit, in nur einer Lebensspanne, den Glauben der Menschen zu revolutionieren, der herrschenden Unterdrückung durch Sanftmut den Kampf anzusagen und den Samen zu säen, die Menschheit vom Joch des dunklen Herrschers zu erlösen.

Deine Aufgabe besteht darin, deine eigene göttliche Quelle in dir zu entdecken, um daraus die Kraft zu schöpfen, kleine, ganz alltägliche Wunder zu vollbringen, die nur dann erwachen können, wenn du fest daran glaubst, dass du die Göttliche Quelle in dir beherrschen kannst. Das ist gemeint, wenn ich sagte, dass der Glaube Berge versetzen kann. Er kann es tatsächlich, doch diesen Glauben in einem Menschen zu entfachen kann niemandem gelingen außer dem jeweiligen Menschen – sprich: dir für dich in dir selbst.

Niemals, zum Beispiel, gelang es mir, über das Wasser zu gehen. Auch mein Körper unterlag der irdischen Schwerkraft und wäre gnadenlos untergegangen, wenn ich meinen Fuß auf eine Wasseroberfläche gesetzt hätte. So blieb auch mir nichts anderes übrig, als ein Boot zu nutzen oder schwimmen zu lernen, wenn ich das andere Ufer erreichen wollte. Mein Vater jedoch konnte mich in einem unsichtbaren Transportstrahl über das Wasser tragen, wenn die Situation Dramatik erforderte, um meine Anhänger zu wecken.

Erkennet, dass viele der wundersamen Geschichten verfasst wurden, nachdem ich die Erde bereits verlassen hatte, von Menschen, die mich weder gekannt noch erfahren haben. Wann immer du Worte vernimmst, die meinem Mund entsprungen sein sollen, dann erforsche in den Tiefen deines Herzens die Wahrheit, und du wirst mich finden. Wann immer du etwas zur Hand nimmst, wirst du mich darin finden, denn ich bin in Allem-was-ist so, wie du in Allem-was-ist bist. Du bist aus der Quelle in der Quelle, wirkst durch die Quelle so, wie die Quelle sich durch dich in die manifestierte Form ergießt.

„Erkenne die Größe, die in dir selbst ist.“

Das waren meine Worte vor zweitausend Jahren, und das sind meine Worte auch heute an dich.

Wenn du die Quelle in dir selbst erfahren hast, dann wirst du nie wieder an einem anderen Menschen vorübergehen, ohne dir der Verbindung und der Verbundenheit mit diesem Menschen bewusst zu sein. Darum folge mir nach und wandle auf den Pfaden der inneren Freiheit deiner ureigenen Vollkommenheit, damit du die Göttin und den Gott in dir selbst auf Erden zu neuem Leben erweckst.

Ich kam in meiner Mission des Friedens, der Freiheit und der Liebe, und diese Mission ist bis heute mein Anliegen.

Ich segne dich mit meiner Liebe und mit meinem Licht,

Sananda

☆☆☆

Komm und folge mir – meine Aussagen laut euren Schriften

Komm und folge mir, damit aus dieser Erde eine neue Erde erwachen kann, die frei ist von Hader, Missgunst und Neid, doch voll von Freude, Wachstum, Mitgefühl und erwachenden Göttinnen und Göttern in all ihrer Pracht. Komm und folge mir heißt: Komm und gehe mit mir, denn ich und viele andere meiner Schwestern und Brüder hier in meiner Dimension werden an deiner Seite sein, wenn du den Weg der reinen Liebe für dich und die Menschheit gehst.

Gehe hin in deinen Alltag und erprobe dich in deiner vollkommenen Göttlichkeit, wenn du einem anderen Menschen oder einem Tier begegnest. Dann handle wie eine Göttin, ein Gott der Liebe handelt. Denn alles, was du dem Geringsten meiner und deiner Mitgeschöpfe antust, das tust du mir und damit dir selbst und dem Leben in allen Universen an, weil du mit allem verbunden bist, was ist. Die Quelle ist es, die uns eins sein lässt, und diesem Einssein kann niemand sich entziehen. Es ist jedoch nur den wenigsten bewusst.

Ich bin der Weinstock, und ihr seid die Reben!

– heißt nichts anderes, als dass meine Lehre der vollkommenen Göttlichkeit, die du selbst bist, der Saft und das Licht sind und waren, der die Reben (euch Menschen) ernährt und euch reife Früchte der Liebe tragen lässt, damit der Menschheit Hunger und Durst nach Gerechtigkeit, Freiheit und Frieden gestillt und gelöscht werden.

Doch eure Kirchen machten aus diesen Worten, dass ihr nur zu Gott gelangt, wenn ihr dem, der ich sein soll, der Buße, Knechtschaft und Verdammt predigt, hündisch ergeben seid in den Worten, die sie selbst mir in den Mund legten. Doch niemals sprach ich Worte, die euch schwächen. Immer kamen Worte aus mir, die dich zu dem Licht, das du bist, hinführen.

Niemand kommt zum Vater, denn durch mich!

Was ist in eurem Glauben angelegt? Niemand kann zur Göttlichkeit gelangen, wenn ihr nicht den Tätigkeiten der Reue, der Buße, des Verzichts, der Selbstunterdrückung und vor allem den Predigern folgt, zu denen ich euch aufgefordert haben soll. Doch konnten das niemals meine Worte sein, denn ihr Gott war mir nicht Vater.

Niemand wird das Glück auf Erden erfahren, wer sich selbst nicht als Schöpfer seines eigenen Universums erfährt. Meine Lehre lässt dich wunderbare Schöpfungen gestalten. Durch meine Lehre kommst du zu der göttlichen Glückseligkeit, die du dir ersehnst, seit du erstmals deinen Fuß auf die sich verdunkelnde Erde setztest. Viele unter euch erinnern sich der Schiffe in den Wolken. Doch nur wenige erinnern sich an den ersten Entschluss, unsere

Gefilde zu verlassen, um unser aller Leichtsinn, der die Erde in Finsternis stieß, zu heilen.

So folge meiner Lehre der universellen Liebe, deiner eigenen universellen Größe, und du wirst den Himmel auf Erden erschaffen, für dich selbst und für deinen Nächsten.

Gebt dem Kaiser, was des Kaisers ist, und gebt Gott, was Gottes ist!

Der Tribut, den ein jeder in die Gemeinschaft eines Staatenwesens einfließen lässt, hält die Gemeinschaft des Staates am Leben. So ist es die Pflicht eines jeden Menschen, die notwendigen Steuern abzuführen, so weit es verlangt wird.

Der Versucher zeigte mir eine Münze, weil er glaubte, auf diese Weise eine Handhabe für eine Anklage gegen mich zu finden. Diese Münze zierte das Portrait des Kaisers. Also war die Münze das Eigentum des Kaisers. Jeder Mensch ist berechtigt, sein Eigentum zurückzufordern. Darum gib denen, die die Geldmacht in Händen halten, ihren Anteil an ihrem Eigentum. Gott, Göttin in dir brauchen kein Geld. Geld ist ein Teil dieser Erde. Du arbeitest, um Geld zu erhalten, damit du leben kannst.

Ein Staat muss ebenfalls leben, damit diejenigen, die sich nicht selbst ernähren können, Nahrung erhalten. Darum gib dem Staat seinen Teil, der ihm zusteht, und du selbst, genieße das, was für dich übrig bleibt. Geld ist ein wichtiger Teil dieser Welt geworden. Freue dich daran, freue dich an dem, was du dir an irdischen Dingen durch Geld kaufen kannst, und gib einem Ärmeren einen Teil deines Besitzes. Gib, so wird dir gegeben.

Gib Gott, was Gottes ist, drückte ich wie folgt aus: Gib der Quelle in dir, dass du sie erkennst und erfährst, dann lass sie durch dich wirken, damit sie reichen Segen in dein Leben tragen kann. Die Quelle in dir kann dir alle Wünsche, auch deine weltlichen und irdischen Bedürfnisse und Wünsche, erfüllen, wenn du die Schöpferkraft in dir aktivierst und durch sie wirkst.

Tue Buße!

Niemals forderte ich Buße, Fasten, Kasteien im Namen irgendeines strafenden Gottes, weil es einen solchen Gott nicht gibt. Nicht Fasten und in Sack und Asche gehen sind der Weg in das innere Königreich, sondern das Genießen der reichen Früchte, die die Erde euch schenkt. Mutter Erde fließt über von ihren Gaben, und niemals wird eines der Wesen, die sie beherbergt, leiden, wenn diese Gaben geschätzt werden.

Das ist einfach eine Fehlübersetzung und Unterstellung. Nachdem ich erfuhr, dass Johannes durch Herodes' Hand starb, war ich voller Schmerz ob der Willkür in diesem Land. Ich sah, was noch kommen würde, und wie sehr alle Menschen hier in diesem Land leiden würden unter der Herrschaft der Herrenrasse der Römer und ihrem König Herodes. Johannes starb, weil Herodes sich durch ihn bedroht und beleidigt fühlte. Darum rief ich in tiefem Schmerz um den Verlust meines Freundes den Menschenmassen zu, die bei mir waren:

„Ändert endlich euer Denken, damit die Welt sich ändert!" Die Schreiber aber machten „Tuet Buße" daraus. Diese Worte stammen nicht von mir, denn es gibt keinen Grund, im Volke etwas zu büßen. Diese Worte hörten sie in den Tempeln von den Pharisäern, Sadduzäern und Schriftgelehrten, doch niemals von mir. Die Schriften forderten auf zur Buße und zur Selbstkasteiung. Hätte ich diese Lehren wiederholt, meine Anhängerschar wäre sehr klein gewesen.

Selig sind die Armen an Härte, denn sie werden mit Sanftheit die Erde beherrschen. Ändert euer Denken, und die Welt wird sich mit ihm verändern!

Du bist als dich selbst ergossene Individualität aus der Quelle Teil eines reichen Universums, das sich täglich erneuert und täglich wächst. So ist es deine Pflicht, dafür zu sorgen, dass du glücklich bist auf Erden und an diesem Glück jeden teilhaben lässt, der oder die dir begegnet. Dies meinte ich, wenn ich vom Königreich sprach.

Da du immer das repräsentierst, was in dir verborgen ist, ist auch Mangel nur ein Zeichen dessen, was dir im Inneren fehlt. Wenn du dich selbst kasteist, dann zeigt das nur, du gönnst dir nicht, dir das Leben in all seiner Fülle zu nehmen. Daher sagten sie mir oft nach, dass ich mich der Völlerei und der Sauferei ergebe, weil ich die Fastenpredigten und Bußvorschriften der Schriften in aller Öffentlichkeit nicht befolgte. Das, was sie selbst im Geheimen taten, tat ich in der Öffentlichkeit und lud die Ärmsten der Armen und die Verachteten an meine Tafel. Damit wurde ich zu einem Verdammten für die meisten Schriftgelehrten und für die so genannte Oberschicht.

Ich sagte, dass ich mit Schwert und Feuer komme!

Meine Lehre war das revolutionäre geistige Schwert in dieser Zeit, weil sie das menschliche Denken, Sein und Handeln veränderte. Das Licht der Quelle war das heilende Element des Feuers, das die Dunkelheit aus den Lehren tilgte, deren Opfer die Menschen, ganz besonders die Frauen, Kinder, Armen und Bedürftigen, waren.

In einer Zeit, als die Diener des „Regenten des Chaos", die Römer, die Schriftgelehrten und Pharisäer das Land beherrschten und die Menschen meines Landes unter Gewalt und Rohheit litten, waren meine Worte keine anderen, als sie es heute sind. Denn auch heute noch ist der größte Teil dieser Welt all diesen Gräueln der Dunkelheit unterworfen.

Kehre um in die Liebe, die du in Wahrheit bist. Die göttliche Quelle ist nährend, umsorgend, liebend und stärkend. Alles Wissen ist vorhanden. Du musst dich nur öffnen, um die Lehren der großen Mysterien zu empfangen, damit du selbst zum Mysterium wirst und dieses Mysterium den Geschöpfen auf Erden zum Geschenk machen kannst.

All die „Wehe denen – Rufe“,

– all die Verwünschungen, was euch alles blüht, wenn ihr nicht folgt, die laut euren Schriften meine Worte sein sollen, kamen niemals aus meinem Mund, denn im Universum gibt es keine Strafe. Nicht einmal dem dunklen Herrschenden droht ein Wehe, denn auch er wird umkehren, auch wenn wir weder Tag noch Stunde kennen. Am Ende kehrt alles zurück in die eine nährende Quelle des Seins, um wieder und wieder das Leben zu erschaffen. Der eine früher, der andere später. Die Quelle hat Zeit, denn sie ist die Ewigkeit.

Warum hätte ich solche Worte der Unterdrückung und Drohungen aussprechen sollen? Sie waren nicht neu für mein Volk. Sie waren bereits fester Bestandteil all der Predigten in den Tempeln und all der Vorschriften, nach denen das Volk sich kasteien musste. Sie waren fester Bestandteil all der menschenunwürdigen Vorschriften, dass Frauen keinen Wert vor Gott und damit auch nicht vor dem Mann haben. Und es ist eben genau die Vorschrift dieses Gottes, der die Erde regieren will.

Hätte ich die Worte der Schriften wiederholt, so hätte ich niemals die Herzen der Menschen erreichen können, hätte niemals den Hoffnungsfunken in den Herzen entfachen können. Denn all diese Verwünschungen und Drohungen hörten sie täglich in ihren Kirchen und Tempeln.

Vergesst jedes Wehe, jedes Wort von Verdammnis und Strafe!

Löscht all diese Worte, die Schmach bringen oder einem anderen Schmerz zufügen sollen, aus eurer Erfahrung. Kein Gott wird dir schaden oder dich strafen, wenn du im Glanz des Lichts der Quelle bist. Denn dort, wo Licht ist, kann die Dunkelheit nicht herrschen. Erkenne, dass alles Dunkle, was auf Erden geschieht, gesteuert ist von den Mächten des Herrschers der Dunkelheit. Dies ist der Teufel oder Satan, wie ihr ihn nennt.

Es gibt keinen Teufel und auch keinen Satan, ich sagte es bereits. All das wird gesteuert von der Gruppe der Abgefallenen, die, aus welchem Grund auch immer, ihr Spiel, das sie vor Äonen begannen, nicht beenden wollen, weil der Eine die Rache seiner Mutter fürchtet. Sie haben verlernt, sich von anderen Energien zu nähren als von der Qual, dem Schmerz, dem Blut und der Angst, die von der Erde und anderen Planeten zu ihnen aufsteigen, weil sie die Kraft der göttlichen Quelle in sich selbst nicht mehr finden. Sie selbst haben sich abgeschnitten von der Energie der Quelle. Darum verwehren sie es euch in ihren Religionen. Sie selbst haben sich abgeschnitten von der Kraft der göttlichen Mutter, darum müssen alle Frauen auf Erden leiden, damit die weibliche Kraft nicht seine Mutter befreit. Doch ihr Frauen der Erde, ihr werdet sie befreien, und die Natur der Erde wird aufatmen und in vollkommener Liebe erblühen. Chayim, sein Bruder, der immer noch auf Erden wandelt, wird euch unterstützen, denn er ersehnt die Rückkehr seiner Mutter, damit Gaia endlich befreit wird.

Darum entsage der Angst, entsage der Entsagung und entziehe diesen Kräften deine Energie, indem du dich ihnen nicht weiter widmest. Sieh in allem das Licht. Denn es ist alles aus dem Licht. Sogar das Dunkle entstammt dem Licht, ist in seinem Ursprung das universelle Licht der Quelle und kann doch in deinem göttlichen Licht nicht existieren. Oh, wie gerne würde ich vorübergehend ein anderes Wort kreieren als Gott und göttlich, doch ist in eurem Sprachgebrauch kein Raum für ein neues Wort, da ihr das Wort in euch selbst heilen müsst.

Je weniger Menschen an einen Gott der Rache und des Strafgerichts glauben, für ihn dumme Dinge tun, unsinnige Rituale vollziehen, sich selbst kasteien und geißeln oder gar um ihr Seelenheil bangen, desto mehr Licht wird auf dieser Erde manifest. Wo Licht ist, kann die Dunkelheit nicht eindringen, darum sei der Lichtbringer auf Erden, zu dem du dich selbst erkoren hast.

Dieser Gott und alle Religionen wurden vom dunklem

Herrscher inspiriert und erschaffen, um sein Regime der Lüge aufrechtzuerhalten, und jede, jeder, der dieser unmenschlichen Kraft folgt, nährt und stützt sein System.

Nicht das, was in deinen Mund hineinkommt, macht dich krank, sondern das, was aus deinem Mund herauskommt!

Wenn du dir deiner Göttlichkeit bewusst bist, sie lebst, dann brauchst du kein Fasten, kein Beten, kein Buße tun, dann können weder eine Speise noch ein Trank dich entkräften. Wenn du jedoch dieses alles nicht bist, dann kommt aus deinem Mund das, was du in Wahrheit bist. Wenn du in dir innerlich Dunkelheit hast, dann kommt diese Dunkelheit in deinen Worten, in deinen Gedanken und Gefühlen, die deine Worte formen und begleiten, heraus aus deinem Mund. Diese innere Dunkelheit ist es, die den Menschen krank macht. Das, was du einem anderen sagst oder antust, das ist es, was dich krank machen kann.

Deine Rede sei Ja, Ja oder Nein, Nein – so du aber lau bist, werde ich dich ausspeien aus meinem Munde!

Meine Rede war klar, wahr und echt. Mein JA war klar und echt so, wie es mein Nein war. Wenn – auch ich war nur ein Mensch – „Nettigkeiten“ in mir aufstiegen, dann spie ich sie aus und rief mich zu der Ordnung zurück, die Wahrheit und Klarheit erfordern. So fand ich mein Ja oder mein Nein in mir. Es gibt kein Jein und kein Vielleicht. Ja oder Nein, das sei deine Rede. Alles andere dazwischen ist Heuchelei aus menschlichem Nichtwertfühlen.

Wenn dir einer auf die rechte Wange schlägt, dann halte ihm auch deine linke hin!

Vergelte nicht Böses mit Bösem. Wenn du das tust, die Rache lebst, dann lässt du dich herab auf die Ebene des Bösen. Verzeihe, und wende dich ab. Dieser Satz gehört zu:

Tut Gutes denen, die euch hassen, und liebe deine Feinde und deinen Nächsten wie dich selbst, dann wird das Himmelreich in dir erwachen!

Das war meine revolutionäre Botschaft zu dieser Zeit, die die Menschen erreichte und aufwühlte. Das war meine Botschaft in der Bergpredigt, die die Schriftgelehrten, Pharisäer, Sadduzäer und die gesamte Priesterschaft gegen mich aufbrachte, weil sie genau das Gegenteil dessen war, was ihre Schriften lehrten. So wurde ich zum Aufwiegler ernannt, und mich traf der erste Stein eines Fanatikers, der mich steinigen wollte.

Was aber sagte ich da? Ich sagte nicht, dass du dich foltern, verprügeln und quälen lassen sollst, um in das Himmelreich einzugehen. Nein, ich lebte es vor. Ich hob den Stein auf, der mich traf. Ich trat auf den Mann zu, reichte ihm den Stein und sagte: „Wenn etwas in meinen

Worten dich verletzt hat, so verzeihe. Mein Weg ist es, dir zu sagen, dass du das Licht der Quelle in dir trägst, dir zu sagen, dass dein Hass dein eigenes Herz vergiftet, nicht das meine."

Hätte ich den Stein zurückgeworfen, wäre ich vom Licht meiner Seele abgeschnitten gewesen. Schau dir Menschen an, die voller Zorn auf einen anderen losgehen. Sie sind weit entfernt vom Licht der Göttlichkeit, die in jedem ist.

Wenn dir einer auf die rechte Wange schlägt, dann halte auch die linke hin

– besagt: Zügle deinen Zorn, sei sanftmütig in deiner inneren Kraft, lass dein Licht aus dir strahlen und dann stehe aufrecht. In dieser Kraft wird niemand mehr die Hand nach dir ausstrecken, und du hast dein Licht nicht verdunkelt. Nicht die Rache sei dein, sondern das Verzeihen aus dem Mitgefühl für die Verdunkelung der Liebe, die sich dir in der Gewalt deines Gegenübers präsentiert. Und wenn dein Gegenüber nicht ablässt, dich zu quälen, dann sage einfach: Danke!, und entferne dich. So bleibst du dir in dir selbst treu und verdunkelst nicht dein eigenes inneres Licht.

Tue Gutes denen, die dich hassen, und liebe deine Feinde!

Indem du Unrecht mit Gutem vergiltst, erhebst du deine Seele in ihre wahre Kraft. Die göttliche Seele richtet nicht. Die göttliche Seele rächt sich nicht. Die göttliche Seele will das Leben in all seiner Fülle nähren und zum Wachstum gelangen lassen.

Also, wenn dich ein Mensch verletzt, dann verzeihe diesem Menschen von Seele zu Seele. Lass keinen Groll aufkommen, denn dieser Groll ist es, der dich von dem Licht deiner göttlichen Seele trennt. Schenke denen, die dir nicht wohlgesonnen sind, dein Gebet an ihre Seele, damit sie sich nicht noch weiter von diesem Licht entfernt.

Liebe deine Feinde wie dich selbst!

Liebe dich selbst. Liebe das, was du bist! Wenn du in dieser Energie bist, dann kannst du nur Mitgefühl erfahren für Menschen, die feindliche Gefühle und Gedanken hegen, denn sie sind einsam in ihrem Sein und verhärten ihr Herz. Sie sind die Einzigen, die darunter wirklich leiden, wenn du dich dieser Energie entziehst, indem du in deiner Mitte bleibst. So vergib deinen Feinden und gehe deiner Wege in deinem Glanz. Geh ihnen aus dem Weg, doch zürne ihnen nicht. Sanftmut und Großherzigkeit sind der Weg ins Himmelreich der Herzen. Sanftmut und Großherzigkeit werden von vielen als Schwäche ausgelegt, doch sind diese die wahre Kraft der göttlichen Quelle in einem Menschen. Indem du dich selbst unerreichbar machst für Anfeindungen und Groll, bist du in der wahren Kraft deiner Seele.

Und wenn Groll dein Herz erreicht, dann schenke dir selbst die Liebe, die dunkle Seite dahinter in dir selbst zu erkennen. Löse sie auf, und dann gehe wieder in diese Situation. Du wirst nicht mehr berührbar sein durch die vermeintliche Kraft deiner Feinde, wenn du deren Schatten, der bis dato auch deiner war, in dir selbst erlöst hast. Erkenne: Es geht immer nur um jeden Einzelnen, und jeder Einzelne, die oder der umkehrt, zählt. Es geht im Grunde immer nur um dich. Du bist der einzige Mensch, der lebenslänglich mit dir selbst leben muss. Darum richte dir dieses Leben mit dir so liebevoll und so angenehm wie möglich ein.

Du kannst nicht Gott oder das Göttliche lieben, wenn du deinen Nächsten nicht liebst. Du kannst nicht in deiner göttlichen Kraft sein, wenn du einen anderen Menschen abschätzig betrachtest oder gar abschätzig über diesen redest. Wenn du nicht in der Liebe bist zu Allem-was-ist, kannst du meditieren, so lange du willst, du wirst das Licht der Quelle in dir nicht wahrhaft und dauerhaft finden.

Wenn es dich kalt lässt, was zum Beispiel in China, Afrika oder im Irak geschieht, dann bist du nicht in der Liebe, dann bist du nicht in Einheit, dann bist du nicht in Verbindung. Daher ist es so wichtig, dass du kein Urteil fällst über einen anderen Menschen, egal, was dieser Mensch ist, sagt und tut. Dieses Liebesgebot gilt für alle Menschen, Minderheiten, Ausländer und auch für die Tiere auf diesem Planeten. Gib deinem Nächsten, der in Not ist, und hilf denen, die sich selbst nicht helfen können. Schenke den Opfern dein Mitgefühl, doch urteile nicht über die Menschen, die es ihnen antun. Entziehe ihnen deine Energie, deine Lebenskraft, indem du sie ignorierst und dich voller Mitgefühl den Geschädigten zuwendest. Sende diesen deine Liebe, dein Mitgefühl und bitte ihre Seele, dass diese ihnen die Kraft gibt, sich zu erheben in die Wahrheit der Liebe.

Liebe dich und deinen Nächsten so, wie ich dich liebe. Liebe dich, wie die Quelle dich liebt. Liebe dich, weil du ein Teil der Quelle und damit ein Teil deines Nächsten bist, und diesen Teil der Quelle kannst du sodann in jedem anderen auch lieben!

Was ihr dem Geringsten meiner Brüder tut, das habt ihr mir getan!

Ja, das hast du dir selbst getan, weil wir durch den Odem der Quelle, den wir ein- und ausatmen, der uns durchdringt, der das Leben selbst ist, der unsere Seelen umfängt und unser aller Heimat ist, in einer Einheit miteinander verbunden sind. Weil wir im Morphogenetischen Feld nicht voneinander getrennt, sondern unsere feinstofflichen Körper grenzenlos sind und einander durchdringen, berührt uns alles und jeder, der leidet, und dadurch wird es zu meinem und deinem ganz eigenen Leid, auch dann, wenn du es in deinem Alltagsbewusstsein nicht mitbekommst.

Wir alle sind ein einziges Wesen, von dem jedes Individuum eine Zelle ist. Du bist eine Zelle im großen Ganzen, darum sorge dafür, dass du als Zelle strahlend und hell voller Heilkraft bist, dann können die anderen Zellen um dich herum genesen, und der Organismus kann gesunden. Darum kam ich in diese Welt, euch diese Wahrheiten zu lehren.

Egal, welcher Rasse, Nationalität, Überzeugung ein anderer Mensch ist, halte fest an dem Bild des vollkommenen Menschen in jedem Menschen. Betrachte jeden als deinen Nächsten. Lass ab von der Trennung ob unwichtiger Unterschiedlichkeiten, denn diese sind Schein und Illusion. Diese resultieren aus Wetterbedingungen, Religionen und Kulturen. Unter und hinter all diesem ist jeder einzelne Mensch, jedes Tier und jeder Grashalm bis hin zu den Bergen und dem kleinsten Sandkorn ein Abbild der Quelle in formgenommener Gestalt, und damit Teil von dir.

Halte fest an dem Licht, das du bist, und erfahre die liebende Kraft der Quelle in dir. Dann hat die Dunkelheit keine Chance, und die Zeit der Dunkelheit neigt sich dem Ende entgegen.

Diese meine Worte vor tausenden von Menschen lösten eine Welle der Begeisterung, aber auch der Empörung und Verfolgung aus, denn meine Lehre war in dieser Zeit revolutionär. So zeigte man mich der Gotteslästerung an, weil ich die Freiheit predigte und lebte, die der Gott ihrer Schriften ihnen absprach. So war die Menschenmenge, die mich begleitete, auch immer wieder mein Schutz, wenn sie mich aufnahm, damit ich einer Verhaftung entgehen konnte.

In dem Augenblick, indem du den Begriff Gott in dir selbst geheilt hast von dem strafenden Rächer, der sich selbst erhob, hast du alles geheilt, was zu heilen ist. Dann bist du wahrhaftig frei von jeder Art der Unfreiheit und Nichtgöttlichkeit.

Ich liebe dein Sein in all deiner Unvollkommenheit, denn diese Unvollkommenheit ist es, die deine Triebfeder ist, das Licht auf die Erde und in die Erde zurückzubringen, damit alle, die sich von der Dunkelheit abwenden, weil sie für euch nicht mehr existent ist, den Quantensprung des Bewusstseins und der Erde mit freudigem Gesang begleiten.

Das göttliche Reich wird kommen in allen Herzen der Menschen, früher oder später, doch niemals durch Gewalt, sondern immer nur durch Liebe.

☆☆☆

Meine Gemeinde des Friedens – Frauen, Arme, Bedürftige und Kinder

So viele von euch fragen sich, warum ich mein Leben mit den Bedürftigen verbracht und mich für sie eingesetzt habe. Die Antwort ist ganz einfach darin begründet, dass sie die Hauptrolle spielten in meinem Volk. Das Volk war unterdrückt, nicht nur durch die Römer, sondern auch durch die hohen Herren des eigenen Landes und durch die Oberschicht, der auch ich und wir angehörten.

Wenn ich sagte: „Eher geht ein Kamel durch ein Nadelöhr als ein Reicher in den Himmel“ so entsprach das in der damaligen Zeit den Tatsachen. Hätte ich meine Botschaft den Reichen bringen wollen, obwohl ich selbst einer der ihren war, dann wäre meine Saat nicht aufgegangen. Diese Gruppe in erster Linie zu erreichen lag niemals in meiner Absicht, weil ich wusste, dass ich auf taube Ohren stoßen würde. Und doch waren es auch viele in diesen Reihen, die meine Botschaft freudigen Herzens aufnahmen, weil sie gerecht in ihrem Sein waren. Nein, meine Absicht war und ist, den Randgruppen und den wirklich Willigen die frohe Botschaft ihrer Freiheit von jeglichem Joch zu bringen.

Das Volk stöhnte unter der Herrschaft von Römern, Sadduzäern, Pharisäern, dem König, den Schriftgelehrten und den römischen Truppen, die im ganzen Land verteilt waren. Sie hatten keine Hoffnung mehr in einer Zeit der

Dunkelheit. Dieses mein Volk besaß ein offenes Herz und offene Ohren für meine Botschaft.

Indem ich gegen die festgeschrieben Regeln der so genannten oberen Klasse, denen auch ich angehörte, verstieß, machte ich aufmerksam auf die Mühsal des Volkes. Damit machte ich mich jedoch auch zum Staatsfeind, sowohl für mein Land als auch für die Römer. Doch den einfachen Menschen machte es Mut, dass ich mich für sie einsetzte. Es gab ihnen eine ganz neue Kraft.

Indem ich jeden Vollstrecker der Gesetze auf die Rechte des einzelnen Menschen aus dem Volk aufmerksam machte, wenn ich Unrecht sah, wurde ich zum meistgehassten Bürger des Landes in den Kreisen der Oberschicht, der Sadduzäer und Pharisäer. Ich umgab mich mit den Armen und Schwachen und lehrte den so genannten Pöbel eine bessere Welt, in der Menschlichkeit, Gerechtigkeit und Nächstenliebe vor die Gottesliebe zu setzen sind, die ihnen gepredigt wurde.

Das Volk war es, das meine Saat nährte und bis in die Jetztzeit getragen hat, bis zum heutigen Tag, trotz aller Verfälschungen, Grausamkeiten und Demütigungen in meinem Namen oder im Namen aller Religionsgründer auf Erden.

Kein wahrhaft mitfühlender Mensch kann mit ansehen, wenn Schwächere gequält, unterdrückt und gefoltert werden, ohne Mitgefühl zu empfinden. So sprach ich zu den Armen, den Frauen, den Behinderten, den Kranken, den Dirnen, den Zöllnern und den Kindern vom Königreich des Lichts. Sie alle waren die Verachteten, denen ich und Magdalena zeigten, dass sie göttlich sind. So kam das Licht in diesen Teil der Erde zu denen, die es am dringendsten brauchten und suchten.

Weil ein Mann aus der Oberschicht sich ihrer annahm, sich für sie einsetzte und sie gleich behandelte in ihrer Würde, in ihrer universellen Kraft, und diese in ihnen sich selbst erfahrbar machte, schöpften sie neuen Mut und neue Hoffnung auf eine bessere Welt. Weil ich so mancher Witwe das Haus erhielt, so mancher als Dirne verachteten Frau die Achtung vor sich selbst zurückgab, konnten meine Worte noch so viele mehr erreichen. Denn sie gingen nach Hause und erzählten von mir und meinen Taten. Das war es, was erreicht werden sollte. Jede Stimme zählt, jede Seele wird gerufen vom Licht. So war es damals, und so ist es bis heute.

Mir wurde immer wieder vorgeworfen, dass ich mich mit Weibsvolk umhertreibe, und das ist die Wahrheit. Nur einer der Oberschicht, der selbst das Recht genoss, im Tempel zu predigen, konnte den Frauen neue Kraft und neue Stärke vermitteln, denn ich ignorierte die Schriften und deren Vorschriften gegen die Frauen. Ich trat für sie ein und machte ihnen damit erstmals Mut auf Erden, zu glauben, dass sie nicht weniger wert sind als die Männer jener Zeit, die dieses für sich ganz selbstverständlich beanspruchten. Das tun sie leider in den meisten Teilen der Erde bis heute. Die Frauen jener Zeit waren Freiwild. Wenn ein Mann sich seiner Frau entledigen wollte, dann warf er sie aus dem Haus. Eine solche Frau lebte in Schande und konnte von jedem missbraucht werden. Fortan galt sie als Dirne. Wir gaben diesen Frauen Obdach und ihnen mit meiner Lehre ihre Würde zurück.

Eine Witwe wurde mit solch hohen Steuern belegt, dass sie ihr Obdach nicht mehr halten konnte und obdachlos wurde. Das gewöhnliche Volk stöhnte unter der Steuerlast, und es reichte oft nicht mal dazu, gesättigt zu Bett zu gehen. Darum sprach ich zu den Armen davon, dass sie selbst das Königreich in ihrem Herzen begründen sollten. Darum sprach ich auch oft von Hoffnung, von der Befreiung, die kommen würde, von der reichen Tafel des Universums. Doch praktisch lehrten wir sie nebenbei, wie sie ihre Äcker besser bewirtschaften und mehr Fisch fangen konnten, damit sie am Abend mit gefülltem statt hungerndem Magen zu Bett gehen konnten.

In dieser Mission war nicht ich allein unterwegs. Mit mir waren meine Brüder, meine Mutter, Josef, mein irdischer Vater, meine Schwestern, meine Frau, meine Jüngerinnen und meine Jünger.

Wir speisten die Hungrigen, besorgten Obdach für die Obdachlosen und integrierten die Kranken in eine Gesellschaft, die sich neu ordnete. Diese neue Gesellschaft zeichnete sich nach drei Jahren aus durch einen ganz neuen Zusammenhalt. Bei den Armen, den Kranken den Bedürftigen fiel meine Lehre auf fruchtbaren Boden, weil sie selbst am Boden waren durch die Unterdrückung der kleinen Eliteschicht, die sich selbst zerfleischte.

Indem einer aus der Oberschicht mit seiner Familie und seinem Gefolge sich für sie einsetzte, gewannen sie eine ganz neue Kraft und eine ganz neue Freiheit, die sie sodann miteinander teilten. Meine Jünger führten dieses fort, nachdem meine Familie und ich das Land verlassen hatten.

Die Menschen dieser Schicht lehrten, was sie nicht lebten. Sie forderten Demut und Unterwerfung, doch sie waren selbst hochmütig, erbarmungslos und voll kaltem Stolz. Sie forderten Fasten und Buße tun, doch sie missbrauchten Frauen und Kinder und lebten in Überfluss und Völlerei.

Sie forderten vom Volk das sprichwörtlich letzte Hemd, es war ihnen egal, ob ihr Volk in Freude lebte oder verhungerte. All das hatte die Menschen freud- und mutlos werden lassen über viele, viele Jahrhunderte hinweg. All diese Ungerechtigkeiten an und in meinem Volk zu heilen, den Unterdrückten und Geknechteten die Freiheit von jeglicher Falschheit von oben und Selbsterniedrigung aus den eigenen Reihen zu schenken, war meine Mission in einem Land in einer Zeit, die für die meisten Menschen auf

Erden grauenvoll war. Sie ist es für so viele unter euch bis heute in vielen Ländern der Erde. Schaut nur in den Orient, wo Frauen sich verschleiern müssen, nach Afrika, wo Frauen beschnitten werden, nach China, wo männliche Nachkommen mehr zählen als weibliche, und öffnet euer göttliches Herz dem Mitgefühl mit dem gequälten Leben auf dieser Erde.

Weil ich das alles tat, könnt ihr heute über Landesgrenzen hinwegschauen. Seht das Unrecht, das überall auf der Erde den Schwächeren angetan wird, und dann tut Gutes dort, wo Hilfe gebraucht wird. Tue deinem Nächsten Gutes, wenn du siehst, dass irgendwo auf der Erde ein Mensch Hilfe braucht.

Gib von dem, was du hast, dann wird dir aus der unerschöpflichen Quelle des Universums gegeben werden. Gib einem Hungernden Nahrung und gib einem Dürstenden Trank, gib einem Kind auf der Erde die Möglichkeit, ein gutes Leben zu leben, hilf anderen, dann wird auch dir geholfen in deinen spirituellen Belangen. Es gibt so viele gute Wege, mit ein klein wenig Geld das Leben eines Menschen in den armen Ländern zu verbessern. Sodann ist das Königreich auch in dir, und du wirst zu einem Segen für dich selbst, für die Menschheit auf dieser Erde und für die Erde selbst.

Heiliger Zorn

Mir ist bewusst, dass die Zeilen, die dich bisher hier in dieser Schrift inspirierten, dich auch ein wenig irritieren müssen.

„War er denn nie wütend?“, wirst du dich vielleicht fragen. Doch das war meine Lehre, die ich selbst den Menschen meiner Zeit vorlebte und mit ihnen lebte. „Wut ist ein schlechter Geselle, wenn du Frieden auf die Erde oder in eine Situation bringen willst!“ Aus Wut entstehen Kriege, Raubzüge, Verletzungen, Schmerz und alle Grausamkeiten auf Erden.

Doch obwohl ich Sanftmut war und bin, obwohl ich Sanftmut verkündete und als Urgrund der menschlichen Seele manifestierte, gab es Zeiten, in denen ich zornig war und diesen Zorn auch kraftvoll vertrat. Du hast hier in dieser Schrift bereits einige solche Situationen erfahren. Doch war ich niemals wütend!

Wenn ich Unrecht sah, dann wurde ich zornig dem dunklen Herrscher im Herzen des anderen gegenüber. Mit diesem heiligen Zorn vertrieb ich die Händler und Wucherer aus den Herzen (Tempeln) so mancher Schinder meines Volkes.

Mit diesem gerechten Zorn, mit dem ich zwar flammende Reden hielt, jedoch niemals einen Menschen persönlich angriff oder verletzte, erreichte ich so manches Mal die verhärteten Herzen und konnte so manchen Menschen vor der Willkür der sogenannten Obrigkeit oder eines Soldaten erretten.

Ich vertrieb niemals Händler und Wucherer aus dem Tempel, denn dieser war und ist mir nicht wichtig. Ein Tempel ist ein Gebäude der Geschäftemacher. Er ist nicht das Haus der Göttlichen Quelle, und kaum hat jemals ein Mensch in einem Tempel das Licht der Göttlichen Quelle erfahren.

Doch ich vertrieb manchen Mann, der seine Frau oder sein Kind misshandelte. Ich stoppte so manchen der Priesterschaft, der Folter und Steinigung befahl, ich verschloss manchem den Mund, der oder die einen in seinen Augen Geringeren verletzte, indem ich die Kraft des heiligen Zorns gegen ihre Härte einsetzte.

Dieser heilige Zorn ist eine Energie in jedem Gerechten, der oder die sich für das Wohl und die Rechte der Schwächeren gegen Unterdrücker einsetzt. Das ist eine Energie, die Berge versetzen kann, ohne einen anderen zu schwächen oder gar zu verletzen. Heiliger Zorn ist die Triebfeder, Ungerechtigkeiten aufzulösen und die Schwachen zu verteidigen, die sich selbst nicht zur Wehr setzen können.

So erfahre, wenn du solch heiligen Zorn in dir spürst, der nicht dazu da ist, dich gegen deinen Mann, deine Frau oder sonst irgendeinen Menschen nur zu verteidigen, dann folge diesem Gefühl und hilf dem anderen oder dir selbst.

Wenn du erkennst, dass ein Mensch, der deine Hilfe erbittet, die du ihm gewährst, diese nicht annimmt und weiter nur bittet, dann setze diesen deinen heiligen Zorn für den anderen ein, ohne zu verletzen. Lass ihn los. Dann kann dieser Mensch vielleicht erkennen, dass er nur redet und sich dann vielleicht selbst helfen. Lass einen solchen Menschen, der dein Helfersyndrom fordert, gehen und übergib ihn seiner Seele.

Heiliger Zorn ist nicht Wut. Wut ist zerstörerisch. Heiliger Zorn ist in seiner ganzen Wesenheit heilend und aufbauend. Wut impliziert immer ein Gefühl von Ohnmacht, von sich selbst verteidigen zu müssen, sich wehren zu müssen, einen anderen demütigen, verletzen oder gar schlagen zu müssen.

Heiliger Zorn ist frei davon. So erlaubte ich mir, meinen heiligen Zorn zu leben, wenn Sanftmut mich nicht weiterführte in meiner Hilfe für die Verachteten meiner Zeit.

Heiliger Zorn ist kraftvoll; er lässt dich ganz klar erkennen, dass du dich nicht in einem nebulösen Menschengefühl verstrickst, sondern du fühlst klar, dass du in dir ganz ruhig, emotionslos und kraftvoll in deinem NEIN wirst. Du spürst die Qualität der Quelle in dir, die schützt und heilt, was zu schützen und zu heilen gilt.

Heiliger Zorn gilt der Ungerechtigkeit auf Erden. Auch mein Vater und seine Begleiterinnen und Begleiter waren immer wieder und sind immer noch voll des heiligen Zornes ob der Grausamkeiten auf Erden durch den dunklen Herrscher und seine menschlichen Vertreter und Verkünder. Doch trotz dieses heiligen Zornes geht die Basis der Liebe niemals verloren.

Denn heiliger Zorn ist gekennzeichnet von Liebe. Darum heißt er auch Heiliger Zorn.

☆☆☆☆☆

Teil 3: Meine Niederlage wurde zum Sieg

Ich möchte und werde dir hier die Geschichte meiner tiefsten Niederlage erzählen.

Du musst diesen Teil meiner Botschaft nicht lesen. Doch auch hier ist es für mich an der Zeit, dass dieses Geschehen beleuchtet wird so, wie es wirklich war.

Eure Welt spekuliert. Starb er, starb er nicht? Wurde er gekreuzigt, wurde er nicht gekreuzigt?

Diese Geschehnisse hinterließen tiefe Wunden in der Welt, in den Herzen der Menschen und deren Umgang damit in meinem Sein.

Diese Wunden zu heilen bin ich heute bei dir.

So vernimm nun meine ganz eigenen Worte, wenn es dein Begehren ist.

Sananda

Palmsonntag

Das jährliche Passahfest rückte näher, und es war wieder an der Zeit, nach Jerusalem zu gehen. Wir wollten still und unerkannt unter unseren Schleiern nach Jerusalem einreisen, damit unsere Frauen und Kinder geschützt waren. So zerstreuten wir uns, um einzeln oder in kleinen Gruppen in Jerusalem einzukehren. Doch die Kunde darüber, dass der „Messias" kommt, hatte sich bereits verbreitet. Unerkannt durch das Land zu reisen war mir nicht mehr möglich. So erwartete mich eine große jubelnde Menschenmenge vor den Toren der Stadt. Sie wedelten mit Palmzweigen, um mir zu zeigen, dass ich ihr Messias, ihr König, bin. Tausende begrüßten mich jubelnd. Sie nannten mich lautstark ihren König und feierten mich als den Befreier vom Joch der Römer.

Doch waren auch viele unter ihnen, die mich beschimpften, weil ich meine Truppen noch nicht zusammengerufen hatte, um einen bewaffneten Krieg gegen die Unterdrücker zu leiten. So viele von ihnen hatten meine Botschaft wirklich nicht verstanden, und dass ich nicht dieser Messias bin oder jemals sein werde, den sie in ihrer menschlichen Ohnmacht erwarteten, weil ihre alten Schriften davon kündeten. Zwar war ich laut irdischer Abstammung offiziell aus dem Hause Davids und Abrahams, doch ich war nicht der Erlöser, der aus diesen Häusern hervorgehen sollte. Da Josef nicht mein leiblicher Vater war, konnte ich das gar nicht sein.

Natürlich war meine Anhängerschaft so groß, dass wir jederzeit einen bewaffneten Widerstand gegen die Römer hätten gewinnen können. Mein temporärer Begleiter Judas ließ mich das jedes Mal wissen, wenn wir einander trafen. Ich kannte seine Verbindungen zu den Rebellentruppen im Land und wusste, er war nur zu gern bereit, in jedem Augenblick anzugreifen, wenn ich nur den Befehl dazu gab. Er verabscheute seinen Dienst bei den Römern und wollte mit aller Macht unser Land befreien. Er war der Sohn eines Römers und einer Frau unseres Volkes. Daher hatte er eine besondere Stellung. Doch er hasste seine römische Seite. Die Demütigungen seiner Mutter bohrten tief in seinem Herzen. Doch nichts lag mir ferner, als noch mehr Blutvergießen über die Erde zu bringen. Meine Mission war, den Menschen zu zeigen, dass nur Sanftmut die Herrscher auf Dauer entmachtet und somit jeder Mensch frei in sich selbst ist, egal, was im Lande geschieht.

Wie oft hatte ich zu den Menschen gesprochen vom inneren Himmel- und vom Königreich der Herzen. Doch so viele von ihnen erwarteten noch immer, dass ich einen bewaffneten Krieg gegen die Römer begann, der mit der Freiheit vom Joch der herrschenden Rasse endete. Dieser, ihnen verkündete Erlöser konnte und wollte ich ihnen nicht sein. Außerdem hätte ein solches Vorgehen nur bedeutet, dass das Alte bewahrt bleiben und wieder ein neuer Staat mit anderen Gewaltherrschern entstehen würde. Eine Änderung in der Gesinnung der Menschen würde auf diesem Weg niemals geschehen, denn das ist der Weg der alten Schriften: Auge um Auge, Zahn um Zahn.

Das Volk erwartete, dass Gott, den viele für meinen Vater im Himmel hielten, das himmlische Strafgericht auf die Römer niedersandte und das Land wie durch ein Wunder von allen Qualen befreit wäre. Dieses war die von mir erwartete Mission, die mir bis zu diesem Tag folgte, die mich begleitete, bis ich mich den Menschen entzog.

Während ich noch zu den Menschen sprach, das eine oder andere Kind mit meinen Händen berührte, die eine oder andere Frau tröstete, kamen schon die ersten bewaffneten Truppen vor die Tore der Stadt, um den vermeintlichen Aufstand zu zerstreuen. Es herrschte striktes Versammlungsverbot. Sehr groß war die Befürchtung der Römer, dass sich Aufständische die Menschenmassen, die jährlich zur Zeit des Passahfestes in Jerusalem waren, zunutze machten, um eine Rebellion zu beginnen. Zu gern hätten sie dieses Fest zu Ehren des jüdischen Gottes verboten, doch die Gesetze der Religion dieses Landes waren als Einziges unantastbar, sogar für die Römer.

So begab ich mich also im Schutz meiner Anhänger an den Truppen vorbei in die Stadt, in der ich meine größte Niederlage auf Erden erfahren sollte. Doch das war mir im Augenblick noch völlig unbekannt. Ich wähnte mich sicher im Menschengewirr und auch in der Position als Bürger der Oberschicht. Ich begab mich niemals freiwillig auf die Schlachtbank, wie die Schriften es euch vorgaukeln wollen. Und es überraschte mich ungemein, dass die Römer mich für einen solch gefährlichen Volksaufwiegler hielten; war meine Lehre doch das genaue Gegenteil.

Jerusalem war überbevölkert, und die Stadt platzte aus allen Nähten. Aus allen Gebieten des Landes waren die Gläubigen und die Andersgläubigen mit ihren Familien nach Jerusalem gepilgert, um das Passahfest zu feiern, wie es ihr Gott von ihnen verlangte, und auch wir beugten uns diesem Gebot.

Es herrschte ein buntes und reges Treiben in den Straßen. Die Händler riefen ihre Waren aus, überall erklangen freudiges Lachen, ärgerliches Feilschen, Streitereien unter den Anhängern verschiedener Glaubensrichtungen, Rufen von Kindern und fröhliches Geschnatter. Die Vorfreude auf die große Feier am Ende der kommenden Woche erfüllte die Energie der Luft dieser Stadt.

Wir nahmen unsere Unterkunft wie immer, wenn wir in Jerusalem waren, im Hause meines Mentors und besten Freundes Josef von Arimathäa ein. Seit meinen Kindertagen war er mir bester Freund, Förderer und Begleiter auf meinen Reisen, die mich und ihn in die weite Welt führten. Er bot mir und meiner Familie immer wieder Obdach, wenn meine Wege mich nach Jerusalem führten. Josef war mit mir in Heliopolis und begleitete meine Reise in den Orient. Auch er war ein hoher Eingeweihter des heiligen Bundes und ein enger Vertrauter meines nichtirdischen

Vaters. Unsere gemeinsamen Erlebnisse hatten uns fest zusammengeschweißt. So war auch Josef ein gern gesehener Gast im Hause meines Vaters hinter den sichtbaren Wolken. Genau wie ich, hatte er dauerhaften Zugang zum Kode, der uns von der Erde abholte.

Meine Jüngerinnen, Jünger und ich trafen uns am Nachmittag am Südeingang des Tempels. Hier teilte ich ihnen unseren Treffpunkt für den nächsten Abend mit, an dem wir den Tag der Wiederkehr meiner Geburt feiern wollten. Alles musste streng geheim ablaufen, denn die Römer suchten nach mir, weil sie mich für einen politischen Staatsfeind hielten. Das hatte Josef mich wissen lassen und mich um Vorsicht gebeten. So lange ich mich unter den Menschenmassen befand, drohte mir keine Gefahr, denn ein Angriff der Soldaten auf mich hätte einen Volksaufstand verursacht. Doch war dieses das Letzte, was die Besatzer benötigten. Sie wollten nur eins: Ruhe im Volk, ohne Aufstand, egal, wie groß oder klein dieser sei. Jedoch im kleinen Kreis oder gar allein war ich angreifbar.

Wir betraten den Tempelvorhof, den das Volk am Passahfest besuchen durfte. Es herrschte reges Treiben. Der Vorhof war überfüllt mit Geldwechslern und Tierhändlern, aber auch mit Menschenhändlern. Sie überschrieen einander und priesen ihre Waren an, verkündeten lautstark, wer den besseren Wechselkurs für die Tempelsteuer bot. Das Geschrei war unermesslich laut, und ich fühlte den heiligen Zorn in mir aufsteigen, als ich sah, dass wehrlose Tiere in ihren Käfigen misshandelt und junge Frauen halbnackt und weinend in Käfigen zum Kauf angeboten wurden. Dieses ist die angebliche Tempelsäuberung, von der euch bekanntgemacht wurde, dass ich Händler aus dem Tempel vertrieben hätte, um ein Gotteshaus zu ehren.

Nein, das tat ich nicht. Denn der Geldwechsel war notwendig, weil die Menschen sonst ihre Tempelsteuer nicht hätten entrichten können, die nur in Landeswährung gegeben werden durfte. Das hätte für sie eine harte Bestrafung nach sich gezogen. So waren mir die Geldwechsler egal.

Doch ich fühlte die Erniedrigung und die Qual der jungen Frauen wie meine eigene. Aus meinem tiefen Mitgefühl wurde der heilige Zorn, von dem ich zu euch sprach. So rief ich laut und konfrontierte die Händler mit ähnlichen Worten, mit denen Maria Magdalena gerettet wurde.

„Was tut ihr in einem Haus des Betens einem Geschöpf eures Gottes an? Hat nicht euer Gott auch diese Frauen und Tiere erschaffen? Wahrlich, ich sage euch – so spricht der Herr Israels –, in die tiefsten Schlünde der Hölle werde ich dich stürzen, wenn du mein Gesetz nicht befolgst. Das Gesetz, das da lautet: Auge um Auge, Zahn um Zahn. Bis in das siebte Glied deiner Sippe wird deine Schuld über deine Söhne hereinbrechen, und es gibt kein Entkommen."

Sie lachten und machten sich lustig über meine Empörung, doch ich wandte mich um, befreite die Tiere aus ihren Käfigen und ließ sodann die geschundenen Frauen entkommen. Natürlich tat ich das nicht allein. Ich gab lediglich den stummen Befehl, indem ich die Geldschale des Frauenhändlers vom Tisch fegte, dieser sich auf mich stürzen wollte und meine Jünger dazwischentraten. Die anderen Männer aus dem Volk, die mich kannten, unterstützten die Aufräumaktion. Im allgemeinen Handgemenge öffnete ich die Käfige der Tiere. Es entstand ein unfassbarer Tumult, als laut blökende Schafe und Rinder aus dem Vorhof auf den Vorplatz stürmten. Einige meiner Anhänger trieben sie an mit Stricken, und sie entkamen erst einmal der Qual.

Als die Händler aufgeregt hinter ihren Tieren her rannten und die Frauenhändler von meinen Begleitern festgehalten wurden, befreite ich die Frauen aus ihren Käfigen. Der Tumult wurde verstärkt durch die jetzt wütend schreienden Händler. Doch meine Begleiter blieben bei ihren Rangeleien. So brachte ich die jungen Frauen, die vor Überraschung und Schreck wie erstarrt waren, schnell vor das Tor zu Maria und Martha, die sie rasch in Sicherheit brachten.

Die Priesterschaft war aufmerksam geworden ob des Tumults. Sie fürchtete um ihre Geldeinnahmen durch die Händler in ihren heiligen Hallen. So traten sie auf mich zu, um mich zur Rechenschaft zu ziehen.

„Welche Berechtigung hast du, dieses zu tun und unsere Gesetze zu verdrehen?“ schrie einer von ihnen laut.

„Es ist dieses das Recht des Menschsohns, Unrecht zu verhindern, die Schwachen zu stärken und den Unwürdigen die Würde zurückzugeben. Es ist dieses das Recht meiner ererbten Mitgliedschaft im Hohen Rat des Tempels, diese Frauen und Tiere von der Qual der Demütigung und des Blutvergießens zu bewahren. Es ist dieses das Recht eines Menschen, der Mitgefühl in seinem Herzen verspürt und weiß, dass er helfen muss.

Ihr aber, die ihr euren Gott benutzt, um euch selbst zu bereichern, und dabei duldet, dass Gottesgeschöpfe derart gequält werden, werden in den Höllen schmoren, mit denen ihr dem Volk droht! Ihr werdet die Qualen selbst erleiden, von denen ihr zu dem Volke sprecht, weil ihr daran glaubt, dass es die Wahrheit ist.“

Die Tempeldiener waren hinzugekommen und wollten mich ergreifen. Doch die Menschen scharrten sich um mich. So entzog ich mich im Schutz der Menschenmenge dem Zugriff der Schergen. In dem Tumult, der entstand, entfernten wir uns, und ich kehrte erst einmal zurück zu meiner kleinen Familie in das Haus meines Freundes Josef.

Wir erklärten Josef, dass wir noch vor dem Passahfest das Land verlassen würden, und dass bereits alles für die Abreise geplant sei. Mein Auftritt im Tempel ließ jedoch eine schnellere Abreise notwendig erscheinen, denn die Pharisäer und Sadduzäer, die mich seit langem verfolgten, glaubten nun eine Handhabe zu haben, ihr Werk zu vollenden.

Unser Weg sollte uns zuerst nach Ägypten, und von dort aus nach Europa führen. Josef versprach, uns zu begleiten, um den Frauen und Kindern Schutz zu gewähren mit seinen Wächtern, da auch er das Land verlassen wollte.

Unsere Mädchen Sarafina und Jamyra waren sehr aufgeregt ob der Veränderungen, die vor uns lagen. Sie freuten sich auf die große Reise über das große Wasser.

Sie tanzten lachend und voller Lebensfreude, die jeder Göttin im Grunde ihres Seins zueigen ist, um Josef herum, der mit ihnen scherzte, lachte und tanzte. Und so erfuhren wir einen vorerst letzten wundervollen Abend im Kreise unserer Lieben in Jerusalem, das für mich nie wieder so sein würde wie heute Abend.

☆☆☆

Judas Ischariot

Ich war es müde, mich mehr und mehr im Verborgenen halten zu müssen, ständig auf der Flucht zu sein vor einer eventuellen Gefangennahme, und so war beschlossen, dass ich mit meiner kleinen Familie das Land verlassen würde. Die Aufgabe, die meine Mission war, hatte ich erfüllt, und meine Worte trugen reife Früchte in vielen Herzen der Menschen im Lande.

Mehr konnte und wollte ich diesem Teil der Welt nicht geben, da mein Leben, das Leben meiner Frau, meiner Kinder und das Leben meiner Begleiter nicht mehr sicher war. Der Hohe Priester, der heilige Rat, verfolgten mich, das römische Reich hatte einen Haftbefehl gegen mich erlassen, und auch das gewöhnliche Volk begehrte mehr und mehr gegen mich auf, da ich die Rolle des Kriegers gegen Rom nicht erfüllte, wie sie es von mir erwarteten. Den Weg des Johannes wollte ich nicht gehen, denn die Rolle des Märtyrers gehörte nicht zu meinem Plan und Auftrag. Oh, wie sehr traf mich die Nachricht von der Hinrichtung meines Freundes, und der Schmerz, wie sehr ihm Unrecht geschah, war immer noch tief in mir verwurzelt.

So lud ich meine Freunde zum Abschiedsfest nach Jerusalem in das Haus eines weiteren vertrauten Freundes, Nikodemus. Dieses unser Fest jenseits des Passahfestes sollte mein letztes im Kreis meiner engsten Vertrauten und Freunde sein. Unser Treffpunkt war geheim, und Zugang wurde nur mit einem Geheimkode gewährt, den ebenfalls nur meine engsten Vertrauten und Freunde besaßen.

Es war eine fröhliche Runde. Die anwesenden Frauen und Männer in ihrer Ahnungslosigkeit lachten und tanzten voller Freude ob der fröhlichen Tage vor dem Passahfest, das am Ende der Woche vor uns lag, und unseres Beisammenseins. Als die Stunde weit vorgerückt war, erhob ich mich, ließ eine Glocke hell erklingen, wie ich es immer tat, wenn ich das Wort ergreifen wollte, und alle wandten sich mir zu. Augenblicklich verstummten die Musik und das Lachen, denn sie sahen in meinem Gesicht, dass eine unerwartete Botschaft ihr Herz erreichen würde.

Als alle ihren Platz wieder innehatten, erhob ich meine Stimme und sprach zu meinen Freunden, während ich meinen Blick wandern ließ, um jedes einzelne Gesicht liebevoll zu umfassen. Wie wunderbar war die Zeit mit all diesen Freunden, obwohl es oft eine mühselige und schwere Zeit war. Und doch... ich liebte jede einzelne Frau und jeden einzelnen Mann auf eine ganz besondere Art.

„Meine Freundinnen und Freunde! Ich habe euch heute auch hierher eingeladen, um euch eine wichtige Botschaft zu übermitteln, die vielleicht vielen von euch das Herz schwer macht. Doch sorgt euch nicht und weint nicht, denn ich bin bei euch immerdar.

Die Grenzen ziehen sich enger um uns. Wir erregen viel

zu viel Aufsehen bei den Römern und der Priesterschaft. Was durch mich gesagt werden sollte, wurde gesagt, was durch mich getan werden sollte, den Menschen den Keim der eigenen Göttlichkeit im Herzen zu entfachen, wurde getan, was ich euch in der Kürze der Zeit lehren sollte und konnte, wurde erreicht.

Die Menschen dieses Landes müssen nun selbst die kleine Pflanze der Freiheit in ihren Herzen pflegen und wachsen lassen, damit die Freiheit in dieser Welt auch im Außen manifest wird. Und dieses Pflänzchen wird wachsen und bewirken, dass auch dieses Land einst wieder frei sein wird von den Herrschern vom Kontinent. Ich muss meine Botschaft in andere Gebiete dieser Erde tragen.

Ihr aber müsst nun ohne mich in die Welt hinausgehen und weitergeben, was ich euch lehrte. So werdet auch ihr zu Boten der Quelle und des Lichts in jedem menschlichen Herzen, so lange es noch nicht ganz verhärtet ist. Oft sagte ich euch, dass dieser Tag kommen würde, und heute ist er da.

So möchte ich euch heute mitteilen, dass meine Eltern, meine Geschwister, meine Familie und ich dieses Land, wenn der Morgen anbricht, verlassen werden. Die Lage wird für jeden hier im Saal Anwesenden und auch für uns zu gefährlich. Es ist wichtig und an der Zeit, dass wir uns zerstreuen und nicht mehr gemeinsam in der Öffentlichkeit gesehen werden. Daher ist das heute unser Abschiedsfest. Wir werden morgen in aller Frühe aufbrechen, um in einem anderen Land einen Neubeginn zu erfahren. Ich werde das Erbe meines Vaters und der himmlischen Göttinnen an meine Töchter weitergeben, damit sie eine neue Welt begründen, die die Erde zu einem neuen Timarilamaa auferstehen lässt."

Stimmen wurden laut, Proteste erklangen, Weinen ertönte.

Ein lautes Klirren und Poltern ertönte, als Judas die Gläser vom Tisch fegte, während er sich wutentbrannt von seinem Platz erhob.

Oh, wie gut kannte ich das überschäumende Temperament unseres Kameraden, der als einziger Kriegsmann unsere Runde schützte. Nie hatte er verstanden, dass der Weg, den er gehen wollte, mit meinem nicht übereinstimmte. Wie oft hatte ich ihm angeboten, den Kreis meiner Freunde zu verlassen, wenn er den Kampf mit den Römern will. Doch alles umsonst. Seit zwei Jahren suchte er mich zu überzeugen, dass sein Weg der einzige Weg sei, das Joch der Unfreiheit von den Menschen zu nehmen.

Mit hochrotem Kopf stürzte er auf mich zu und warf mir sein Schwert vor die Füße. In diesem Augenblick bereute ich, dass ich nicht bedächtiger gewesen war und ihm immer wieder Zutritt zu meiner Runde gewährt hatte. In diesem Augenblick erkannte ich, dass er nie meine Worte hörte, sondern bis zu diesem Augenblick hoffte und glaubte, mich auf seine Seite ziehen zu können. Ein Wort von mir an meine Anhänger hätte genügt und der Aufstand gegen die Römer hätte stattgefunden. Doch niemals sprach ich dieses Wort und seine grauenhafte Wut, die ihn in diesem Augenblick weit von seiner Seele entfernte, diese tiefe Enttäuschung schrie mir nun aus den Augen Judas‘ entgegen.

„Womit haben wir das verdient?“ schrie er mich an. „Womit?!!!“

Er wandte sich den anderen zu und brüllte:

„Jahrelang waren wir an seiner Seite. Seit zwei Jahren warten wir darauf, dass endlich etwas passiert. Und was passiert? NICHTS! Es ödet mich immer wieder an, nur schöne Worte zu hören, all die Wunder zu sehen, all die Kranken zu heilen und nichts anderes zu hören als Worte, Worte, Worte.“

Proteste erklangen aus unserer Gemeinschaft, einige sprachen beruhigend und beschwichtigend auf ihn ein, doch nichts half, seinem verzweifelten Zorn ein wenig Einhalt zu gebieten. Er entzog sich den Händen, die ihn halten und beschwichtigen wollten, und brüllte mir entgegen.

„Immer noch sind diese Drecksrömer in unserem Land. Immer noch wird unser Volk unterdrückt und sind

Sklaven dieser Herrenmenschen, selbst ich muss in ihren Diensten stehen, und der da", er zeigte auf mich, „redet ununterbrochen von Freiheit und nichts geschieht. Wo ist die Freiheit? Wo ist jetzt der Erlöser, der Messias, als den ihr alle ihn bezeichnet? WO?", höhnte er. „Ich kann euch sagen, wo er ist. Der hier – dieser Jeshua – ist es auf jeden Fall nicht, sonst würde er sich jetzt nicht verdrücken wie ein feiger Hund, der die Schläge seines Herrn fürchtet. Ein Kampf! Ein Kampf nur, und wir sind frei!"

Er wollte auf mich losgehen, als ich meinen Kopf abwandte, doch Simon und Andreas hielten ihn fest. Ein wildes Gerangel entstand. Ich erhob wiederum meine Stimme und gebot ihnen Einhalt. Doch Judas war zu aufgebracht, als dass ich zu ihm hätte vordringen können.

„War das deine ganze Mission? War es das, was du wolltest? Die Menschen auf deine Seite ziehen, ihnen schöne Worte zuflüstern, zum Wundermann werden, damit sie dir nachlaufen, und jetzt lässt du uns hier sitzen und haust einfach ab? Du willst zu einer Legende werden; verschwindest einfach, ohne auch nur einen Finger krummgemacht zu haben für unser Land. War es das? Was ist mit dem Königreich? Wo ist es? Du hast uns die ganzen Jahre hingehalten mit deinen schönen Reden von Freiheit und Frieden. Alles nur Worte, Worte, Worte. Du bist genau der feige Hund, für den ich dich von Anfang an gehalten habe. Wie konnte ich nur so dumm sein, auf dich zu warten?"

Dunkles Schweigen lag über dem Raum. Nur das heftige Atmen von Judas war zu vernehmen.

Mir traten Tränen in die Augen, als ich erkannte, wie sehr er mich hasste und wie wenig er verstanden hatte von dem, was meine Botschaft war. Wir waren nie die engsten Vertrauten, doch wie sehr er den realen Krieg wünschte, das war mir bis zu diesem Augenblick nicht voll bewusst gewesen. Ich hielt ihn immer für einen stürmischen Rebellen, dessen Worte nicht so ernst zu nehmen sind, wie sie es waren, denn ich kannte ja auch die göttliche Seite in ihm. Warum nur hatte ich nie weiter in sein Herz geschaut. Und so wandte ich mich ab.

„Judas, es tut mir von Herzen leid und in meiner Seele weh, dass wir uns so sehr missverstanden haben. Das hätte mir niemals passieren dürfen. Es tut mir von Herzen leid, dass dein Weg nicht mein Weg ist. Verzeih meiner Seele, dass mein Werk in dir keinen Anklang findet. Verzeih mir, wenn du glaubst, dass du mit uns und mit mir deine Zeit verschwendet hast."

Magdalena legte mir sanft ihre Hand auf den Arm und sprach:

„Judas Ischariot. Wie kannst du es wagen, in diesem Ton mit meinem Gemahl zu sprechen? Wie kannst du glauben, der du jetzt seit zwei Jahren unser Leben immer wieder begleitest, dass Jeshua kam, um einen irdischen

Krieg zu beginnen? Gibt es nicht genug Kriege unter den Menschen? Wer hat denn den Namen „König von Israel" propagiert? Warst nicht du selbst es immer wieder, der einen Krieger erfand, weil sein Vater Josef aus dem Hause Davids ist. Hast du niemals erkannt, dass ein Mann der universellen Liebe vor dir stand? Hast du in all der Zeit nicht verstanden, dass die Zeit der Kriege und des Hasses zwischen den Menschen vorbei sein müssen? Hast du nicht mitbekommen, dass die Freiheit und das Königreich in dir selbst sind?"

Sie wandte sich schaudernd ab: „Nein, du hast wirklich nichts verstanden!"

„Frau", brüllte er, „wer hat dich nach deinem Einmischen gefragt. All das fragwürdige Verhalten dieser Feiglinge, Frauen, Zöllner, Dirnen und Kinder an meiner Tafel zu ertragen habe ich zwei Jahre lang immer wieder geduldet, wenn ihr in mein Haus kamt, weil ich jedes Mal hoffte, dass wir endlich beginnen. Frauen wie du und die da", er zeigte auf meine Mutter, „machen aus einem Krieger das, was ihr aus all diesen Schwächlingen hier gemacht habt: Versager, die große Reden schwingen und sich vor jeder Konfrontation mit den Besetzern des Landes scheuen. Verschwinde aus meinen Augen, du Dirne vor dem Herrn."

Simon und Andreas traten auf ihn zu: „Das reicht", knirschte Simon. Sie ergriffen ihn, nahmen ihn in ihre Mitte und führten ihn gewaltsam zur Tür. Doch Judas riss sich los, wandte sich noch einmal zu mir um, ergriff sein Schwert, das noch vor meinen Füßen lag, und rief: „Das wirst du bereuen. Du hast mich zwei Jahre meines Lebens gekostet, in denen ich für dieses Land hätte kämpfen können, statt dir zu folgen. Diese Jahre hole ich mir zurück!" Und damit verschwand er.

Stimmen wurden laut. Aufgeregte Diskussionen begannen. Mutter und Magdalena drängten zum Aufbruch. So ließ ich ein letztes Mal die Glocke erklingen, um mir Gehör zu verschaffen.

„Mein Freund und Meister, ist es wirklich wahr, dass du uns verlassen willst?" fragte Johannes voller Hoffnung darauf, dass alles nur ein Traum war.

„Mein Freund, es ist mein tiefer Wunsch, dass du und deine Familie uns begleiten und du meiner Frau Beschützer bist, wenn ich meiner Wege gehen muss, um uns ein neues Heim zu begründen." Ein Aufblitzen der Freude erklang in seiner Seele, und er sagte nur ein klares Wort. „Ja!"

„Geliebte Freundinnen und Freunde, in all der Zeit, die wir miteinander verbracht haben, habe ich euch gesagt, dass ich nur eine kurze Spanne an Zeit hier sein werde. Es ist alles gesagt, was gesagt werden sollte. Der Same ist gesät. Nun ist die Zeit angebrochen, in der der Same in der Erde ruht, bevor er reife Früchte hervorbringt.

Ich bin umgeben von Feinden, die mir und uns nach dem Leben trachten. Du weißt es. Kaiphas und seine Tempeldiener warten nur darauf, dass sie meiner habhaft werden. Pontius Pilatus sucht nach mir, weil er in mir und in uns allen Staatsfeinde sieht. Wenn ich euer Leben, mein Leben und das Leben meiner Familie schützen will, dann ist es jetzt an der Zeit, diesem Land den Rücken zu kehren. Wer von euch uns sonst noch begleiten will, wir sind gerüstet.

Wenn ihr jedoch hier in diesem Land bleiben wollt, dann geht eurer Wege und tut all die Dinge, die ich und wir euch gelehrt haben. Bleibt standhaft in eurer Sanftmut und schützt diejenigen, die euren Schutz brauchen."

Lautes Poltern erklang im Treppenhaus. Wir wussten sofort, es waren die Soldaten der Römer, die unsere Herberge entdeckt hatten.

Simon handelte rasch. Er öffnete den geheimen Ausgang, und wir verließen den Raum, den Simon hinter uns wieder verschloss. Wir flohen durch den unterirdischen Geheimgang, der direkt in den Garten Gethsemane führte. Die Stadttore waren verschlossen, und so gab ich den Befehl, dass wir uns zerstreuen und jeder zu seiner Herberge gehen möge, bis wir uns am nächsten Morgen vor den Toren der Stadt noch einmal versammeln würden.

Doch es kam alles ganz anders. Schon hörten wir die römischen Soldaten, die uns umzingelten. Mir brach der

Schweiß aus, und zum ersten Mal in diesem Leben erfasste mich eine solch grauenvolle Angst vor einer Gefangennahme, die meinen Körper erbeben ließ, wie ich sie nie zuvor erfahren habe. Voller Verzweiflung funkte ich meinem Vater über meinen inneren Sender die Botschaft um Hilfe. Allein hier konnte er so schnell nicht eingreifen. Diesen Weg musste ich jetzt alleine gehen. Vater sagte, dass er mir Hilfe von der Erde senden werde. „Sei ganz ruhig, mein Sohn, was in meiner Macht steht, das werde ich für dich tun!"

Das Zittern in mir ließ nach, als ich seine vertraute Stimme in meinem Inneren vernahm. Ich wandte mich um, den Soldaten entgegen, denn eine Flucht war nicht nur sinnlos, sie war unmöglich.

Magdalena schrie: „Nein, Geliebter, geh nicht!" Meine Mutter weinte bittere Tränen und zitterte vor Angst an meiner Seite. Ich schaute Johannes und Thomas an, die meine weinenden Frauen in den Arm nahmen und wegführten. Sie sträubten sich, doch ein Blick in meine Augen ließ sie erinnern, dass sie sich um unsere Töchter und die Frauen unseres Kreises kümmern mussten. Ich teilte Magdalena stumm mit, dass Fliehen sinnlos sei. Zu viele Soldaten waren rund um den Garten versammelt, und die Stadttore waren verschlossen. Sie ließ sich, gefolgt von Maria und Thomas, weinend von Johannes zurück in den Tunnel führen. Meine beiden wundervollen Frauen waren in Sicherheit.

Ich betete nicht zu einem Gott, meinem angeblichen göttlichen Vater in irgendeinem Himmel, dass er den Kelch an mir vorübergehen lasse. Mein Vater in den Wolken, hinter dem Schleier der physischen Augen, hatte keinen Einfluss auf die Geschehnisse auf Erden. Und niemals hätte er mich für irgendetwas oder irgendjemanden geopfert.

Als die Häscher auf mich zukamen, erschauerte ich in der Qual meiner Seele, denn Judas führte sie an. Ich weiß nicht mehr, was mich in diesem Augenblick tiefer traf: sein tiefer Verrat oder die Mordlust der Schergen der Priesterschaft und der Soldaten, die aus ihren Augen funkelte. Ich ließ den Kuss, den Judas mir gab, geschehen und reichte den Soldaten meine zusammengelegten Hände. Doch Simon sprang vor, entriss Judas das Schwert und schlug ihm die Hand ab. Nie zuvor hatte ich Simon so voller verzweifeltem Zorn erfahren.

Die Soldaten hinter ihm lachten und höhnten den Verräter, während ich die Hand und Judas' Arm nahm und beides wieder zusammenbrachte. Ich legte meine Hände um die Schnittstelle und tat mein Werk, wie ich es immer getan hatte, wenn die Unversehrtheit des Körpers für die Seele von Wichtigkeit war.

Judas sah mir in die Augen, erstaunt über meine Tat, und in diesem Augenblick zerriss der Schleier, der seine Seele von seinem Körper trennte. Er warf sich zu Boden, vor meine Füße, und weinte um Verzeihung bittend die Tränen der tiefen Reue und Verzweiflung. Er schrie den Soldaten zu, dass er sich geirrt habe und ich der Falsche sei. Doch umsonst. Das Lachen der Henkersknechte nahm zu.

Einer von den Soldaten griff nach mir: „GENUG, du bist unser Gefangener, und Pontius Pilatus will dich vor seinem Gericht!“, doch ich entzog mich ihm mit den Worten: „Siehst du nicht, dass ich unbewaffnet bin? Ich werde nicht fliehen, doch zuvor will ich meinem Freund ein letztes Wort schenken!“

Der Soldat trat zurück. Ich beugte mich hinunter zu Judas, nahm ihn an den Schultern und zog ihn zu mir hoch. Ich wusste, ich musste ihm verzeihen. Nicht nur für ihn, nein, für das Heil meiner eigenen Seele. Und so schaute ich ihm in die Augen, fand das vollkommene göttliche Abbild des Menschen in seinem Herzen, konnte ihn wieder lieben, küsste seine Wange und gab ihn frei.

„Judas, mein Freund! Sorge dich nicht. Meine Seele vergibt dir und ist eins mit deiner Seele. Du bist frei von jeglicher Schuld gegen mich! Nun gehe hin und folge dem Weg deiner Seele, die soeben den Zugang zu dir gefunden hat. Von nun an ist mein Schicksal mein Schicksal und nicht mehr das deine. Ich gebe dich frei in die Kraft der Quelle, die alles ist.“

Ich wandte mich ab, dem Soldaten zu, der meine Hände mit Ketten band, und sie führten mich ab.

Es war nicht das letzte Mal, dass ich Judas sah, denn es ist die Wahrheit, dass Judas sich nicht erhängte. Auch das ist eine Erfindung eurer Geschichtenschreiber, um das Prinzip der Schuld aufrechtzuerhalten, das ich dementierte. Schuld ist in euren Kulturen das, was euch am tiefsten in der Dunkelheit gefangen hält.

Ich traf Judas noch einmal am Kreuz und nach meiner Genesung. Wir verbrachten einige innige Stunden miteinander, in denen ich ihm die Einweihungen seiner Seele schenkte und ihm noch einmal verzieh, sodass er sich innerlich frei fühlen konnte.

Judas kehrte innerlich um in die Sanftheit, die jeder Seele zueigen ist. Er lehrte meine Worte an vielen Stätten der Erde, bis er mit 87 Jahren sein Haupt zur Ruhe bettete.

☆☆☆

Das Verhör durch Pontius Pilatus und Kaiphas

Sie führten mich zu Pontius Pilatus. Dieser höhnte und triumphierte, als er mich sah. Doch er befand, dass es kein guter Tag sei, um mich zu verurteilen, da zu viele meiner Anhänger in der Stadt waren. Pilatus wollte keine Unruhe und keinen Aufstand. Daher befahl er den Wachen:

„Es ist gut. Dieser Mann ist in der Hand der Gerechtigkeit. Die Sadduzäer, allen voran Kaiphas, fordern sein Blut. Sollen sie ihn verurteilen und der Hinrichtung übergeben, dann haben die Juden keinen Grund, gegen uns aufzubegehren. Es ist nicht wichtig, wer ihn aus dem Wege räumt, wichtig ist, dass er aus dem Weg geräumt wird. Soll das einer aus seinem Volk erledigen. Und jetzt aus meinen Augen!"

So brachten sie mich vom Palast des Pilatus zu Kaiphas, dem Vorsitzenden der Sadduzäer, der gotteslästerlicher war als alle Gotteslästerer Palästinas. Seit unserer ersten Begegnung war Kaiphas von tiefem Hass und Angst gegen mich erfüllt, die seinen Hass nährte. Er gehörte einer Gruppierung an, die vom Volk die Erfüllung der Schriften aufs Strengste bis zum letzten Jota forderte, jedoch für sich selbst die Grenzen sehr viel weiter steckte. Er konnte das Licht meiner Aura in seiner Nähe nicht ertragen. Er litt körperliche Schmerzen, wenn meine Aura die seine berührte. So gab es für ihn nur einen Schluss, dass ich die

Brut des Satans sein müsse, die er selbst zu verkörpern sich vorgenommen hatte.

Der Tempelraum war angefüllt mit Schriftgelehrten, Pharisäern und der Priesterschaft, als sie mich in die Mitte des Raums stießen. Ein Johlen erklang über die Niederlage, die mir durch ihren Sieg über mich zuteil wurde.

Kaiphas sah mir hasserfüllt in die Augen und sprach: „Jeshua aus Galiläa, bekennst du dich schuldig der Gotteslästerung, der Aufwiegelung des Volks und des Verrats an unserem Land und an Rom? Das alles wird dir im Höchstmaß zur Last gelegt, so dass dein Haftbefehl auf Todesstrafe lautet. Die Anklage gegen dich ist beeidigt von den hier anwesenden hohen Gelehrten, der Bücher des Bundes unseres Herrn."

Ich sah ihm unverwandt in die Augen und erklärte mit fester Stimme: „Kaiphas, wenn du mir einen Punkt sagen kannst, an dem ich deinen Gott gelästert habe, dann bekenne ich mich schuldig. Wenn du mir einen Punkt erläutern kannst, an dem ich unser Land oder Rom bedroht habe, dann bekenne ich mich schuldig. Gib mir deine Beweise, und ich werde mich deinem Urteil beugen. Wenn du jedoch hohle Reden schwingst, dann ist es deine Pflicht, mir meine äußere Freiheit zurückzugeben, die mir und jedem gerechten Menschen gebührt."

Ein Scherge trat auf mich zu und schlug mir hart ins

Gesicht. „Wie kannst du es wagen, in solch schändlicher Weise mit dem Hohen Rat zu sprechen?“ keifte er. Doch ich sah in an und fragte: „Habe ich nicht vor drei Tagen deine Hand geheilt, als sie lahm an deinem Arm war? Hast du nicht meine Worte vernommen, mir ewige Dankbarkeit geschworen und übst dich nun als Folterknecht der Ankläger, indem du mir die Schande ins Gesicht schlägst?“ Er blickte verlegen zur Seite. Im Raum war es grabesstill. So räusperte er sich und schlug mich ein zweites Mal so heftig, dass ich zu Boden stürzte.

Kaiphas wandte sich an die Schriftgelehrten. „Verlest die Klageschrift, damit ich den Angeklagten seiner gerechten Strafe übergeben kann.“

Ein Angehöriger der Priesterschaft trat vor. Er öffnete die Schriftrolle und begann mit lauter Stimme, die Worte in den Raum zu bringen:

„Jeshua ben Joseph.

Dir wird zur Last gelegt, dass du das Gesetz des Sabbats übertreten hast.

Dir wird zur Last gelegt, dass du den Thron Israels forderst und dich selbst zum König von Israel erhoben hast.

Dir wird zur Last gelegt, dass du dich mit Dirnen, Zöllnern und Gesinde herumtreibst, denen du ketzerische Parolen beibringst und mit denen du unzüchtige Feste feierst.

Du bist angeklagt des Verrates an Jehova, indem du seine Worte verdrehst und dich selbst zu Gott ernennst.

Dir wird zur Last gelegt, dass du satanische Wunder vollbringst, indem du Tote erweckst, Wasser zu Wein werden lässt und Nahrung aus dem Nichts erschaffst. Du bist im Bunde mit dem Satan.

Du predigst am heiligen Sabbat und heilst die Kranken am Sabbat, ohne dass eine akute Notwendigkeit besteht, denn das alles könnte auch an einem anderen Tag erfolgen. Damit übertrittst du das heilige Gesetz und lästerst Gott in seiner Größe, indem du ihm seinen Tag verweigerst."

Kaiphas erhebt seinen Kopf, blickt tückisch in die Runde. „Wer beeidet diese Klageschrift?" Es wird laut im Saal, viele Stimmen rufen laut in die Runde, doch viele der Anwesenden schweigen. „Ich, Herr, ich beeide jeden einzelnen Anklagepunkt, denn ich war selbst dabei, als er ketzerisch das Volk aufwiegelte!" „Ich bezeuge es, denn ich war gestern Nachmittag anwesend, als er einen Volksaufstand im Vorhof des Tempels anzettelte!"

„So sei es besiegelt!" verkündet Kaiphas. „Du bist überführt durch die Angehörigen der Priesterschaft und des Bundes der Schriften. Was hast du zu diesen Anklagen zu sagen?"

„Oh Kaiphas. Deine Priester sind bestochen und bezahlt. Geh hinaus unter das Volk und frage die Menschen in den Straßen, was sie zu deinen Vorwürfen vorzubringen haben. Niemand unter denen, die mich jemals erfahren haben, werden auch nur eines dieser Worte bestätigen, denn sie wurden nicht von dir bezahlt."

Und so fragt er mich noch einmal: „Bist du der einzige Sohn Gottes?"

„Nein, ich bin nicht der einzige Sohn Gottes, ich bin der einzige Sohn meines Vaters. Ich bin göttliche Energie der Quelle, im Fleisch geboren, wie auch du aus der göttlichen Energie der Quelle allen Lebens bist."

„So wagst du zu behaupten, dass du Gott selbst bist und willst mich dazu bringen, deine Worte auch für mich in Anspruch zu nehmen? Ihr alle hier habt es jetzt persönlich vernommen, wie gotteslästerlich seine Werke sind! Schafft ihn hinweg, seiner gerechten Strafe entgegen. Darauf gibt es nur eine Antwort, und das ist die Steinigung. Bringt ihn vor den höchsten Gerichtshof, damit unser Urteil bestätigt wird. Jetzt schafft mir diesen Gotteslästerer aus den Augen!"

Sie führten mich in eine dunkle Kammer im Keller des Tempels. Die Tür flog ins Schloss, und ich war gefangen in der Dunkelheit des Kerkers im Tempel von Jerusalem. Mein Vater meldete sich in mir und sagte, dass alles arrangiert sei für meine Befreiung. Josef von Arimathäa hatte sich zu meinem Vater begeben, um Hilfe für meine Befreiung zu erbitten. Vater bat mich, nicht zu verzagen und meine Kraft zu erneuern für die nächsten Befragungen. Josef würde alles in die Wege leiten, damit ich so bald wie nur möglich dieser schrecklichen Situation entkommen könnte.

Ich schloss meine Augen und versuchte den Ort der Kraft in mir aufzufüllen mit der reinen Kraft der Quelle, doch schon zu bald vernahm ich Stimmen und wusste, dass sie kamen, um mich zu holen.

Sie führten mich am frühen Morgen vor den höchsten Gerichtshof, dessen Vorsitz Nikodemus innehatte. Auch er war mir Freund geworden in den Jahren meiner Arbeit. Ich sah den Schmerz in seinen Augen, als er sprach.

„Wer ist es, der diesen Mann anklagt?“

„Der Hohe Priester von Jerusalem, die Schriftgelehrten und die Priesterschaft sind es, die die Anklage erheben, nachdem wir die Beweise durch den Galiläer selbst erhalten haben“, antwortete Kaiphas.

„Was ist dein Antrag?“ fragte Nikodemus.

„Ich beantrage die Verurteilung dieses Mannes aufgrund von Gotteslästerung und Volksverhetzung!“

Das Verhör wurde wiederholt, und ich wurde es müde zu antworten. Nikodemus ging nun jede einzelne Aussage durch und fand so viele Widersprüche, dass er die Klage gegen mich zurückwies.

„Ich finde keine Schuld an diesem Mann. Die Beweise sind spärlich bis nichtig, und somit gibt es keine Veranlassung, diesen Mann aus Galiläa der Richtbarkeit zu übergeben. Mann aus Galiläa, gehe hin, du bist frei!"

Kaiphas rief: „Einspruch!" Er wandte sich noch einmal zu mir und fragte erneut: „Bist du der Sohn Gottes? Wiederhole deine nächtlichen Worte hier vor diesem Gericht!"

Ich sah ihn nicht einmal mehr an, denn nur so konnte ich in meiner Mitte bleiben. „Was nutzt es dir oder gar mir, wenn ich dir antworte, der du alles verdrehst? Und doch will ich es tun. Ich bin der Sohn meines Vaters, der in den Wolken ist. Dieser ist nicht dein Vater, dieser ist nicht ein oder gar dein Gott. Er ist mein Vater, und JA, ich bin göttlicher Natur, wie jeder Mensch göttlichen Ursprungs ist. Ich trage die Kraft der göttlichen Quelle in mir. Dies kann, darf und will ich nicht leugnen!"

„Er hat den Kaiser verhöhnt. Nur dem Kaiser steht es zu, sich als Gottmensch auf Erden zu bezeichnen. Und er hat Jehova ein weiteres Mal gelästert. Wo ist denn dein Vater? Warum stürzt er uns nicht alle in die Tiefen der Finsternis, um dich zu befreien, wenn er Gott im Himmel ist?" empörte sich Kaiphas.

„Mein Vater könnte mit einem Fingerschnippen diesen Tempel hier zu Fall bringen, und deine Macht hätte ein

Ende. Allein er achtet die Gesetze des Universums und verschont die Menschen dieser Erde, weil sie da oben auch für dich voller Liebe sind und deinen freien Willen achten so, wie es auch mir zu eigen ist. Und niemals gab ich an, dass mein Vater euer Gott ist."

Nikodemus sah mir in die Augen. „Geh, Galiläer, bevor es zu spät ist. Du bist frei!" Er wandte sich den Schergen der Priesterschaft zu. „Nehmt ihm die Ketten ab und lasst ihn seiner Wege gehen, vor unserem Gesetz ist dieser Mann unschuldig!"

Proteste wurden laut. Neue Hoffnung erstrahlte in mir, und die Freude über meine Freiheit überwältigte mich.

Doch Kaiphas beendete das Geschrei der Menge, indem er laut auf den Tisch schlug. „Genug! Wozu brauchen wir noch Zeugen? Er hat sich selbst überführt. Wenn Nikodemus ihm nach unserem Recht die Freiheit schenkt, dann führt ihn zurück zu Pontius Pilatus, denn dieser Mann wird mit Haftbefehl von den Römern gesucht, weil er ein Volksaufwiegler ist. Er bezeichnet sich als Gott, und dieses Recht steht nur dem Kaiser zu. Wenn wir ihn nicht überliefern, dann machen wir uns schuldig an den Gesetzen Roms!"

Und so führten sie mich, immer noch an den Händen gefesselt, vom Tempel durch die Straßen von Jerusalem zurück zum Palast des Statthalters. Meine Freude war entschwunden, und neue Angst griff nach der Kraft meiner Seele. Ich betete innerlich zur heiligen Quelle, voller Angst vor dem, was vor mir lag, um Kraft und Stärke und den Mut, so lange durchzuhalten, bis Rettung kam.

Die Römer, und ganz besonders Pontius Pilatus, waren bekannt für ihre Grausamkeit. Mir wurde seit zwei Tagen mehr und mehr bewusst, dass ich der gesuchteste vermeintliche Aufrührer des römischen Reiches in Palästina war. Wie konnte es mir geschehen, dass ich von all dem nur sehr wenig mitbekommen hatte? Natürlich war mir klar, dass mein Auftreten für das römische Gesetz bedrohlich wirken musste. Zu groß waren die Massen, die mir folgten. Zu sehr fürchteten sie meine Macht, die sie völlig fehlinterpretierten. Meine ganze Hoffnung lag jetzt bei Josef von Arimathäa, der als Einziger über genügend Einfluss verfügte, um das Unheil von mir und meiner Familie abzuwenden.

Doch ich spürte schon jetzt, dass die Angst, die mich umklammert hielt, mein ärgster Feind war, denn ich fühlte, wie meine inneren Kräfte schwanden. Die Regeneration meiner Kräfte bei Schlaf-, Nahrungs- und Wassermangel hatte ich gelernt, doch mit der Angst umzugehen, das war ein völlig neues Gefühl für mich, das mich schwächte und schmerzte. Zum ersten Mal in meinem Leben bemerkte ich die Schwäche meines menschlichen Teils. Ich fürchtete nicht um mich, nein, ich fürchtete um meine Frau und meine Kinder, was ihnen geschehen könnte, wenn ich nicht mehr bei ihnen war. Und diese Angst krallte sich tief in mein Herz.

Die fröhliche Stimmung in den Straßen, durch die wir liefen, war entschwunden. Frauen liefen uns nach. Sie weinten, weil sie mich erkannten. Sie bettelten um Gnade und Barmherzigkeit für mich, bis wir den Palast der Römer erreichten. Männer traten betreten zur Seite und baten die Wächter, mich freizulassen, doch auch sie wurden mit Schlägen davongejagt.

☆☆☆

Pontius Pilatus und Herodes

Wir erreichten erneut den Palast des Statthalters. Die Schergen der Priesterschaft übergaben mich den Wachen am Fuße der Treppe, die zum Portal hinaufführte. Kein gläubiger Jude betrat jemals den Palast der Römer, weil er damit unrein wurde. Dieses so kurz vor dem Passahfest zu erfahren, dazu war nicht einmal ich, der Verbrecher in ihren Augen, wichtig genug.

„Was sollen wir mit diesem Mann? Wir übergaben ihn doch eurer Gerichtbarkeit", sagte einer der Wachen.

„Kaiphas, unser Hoher Priester, bringt euch den Galiläer. Er wird per Haftbefehl gesucht auf Befehl des Pontius Pilatus. Dieser Mann wurde bereits durch die Priesterschaft zum Tode durch die Steinigung verurteilt, doch von unserem verblendeten Gerichtshof, dem wir unterstehen, freigesprochen. Pilatus sucht ihn mit Haftbefehl, daher dürfen wir ihn nicht einfach laufen lassen." Damit übergaben sie dem Wächter die Klageschrift, wandten sich ab und gingen zurück zu ihrem Tempel.

Zwei Wächter ergriffen mich, führten mich die Stufen hinauf und ließen mich auf einer Bank in der Halle Platz nehmen. Während der eine von beiden weiterging, um den Statthalter zu informieren, blieb ich unter der Bewachung des anderen. Ich hob meinen Blick, schaute in seine Augen und sprach:

„Hast du jemals mein Wort vernommen von Freiheit, Gleichheit und Göttlichkeit?"

„Schweig, Gefangener, ich darf deinen Worten nicht lauschen!" Ich setzte an, ein weiteres Wort an ihn zu richten, das sein Herz erreicht, doch schon kam der andere der Wachen zurück. „Wir sollen diesen Mann sofort zum Statthalter bringen." Wieder griffen sie mich und zerrten mich aus der Halle in die Nebenräume, in denen Pilatus seine Amtsgeschäfte versah.

Pilatus studierte die Klageschrift. Er wandte sich mir zu. „Nun ist es also endlich gelungen, dass wir dich der Menge entreißen konnten, die dein einziger Schutz war. Doch ich will keinen Ärger so kurz vor dem Fest. Die Priesterschaft fordert ein schnelles Urteil und eine schnelle Vollstreckung. Was ist deine Rechtfertigung, Mann aus Galiläa?"

„Der oberste Gerichtshof hat mich freigesprochen von den Vorwürfen der Priesterschaft."

„Das tut hier jetzt nichts mehr zur Sache, denn du bist hier in diesen Räumen von der römischen Regierung angeklagt, das Volk aufgewiegelt, den Kaiser geschmäht und das Übertreten unserer Gesetze gepredigt zu haben. Die Gesetze der Juden interessieren hier nicht."

„Niemals rief ich auf zum Übertreten eines Gesetzes. Fragt die Menschen draußen vor dem Palast nach meinen Worten. Meine Lehre war und ist, dass der Mensch in seinem Inneren frei ist und dem Kaiser der Tribut gezollt werden soll, der seinem irdischen Recht entspricht."

Die Tür flog auf und Kaiphas stürmte herein. „Was fällt euch ein, so unehrerbietig in meine Räume einzudringen?", rief der Statthalter zornig.

„Herr, dieser Mann ist eine Gefahr für Jerusalem und für das Passahfest, daher entschuldigt mein unwürdiges Betreten dieses Raums. Es ist keine Zeit zu verlieren, da das Passahfest naht. So ersuche ich euch um ein schnelles Urteil und um die sofortige Vollstreckung, bevor seine Anhänger einen Aufstand anzetteln, um die Freiheit dieses Verbrechers einzufordern."

„Und das treibt dich bis in meinem Palast, als Hoher Priester, der sich nach eurem Glauben nun mit Unreinheit befleckt hat? Wie willst du diese Unreinheit in nur drei Tagen von dir nehmen?", höhnte Pilatus.

„Ich habe meine Amtsgeschäfte für dieses Jahr in die Hände meines Stellvertreters gelegt, denn mein höchstes Amt ist es nun, unser Land von diesem Gotteslästerer zu befreien, bevor der Sabbat und das Passahfest durch ihn verhöhnt und beschmutzt werden."

„So denn", sagte Pilatus, „wir wollen keinen Ärger mit eurer Bevölkerung an den Festtagen. Daher werden wir den Prozess gegen diesen Mann auf die Woche nach dem Fest vertagen. Er wird im Kerker auf seinen Prozess warten, wie es jedem Gefangenen gebührt."

„Herr", wandte Kaiphas ein, „ich habe aus zuverlässiger Quelle erfahren, dass seine Anhänger mit ihrer Armee den Palast stürmen werden, um diesen Mann zu befreien. Wir müssen einen solchen Aufstand verhindern. Am Freitag gibt es eine Kreuzigung. Fällt daher schnell euer Urteil, denn die Klageschrift ist auch von euch schon verfasst. Kreuzigt ihn mit den anderen Verbrechern noch vor dem Fest."

Pilatus wandte sich an mich: „Warum hasst dieser Mann dich derart, dass er deinen Tod nicht erwarten kann, wo du doch vor ihrem Gericht ein freier Mann bist?" Ich aber schwieg. Das brachte Pilatus wiederum gegen mich auf.

„Nun gut", wandte er sich an Kaiphas „ich will keinen Affront gegen die Juden vor den Feiertagen begehen. Die Schar seiner Anhänger ist zu groß, doch mein Palast ist bewacht. Hier in dieser Stadt muss und wird Ruhe herrschen, daher wird diesem Mann von unserer Seite aus erst nach den Feiertagen der Prozess gemacht, wenn seine Anhänger die Stadt wieder verlassen haben. Nach römischem Recht hat jeder Angeklagte das Recht auf seine eigene Rechtfertigung." Er überlegte kurz. Ein Grinsen trat auf sein Gesicht, als er tückisch sagte:

„Da du es jedoch anscheinend nicht erwarten kannst, erinnere ich dich an eure eigenen Gesetze. Ihr habt das Recht, diesen Mann der Steinigung zu übergeben, wenn er gegen eure Gesetze gefehlt hat. Er nennt sich König der Juden und macht damit Herodes seinen Thron streitig. Darum bringt ihn zu Herodes, der mit seinem Hofstaat in der Stadt ist. Soll dieser das Urteil über den Mann aus Galiläa nach eurem Gesetz fällen ob seiner Behauptung, dass er der König von Israel ist. Und nun führt ihn ab. Verschwindet beide vor meinem Angesicht, damit ich mein Tagwerk beginnen kann."

Die Wachen kehrten zurück, nahmen mich wieder in die Mitte, und wieder ging es durch die Straßen der Stadt zur Residenz des Herodes, der für seine Grausamkeit, jedoch auch für seine Dummheit bekannt war.

Er tafelte mit seinem Hofstaat an einer reich gedeckten Tafel, als die Wachen mich hineinführten. „Nanu, wer wagt es, den Frieden meines Morgens zu stören, und wer ist dieser Mann, den ihr mir bringt?" Er musterte mich grinsend, und alle um ihn Versammelten brachen in Gelächter aus.

„Herr", sprach Kaiphas, „Pontius Pilatus schickt euch diesen Mann, damit ihr ihm ein schnelles Urteil sprecht ob seiner Verbrechen gegen Gott, gegen euch und gegen unser Land. Er ist ein Freund des Johannes, den ihr bereits seiner gerechten Strafe übergabt." Damit überreichte er ihm die Klageschrift. Herodes begann zu lesen, schaute immer wieder zu mir, warf die Rolle weg, schaute in die Runde der Tafel und schrie: „Hinaus! Alle hinaus. Verschwindet aus meinen Augen!“

Überrascht und voller Angst erhoben sich die Menschen von der Tafel, und innerhalb einer Minute war der Raum leer. Hier waren nur noch Kaiphas, einige Vertreter der Priesterschaft, Herodes, die Wachen und ich.

„Soso“, wandte Herodes sich mit drohendem Ton an mich: „Du wagst es, dich als König Israels feiern zu lassen? Du wagst es, dann auch Gott zu verunglimpfen? Du wagst es zu behaupten, dass du sein einziger Sohn bist? Du wagst es, die Worte der Schrift zu verdrehen und zu verfälschen, um mein Volk in die Irre zu leiten? Du wagst es, Anspruch auf meinen Thron zu erheben?“ Seine Stimme wurde lauter und lauter, während er auf mich zukam und mich zu Boden schlug. „Wer bist du, dass du dich als den König von Israel ausrufen, salben und feiern lässt? Dieser Thron gehört mir, mir, mir ganz allein! Wachen, gebt ihm die Schläge, die er verdient.“

Die Wachen stürzten sich auf mich. Sie schlugen mich, und ich spürte den Geschmack des Bluts in meinem Mund. Sie legten mir sodann ein Tuch um die Augen und forderten, dass ich ihre Namen nenne, da mein Vater ja Gott sei und ich durch ihn doch alles wissen müsse. „Wo ist denn dein Gott, König von Israel? Er ist der König von Israel.“ Und mit diesen Worten zerrten sie mich hoch.

Ich schrie auf unter dem überraschenden Schmerz der Dornen, die sich in meinen Schädel bohrten. Herodes lachte schallend. „Das ist die Krönung, die dir zusteht, und jetzt schafft ihn mir aus den Augen."

Zu Kaiphas gewandt sagte er: „Nimm diesen Mann. Bringe ihn zurück zu Pilatus und überbringe ihm meine Botschaft. Herr, du bist der größte und gerechteste Richter in diesem Land. Ich habe ihm seine Strafe gegeben und meinen Thron behalten. Es ist genug. Ich übergebe euch, als rechtmäßigem Herrscher über mein Land, diesen Verbrecher vor eurem Gesetz, damit ihr das Urteil über ihn fällt und ihn eurer Gerichtbarkeit übergebt." Kaiphas lachte: „Das wird seiner Eitelkeit schmeicheln und dir einen Stein im Brett des Pilatus sichern."

„So schafft mir diesen Mann aus den Augen und holt endlich meine Frauen zurück, damit wir unser Mahl fortführen können", befahl Herodes seinen Dienern.

Sie brachten mich zurück zu Pilatus. Die Schmerzen schienen mir unerträglich. Das Blut rann in meine Augen, sodass ich den Weg kaum sah, den ich zwischen ihnen beschritt. Ich hörte die entsetzten Schreie der Menschen in den Straßen, sie riefen meinen Namen, andere verhöhnten mich, und ich fühlte mich gedemütigt, wie ich es nie zuvor erfahren hatte. Doch ich fühlte mit ihnen, denn es war ihre größte Angst, an meiner Stelle und der Willkür der Eroberer ihres Landes ausgeliefert zu sein.

So kamen wir wieder an bei Pilatus. „Was soll das? Ich habe ihn euch übergeben, und was soll der Kranz auf seinem Haupte?“ „Er war bei seiner Krönung!“, höhnte Kaiphas und übermittelte Pilatus die Worte des Herodes.

Pilatus war sichtlich geschmeichelt, und doch wandte er ein, dass er ein solches Risiko nicht vor dem Passahfest eingehen wollte. „Lasst ihn ein wenig auspeitschen, damit er keinen Aufstand machen kann in den nächsten Tagen.“ So führten sich mich ab, einer weiteren Folterung entgegen. Als sie mich zurückbrachten, waren Pilatus und Kaiphas noch immer in regem Gespräch vertieft. Ich vernahm jedoch auch die vertraute Stimme meines Freundes Josef, der ebenfalls anwesend war und Pilatus um meine Freilassung bat. Er stürzte auf mich zu und weinte bittere Tränen. „Oh, mein Junge, was haben sie dir angetan?“ Ich fiel in seine Arme, die mich trostspendend umfingen, doch die Wachen rissen mich zurück und warfen mich Pilatus vor die Füße.

„Ich flehe euch an, dass ihr diesen Mann verschont, denn er ist unschuldig. Er ist das Opfer einer Verschwörung. Ich habe bereits Boten zu Tiberius gesandt, um die Freilassung dieses Mannes zu fordern. Tiberius gilt als gerechter Mann, und er wird kein Fehl an ihm entdecken, so wie auch ich kein Fehl an ihm kenne“, sprach Josef mit fester Stimme zu Pilatus.

„Josef von Arimathäa, du bist unrein, denn du hast den Palast der Römer betreten. Dir ist untersagt, auch nur in die Nähe des Tempels des Herrn zu treten", rief Kaiphas aufgebracht Josef zu. Josef strafte ihn mit einem verachtendem Blick und sprach: „Was dir zusteht, steht auch mir zu, so spricht das Gesetz."

„Es gibt den Brauch, zum Passahfest einen Gefangenen zu begnadigen und freizulassen, hoher Herr" sprach Kaiphas an Pilatus gewandt. „Fragt das Volk da draußen, was mit dem Mann aus Galiläa geschehen soll. Wir werden uns dieser Entscheidung beugen, wenn das Volk seine Freilassung begehrt. Das Volk hat den Barrabas gewählt, doch nun können sie den Galiläer wählen, wenn ihnen sein Leben so wichtig ist." Der Unterton seiner Stimme verriet mir, dass er die Versammlung der gestrigen Anklage vor den Palast befohlen hatte, um mir den Todesstoß zu versetzen.

Pilatus war begeistert von dieser Idee. Er ließ mich auf den Balkon führen und rief in die Menge. „Es ist Brauch und Sitte, dass wir am Passahfest einen Verurteilten begnadigen. Wen wollt ihr in Freiheit sehen, den Galiläer oder Barrabas?"

Ich schaute hinunter. Der Platz war angefüllt mit Menschen und einem großen Heer von Soldaten. Ich schloss meine Augen und vernahm die Stimmen, die Jeshua riefen. Und doch wurden mehr und mehr Stimmen laut, die Barrabas forderten. Die Stimmen schwollen an – Jeshua, Barrabas, Jeshua, Barrabas. Doch die Gegenstimmen wurden lauter und lauter, und letztlich hallte der Ort wider vom Namen des Barrabas. Ich erhob meinen Blick zum Himmel in der Hoffnung, einen Funken des Schiffes meines Vaters zu sichten. Doch sie zerrten mich zurück in den Raum und Pilatus sprach: „So hat denn das Volk entschieden." Nein, es war nicht das Volk, es waren Soldaten und einige Handlanger Kaiphas, die das Volk bedrohten, wenn sie meinen Namen riefen.

Sie führten mich ab. Die Prozedur der Schwächung meines Körpers und meiner Kräfte nahm ihren Lauf.

Pilatus war nicht der schwache Statthalter, der sich nicht gegen die Juden wehren konnte. Er wusch auch nicht seine Hände in Unschuld, wie sie euch glauben machen wollen, damit ihr weiterhin den Juden, meinem Volk, die Schuld geben könnt. Pilatus war bekannt für seine Grausamkeit und wurde deswegen von Tiberius ein Jahr nach meiner Kreuzigung seines Amtes enthoben. Pilatus war ein Menschenleben egal. Er hätte niemals solche Verteidigungsdiskussionen für irgendjemanden geführt, wie sie in euren Schriften stehen. Sein Hauptanliegen war Ruhe im Land. Wie viele Menschen darüber einen grauenvollen Tod starben, war ihm egal. Das könnt ihr in euren neueren Bibel-Forschungen nachlesen.

Es war selbst bei den Römern nicht üblich, Verurteilte so stark zu foldern, dass ihr Leben ernsthaft in Gefahr geriet. Dass mir das widerfuhr, lag daran, dass die Häscher,

Richter und Folterknechte sich meiner inneren Macht bewusst waren. So wuchs in ihnen die Angst, meine Lehre vernehmen zu wollen, und damit der Zorn gegen mich, weil ich nichts mehr unternahm, mich zu verteidigen oder gar aufzubegehren. Wie hätte ich das auch tun können?

Die beiden gefährlichsten Gefühle auf Erden ließen es geschehen, dass sie mich härter geißelten, verspotteten und quälten, als sie es zu tun gewohnt waren, weil sie wussten, wenn sie meinen Körper schwächten, dann würde auch meine innere Kraft nachlassen.

Das war richtig, denn mit jedem Schlag wurde ich schwächer und schwächer in mir, weil meine schwache menschliche Seite die Oberhand gewann. Ich schrie nach meinem Vater, doch er kam nicht. Ich vernahm nicht einmal mehr seine Stimme in meinem Inneren. Meine Kraft schwand. Hunger und Durst waren überwältigend, und nur eine Ohnmacht konnte diesem Körper ein wenig Ruhe verschaffen. Doch das Wasser in meinem Gesicht holte mich zurück in die augenblickliche Wirklichkeit. Die Nacht ging vorüber in Schmach und Pein.

Ich wusste, es war nicht mein Volk, das mich verraten hatte. Es war ein einzelner Sklave des dunklen Herrschers, der ihm erneut die Tore geöffnet hatte. Seine Priesterschaft war durch ihn infiziert. Der „Regent des Chaos“ wollte seinen Sieg gegen meinen Vater und dien Menschen auf Erden jetzt durch meine Niederlage erzielen, um die Erde endgültig für sich zu gewinnen. Er wollte meinem Vater beweisen, dass dieser nicht stark genug wäre, die Erde zu befreien. Mein Volk ist unschuldig an dem, was die Römer mir antaten.

So betete ich zu meinem Vater, dass er eingreifen möge, denn der „Regent des Chaos“ war wieder auf Erden. Wenn nur einer von ihnen das Geschehen auf Erden persönlich beeinflusste, dann durfte ein Eingreifen durch meinen Vater geschehen, damit das Gleichgewicht auf der Erde bewahrt wurde. So war es zu allen Zeiten. Die lichtvollen Kräfte kamen auf die Erde, wenn die dunklen Mächte die Erde in Besitz nehmen wollten.

☆☆☆

Die Kreuzigung – mein Tag des Triumphes

Der Morgen brach an. Völlig entkräftet, blutüberströmt und verzweifelt lag ich in meinem Kerker, in den sie mich gerade erst brachten. Die Tür öffnete sich, und sie brachten meine Frau zu mir, damit wir Abschied nehmen konnten. Mein Herz erglühte, doch die Scham meiner Demütigung, deren Zeuge sie nun wurde, überdeckte meine Liebe. Magdalena wurde der Zutritt aufgrund unserer Stellung in der Gesellschaft gewährt. Nie werde ich den Ausdruck ihrer Augen vergessen. Ich sah das sich Verdunkeln ihrer Aura, als Hass in ihr aufkam ob dessen, was sie mir und meinem Sein angetan hatten. Wir fielen uns in die Arme, und ich weinte meinen tiefen Schmerz über die Verblendung der Menschheit in ihre Arme. „Bitte, lass nicht zu, dass du dein Licht verdunkelst, meine Geliebte. Atme tief und entsinne dich des Lichts, das du in Wahrheit bist. Nicht Hass ist dein Sein. Du bist das reinste und göttlichste Licht neben meiner Mutter und unseren Töchtern, das die Erde beherbergt."

„Oh, mein Geliebter, ich bemühe mich ja. Sorge dich nicht um mich. Ich bin gekommen, dir zu sagen, dass dein Vater für alles gesorgt hat. Josef von Arimathäa hat die Wachen bestochen, doch ich weiß nicht, wie lange es dauern wird, bis Hilfe eintrifft." Sie reichte mir ein Fläschchen, das Vater ihr gegeben hatte, damit ich es trinke. Als der Trank meine Kehle erreichte, fühlte ich, wie meine Lebensgeister in mir sich aufs Neue zu regen begannen.

Die Wachen kamen und riefen: „Genug. Weib, du hattest deinen Besuch und jetzt verschwinde.“ Während sie sie aus dem Kerker zerrten, rief sie mir immer wieder zu: „Du wirst leben, Geliebter. Halte durch. Du wirst leben!“ Die Wachen grölten laut: „Das überlebt so schnell keiner.“ Sie kamen, um mich zu holen.

Magdalenas Botschaft und Vaters Trank hatten mir neue Kraft gegeben. Ich weinte leise in mich hinein, voller Sehnsucht nach meiner Familie und aus Angst davor, meine Frau und meine Kinder niemals wiederzusehen, sie niemals wieder in die Arme schließen zu dürfen. Die Schmerzen waren verschwunden, und ich konnte endlich wieder frei atmen, auch wenn der Körper noch vor Schwäche zitterte. Ich setzte nun alle Hoffnung auf meinen Vater und auf Josef, dass sie mich erretteten vor der Dunkelheit, die mich seit zwei Tagen umgab.

So nahm ich denn den Querbalken, der mein Kreuz werden sollte, und folgte den Wachen. Doch auch hier sah ich, dass ich der einzige Verurteilte war, der seinen Balken tragen musste. Sie wollten kein Risiko eingehen, dass meine Lebensgeister zurückkehren und ich ihren Blicken entschwinden würde. Es hatte den Anschein, als würde die gesamte Bevölkerung Jerusalems die Wege säumen, die ich durchschritt. Alle Frauen, die mir nahestanden, waren neben mir. Sie weinten, sie gaben mir Trank und Trost. Von meinen männlichen Jüngern jedoch keine Spur. Nur Johannes war da.

Josef trat an meine Seite. Er half mir, den Balken zu tragen. Die Wachen wollten ihn fortjagen, doch er sagte nur: „Wollt ihr einen Toten ans Kreuz schlagen? Lasst mich ihm helfen, damit ihr euer Werk an einem Lebenden verrichten könnt so, wie es dem Gesetz Roms entspricht.“ Sie ließen ihn gewähren.

Dankbar atmete ich auf, als die Last auf meinen Schultern abnahm und er mir zuflüsterte: „Mein Junge, ich warte jeden Moment auf den Boten aus Rom, der längst hier sein müsste, um dein Urteil zurückzunehmen. Ich weiß nicht, ob ich dir das ersparen kann, doch wenn es zum Schrecklichsten kommt, dann halte durch. Dein Vater hat einen Trank bereitet, der deinen Körper in Totenstarre fallen lässt, und wenn das geschieht, dann werde ich dich holen. Doch hoffe ich immer noch auf die gute Nachricht aus Rom.“

Die Wachen bemerkten, dass er zu mir sprach. Sie rissen ihn beiseite, und ich brach unter der plötzlichen Last des Balkens zusammen. So nahm denn einer der Wachen den Balken, und mein Körper war befreit von der Last des Holzes.

Der Trank meines Vaters, den Magdalena mir gab, hatte meinen Körper gefühllos gemacht. Ich spürte keine Schmerzen mehr, und es schien, dass ich nur noch ein wenig Speise und Trank brauchte, um mich von der Menge zu entfernen. Doch wir kamen am Ort des Schreckens an. Neben mir wurden zwei andere Männer ans Kreuz geschlagen, und ich hörte ihre verzweifelten Schreie. Tiefes Mitgefühl erfüllte mein Herz. Ich sandte ihnen Wogen der Liebe. Ich selbst spürte zwar die Stricke, die meine Arme festhielten, die Nägel, die durch meine Handgelenke in das Holz getrieben wurden und die Nägel, die jeden meiner Füße rechts und links am Balken fixierten, doch es schmerzte mich nicht mehr körperlich. Es schmerzte meine Seele bis in ihre tiefsten Tiefen, wie grausam die Männer der Erde das Werk des Fürsten der Dunkelheit erfüllten.

Als sie ihr Werk vollendet hatten, traten die Henkersknechte zurück und überließen uns Gekreuzigte unserem Schicksal. Meine Mutter weinte um mich und um sich selbst. Sie machte sich Vorwürfe, dass sie mich nicht zurückhalten konnte. Ich tröstete sie und sagte ihr, dass alles gut werden würde. Ich sah dort unten Magdalena, meine Mutter, Martha, Maria und einige andere Frauen, die mich begleitet hatten auf unseren Wegen durch das Land. Wo waren meine männlichen Gefährten? Ich bat die Frauen zu gehen und auf mich zu warten, bis ich zu ihnen zurückgekehrt sei. Leiser Zweifel war in ihren Augen, und doch folgten sie meinen Worten. Auch Magdalena sandte ich an der Seite von Johannes nach Hause. Ich wollte nicht, dass sie meinen beschämenden Anblick noch länger ertragen musste. Ich wollte nur eines, dass sie unsere Kinder in den Arm nahm und endlich wieder ihr geliebtes Lächeln ihr Gesicht überzog.

Einer der Männer neben mir richtete das Wort an mich: „Meister, ich hörte dich predigen und sehe, deine Schmerzen sind erträglich. Woher nur nimmst du diese Kraft? Mich drückt die Sorge, dass ich in den Tiefen der Hölle schmoren werde so, wie die Rabbis es prophezeien."

Ich wandte meinen Kopf ihm zu und sah ihm in die Augen. „Fürchte dich nicht, mein Freund. Es gibt keine Hölle. Heute noch werden du und der andere hier im Paradies sein, denn es gibt keinen Gott, der euch straft. Du wirst an dem Ort sein, den du erwartest. Darum erwarte das Paradies. Erkenne, wo du gefehlt hast, fühle Reue für deine unguten Taten, und dann lass dich, wenn es so weit ist, von den Armen der Quelle umfangen. Du wirst nur Liebe und Freude spüren, und du wirst leben! Egal, wie sehr dein Körper schmerzt, erwarte Liebe, Licht und Freude!" Er lächelte hoffnungsvoll, ließ sein Kopf zur Seite fallen, und ich hörte, dass er leise betete.

Die Zeit ging dahin, und die Schmerzen kehrten leise zurück. Ich wartete und wartete, die Schmerzen wurden stärker, und in meiner größten Not rief ich laut: „Oh, meine Brüder, warum habt ihr mich im Stich gelassen?" Hatten mir die Brüder der Bruderschaft des Lichts nicht gesagt, dass sie mich jederzeit schützen würden? Hatten sie mir nicht gesagt, dass sie alle Zeit um mich sein würden? Doch wo waren all die Freunde, die mich vor jeder Verfolgung bewahren wollten, jetzt? Ich fühlte die Einsamkeit, das Verlassensein, und eine tiefe Verzweiflung ergriff mein Sein.

Vor mir erschien das weinende Gesicht meiner ältesten Tochter, und ich spürte, dass sie geistig mit mir tief verbunden war. Ich versuchte, ihr Trost zu senden, ihr mitzuteilen, dass ich nur auf einer kurzen Reise wäre. Allein, wir waren so sehr miteinander verbunden, dass sie meinen Schmerz in ihrem Herzen spürte. Ich weinte voller Ohnmacht und Verzweiflung, weil ich ihr den Schmerz nicht nehmen konnte.

Die Wachen kontrollierten uns in kurzen Abständen, und einige spotteten über uns. Als ich den Blick eines Mannes festhielt, wurde dieser verlegen. Unbehaglich wollte er meinem Blick ausweichen, doch es war ihm unmöglich. Ich fand wieder, was ich in jedem Menschen fand. Das vollkommene Abbild dessen, wie der Mensch erdacht und erschaffen war. Voller Freude dankte ich meinem Vater für den herrlichen Trank, der meinen körperlichen Schmerz ausschaltete und mir ermöglichte, das zu fühlen, was die Quelle in mir war. Die Liebe zu Allem-was-ist erreichte wieder mein Herz. Ich vergaß den Schmerz, fühlte die Verbundenheit mit der Seele des Menschen, der verblendet war, und sprach zu ihm: „Meine Seele verzeiht deiner Seele, denn du weiß nicht, wer du bist, und du weißt nicht, was du tust. Erinnere dich dieser meiner Worte, wenn die Schuld dich übermannt. Ich gebe dich und deine Seele frei."

Die Wachen wechselten. Einer der Römer trat auf mich zu. Ich erkannte Judas und sah Schmerz in seinen Augen. „Ich bin sehr durstig", sprach ich. „Wir sollten ihm etwas zu trinken geben, bevor er am Holz vertrocknet", wandte er sich an seine Kameraden. Sie lachten, und er sprach. „Ich brachte einen Topf Essig mit, den ich ihm nun reichen werde." Er ging, spießte einen großen Schwamm auf seine Lanze, tränkte den Schwamm mit dem Essig und stieß mir den Schwamm in den Mund. Ich musste trinken, ob ich wollte oder nicht.

Der Trank war bitter und doch süß. Er rann meine Kehle hinab. Ich spürte das Schwinden meines Blickfelds. Mein Bewusstsein zog sich zusammen. Ich rief noch die Worte: „Ich habe es geschafft. Ich bin frei, Vater, ich komme zu dir!" Dann verließ ich diesen Körper durch die Pforte meines Herzens. Das ätherische Band, das jede Seele mit dem Körper verbindet, hielt ich fest an seinem Ort, damit der Körper nicht ohne Seele blieb. Groß war die Versuchung, auch dieses Band zu durchtrennen, doch vor mir erschienen das Gesicht meiner geliebten Frau und die wunderbaren Antlitze meiner Töchter, die vor Sehnsucht nach mir weinten. Ich sah den Schmerz meiner Ältesten, die durch ein unsichtbares Band mit mir verbunden war und vieles mitgefühlt hatte, was mir widerfahren war. Diese Gesichter machten es mir unmöglich, das ätherische Band zu durchtrennen.

Vater war neben mir. Er hatte Josef den Trank überreicht. Josef hatte sodann Judas, der im römischen Heer diente, unter die Wachen geschleust, damit er mir den Trank verabreichen konnte. Judas folgte meinem Wort, dem Schwachen zu helfen, und erlöste für sich seinen Verrat, indem er mir den erlösenden Trank verabreichte. Oh wie sehr liebte ich in diesem Augenblick meinen Kameraden und seine Seele.

Ich sah meinen Körper leblos am Holz, hielt die ätherische Verbindung aufrecht, damit ich meinen Körper wieder reanimieren konnte, wenn er vom Holz genommen würde. Vater sagte, dass er heute am Ort des Geschehens eingreifen würde, um mein Leben zu retten. Der „Regent des Chaos“ war auf Erden, und Vater hatte die Berechtigung, seinem Sein Einhalt zu gebieten durch mich als Bindeglied zur Menschheit.

In dem Augenblick, in dem ich mein Bewusstsein zurück in den leblosen Körper transportieren sollte, würden er und sein Team eine Finsternis über den Ort des Schreckens senken, damit mein Körper unbeschadet fortgebracht werden konnte. Magdalena, Johannes und Josef von Arimathäa waren eingeweiht. Sie hatten bereits alle Vorbereitungen getroffen. Sie würden meinen Körper bergen und dafür sorgen, dass ich aus dem Koma erwachte. Und so geschah es.

Einer der Römer – Judas – kam zu meinem Körper und stellte fest, dass ich tot sei. „Der hat es aber nicht lange ausgehalten“, spottete er. Ich sah Josef auf mein Holz zukommen. Ein Sturm zog auf, Gaia weinte laut auf vor Verzweiflung, und die Erde grollte.

Aufregung machte sich breit unter den Wachen ob des plötzlichen Wetterumschwungs. „Sieh zu, dass die beiden anderen auch ein Ende haben. Wir müssen die Leichen noch verschwinden lassen, da morgen der Sabbat anbricht." Sie zerschlugen ihnen die Beine, die Körper sackten nach unten, und in qualvollem Ersticken hauchten sie ihre Seele aus. Das ätherische Band zerriss. Sie irrten verwirrt umher.

Ich nahm an der Seite meines Vaters ihre Seelen in Empfang, um sie von der Qual des plötzlichen Verlassens ihres menschlichen Körpers zu erlösen. „Sorgt euch nicht, die Begleiterin meines Vaters wird sich eurer annehmen und eure Seelen gesunden lassen." Und so geschah es. Sie waren erstaunt, dass sie lebten, und ebenso erstaunt, mich zu sehen. Unsere Frauen übernahmen sie und brachten sie an den Ort, an dem die Seele sich erholen kann und neuen Frieden findet.

Unter mir reichte Josef den Wachen einen Erlass des Pontius Pilatus, der durch Tiberius den Befehl erhalten hatte, mich freizulassen. Doch da ich offiziell verstorben war, konnte nur noch mein Körper in Josefs Obhut übergeben werden. Es stürmte und regte heftig, als sie meinen Körper vom Holz nahmen. Meine geliebte Frau und Josef wickelten ihn sofort in Tücher.

Als eine Wache sich ihnen in den Weg stellte, um sie aufzuhalten, erscholl ein lauter werdendes Surren. Ein Hologramm vom Schiff meines Vaters, umhüllt von einer riesigen Wolke aus Wasserdampf, schob sich zwischen

Erde und Sonne. Die Scheibe dehnte sich immens schnell und verdeckte in drei Sekunden die Sonne. So wurde es von der einen auf die andere Sekunde finsterste Nacht am hellen Nachmittag. Gaia ächzte und stöhnte unter uns, der Sturm nahm zu, die Erde bebte und dichter Regen fiel.

Die Soldaten fielen auf die Knie. Sie waren voller Angst und Schrecken und rannten davon. Josef, Johannes und Magdalena nutzten die allgemeine Verwirrung und Schrecksekunden. Sie brachten meinen leblosen Körper schnell in Sicherheit in die Gruft, die Josef vorbereitet hatte.

Vater gab mir das Zeichen, dass es nun an der Zeit sei, am ätherischen Band entlang in meinen irdischen Körper zurückzukehren. So sank ich hinab und öffnete meine Augen direkt hinein in die geliebten Augen meiner Frau, die meinen Körper in ihren Armen hielt. Sie weinte Tränen der Trauer und Tränen der Freude. Ich selbst fühlte keinen körperlichen Schmerz und lächelte ihr Mut und Kraft entgegen. Draußen war es immer noch dunkel. Magdalena und Josef behandelten meine Wunden und gaben mir frische Kleidung, sodass ich meine Blöße bedecken konnte, während Johannes Wache hielt.

Josef holte drei Pferde, die er in einer Nebenhöhle versteckt hatte. Ich folgte ihm, von Magdalena auf dem Pferd gehalten, hinaus aus der Stadt zu dem Ort, an dem Vater mich immer abholen ließ, wenn er oder ich es wünschte, ohne großes Aufsehen unter den Menschen zu erregen. Magdalena und ich verabschiedeten uns von Josef und Johannes. Wir wurden emporgehoben in das Haus meines Vaters.

Hier im Hause meines Vaters wurden meine Wunden geheilt, der Körper auf vollkommene Weise regeneriert, und auch mein Geist fand seine volle Schöpferkraft wieder. Es war wunderbar, die Energie des Lichts neu zu tanken. Es war wunderbar, in Frieden im Hause meines Vaters zu sein. Zu dicht war ich dem Dunklen in den Zeiten im Kerker gekommen. Zu sehr hatte die Dunkelheit mich geschwächt. Nun hatte es höchste Priorität, alle Dunkelheit, die in mich eingeschlagen worden war, zu heilen und durch Licht zu ersetzen, sonst wäre ich für viele, viele Zeiten an den Kreislauf der Inkarnationen gebunden.

Als ich meine ursprüngliche Reinheit und Klarheit zurückgewonnen hatte, als alle Bitterkeit und Enttäuschung aus meinem Wesen getilgt waren, war ich endlich bereit für die höchsten Lehren. Die Weisen unterwiesen mich in die Kunst der Levitation und des Mich-unsichtbar-Machen, so dass ich auf Erden wandeln konnte, ohne Spuren zu hinterlassen.

Wie das alles in nur zwei Tagen möglich war? Im Universum, in Erdnähe, läuft die Zeit ganz anders, als ihr es auf Erden kennt, daher kann in sehr viel kürzerer Zeit sehr viel mehr integriert werden. Wir nutzten unsere Zeit.

Magdalena und ich kehrten am Tag nach dem Sabbat zurück auf die Erde.

Teil 4: Es werde Licht

Meine Auferstehung – das größte Wunder aller Zeiten

Als der Transportstrahl uns sanft auf die Erde entließ, verabschiedete ich mich von meiner Frau und suchte mit meinen Begleitern die Höhle auf, in die mein Körper nach der Abnahme vom Holz gebettet war. Mir war bewusst, dass einige meiner Begleiter dorthin gepilgert sein mussten. Diese wollte ich vom Schmerz befreien. Als ich das Grab erreichte, sah ich Martha und Maria vor der offenen Höhle sitzen. Sie weinten bittere Tränen und verrichteten ihr Amt, den Klagefrauen zu weisen. Beide erkannten mich nicht, denn für sie war ich gestorben. Außerdem leuchtete mein Körper noch von den Lichtbehandlungen, und ich war in Begleitung zweier Gefährten meines Vaters. Für das menschliche Auge erscheinen diese wie strahlende Engel, denn ihre Anzüge, die die Atmosphäre der Erde von ihnen fernhalten, schillern wie strahlendes Gold. Auch ich trug einen ähnlichen Anzug, wenn ich im Hause meines Vaters war, so lange, bis ich mich der veränderten Atmosphäre angepasst hatte.

Die beiden traten auf die erschrockenen Frauen, die sich zu Boden warfen, zu. Die Klagefrauen ergriffen die Flucht. Sie baten Maria und Martha, sich zu erheben, doch beide weigerten sich, weil sie am Grab Wache halten wollten.

So trat ich hinzu und sprach zu ihnen: „Martha, Maria, was sucht ihr den Lebenden unter den Toten?“ Sie warfen sich erneut zu Boden, wollten nicht glauben, dass ich es war, der zu ihnen spricht. Ich beugte mich nieder, reichte meiner guten Freundin Martha meine Hand und sagte: „Martha, komm, fühle mich. Das Blut fließt in meinen Adern und durch diesen Körper. Spüre, wie warm meine Hände sind, und du wirst wissen, dass Jeshua zu euch zurückgekehrt ist. Ich habe den Tod nicht kosten müssen." Voller Freude umarmten meine Freundinnen mich unter Tränen. Sie baten um Erklärungen, wie ich alles so unbeschadet überstehen konnte. Doch ich bat sie, am Abend in das Haus von Josef zu kommen, in dem ich allen erklären wollte, was mir widerfahren war. Bis dahin sollten sie allen unseren Freunden, denen sie begegneten, die um mich trauerten, von meiner Rückkehr erzählen.

Nun machte ich mich auf in das Haus meines Freundes Josef von Arimathäa. Meine Töchter sahen mich als Erstes. Sie liefen voller Freude direkt in meine Arme. Oh, wie sehr hatte ich um sie gebangt, wie sehr hatte ich die Wärme ihres Körpers in meinen Armen vermisst. Sarafina untersuchte meinen Körper. Sie tastete meine Stirn ab und weinte voller Freude, weil ich unverletzt war. Ich fühlte, wie sehr sie mit mir gelitten hatte, in ihrer tiefen Anbindung an meine Seele. Ich drückte sie fest an mich, sandte ihr heilende Energie in ihr Herz, und doch wusste ich, dass sie noch sehr lange an diesen Wunden, die ihr in so zartem Alter zugefügt worden waren, leiden würde.

Maria, meine Mutter, ließ vor Schreck den Becher fallen, den sie soeben noch in der Hand gehalten hatte. Magdalena lächelte voller Freude, da ich unbeschadet nach Hause kam. Zu tief war die Angst, dass ich noch einmal gefangen genommen werden könnte, in ihr. Oh, wie sehr liebte ich meine Familie. Wie groß war meine Freude, wieder mitten unter ihnen zu sein. Meine Mutter trat auf mich zu. Sie berührte sanft meine Stirn, die Stellen meiner Handgelenke, wo die Wundmale hätten sein müssen. Sie umarmte mich weinend und voller Freude, dass ich wieder bei ihr war. Die Heilung durch die Alchimisten meines Vaters war vollkommen. Wie sollte auch mir verwehrt sein, was ich den Erdenmenschen an Heilung schenkte?

Der menschliche Körper ist eine Verdichtung von Atomen. Somit ist eine Neuordnung dieser Atome zu jeder Zeit möglich, so lange die Seele an den Körper angebunden ist. Erst wenn die Seele den Körper verlassen hat und das ätherische Band gelöst ist, ist keine Regeneration mehr möglich. Doch ich stand hier im Kreise meiner Liebsten, körperlich völlig genesen und unversehrt, und musste meiner eigenen Familie erklären, dass es Wunder nicht gibt.

Josef betrat sein Haus. Mein Anblick hatte auf ihn die gleiche Wirkung wie zuvor auf die Frauen meines Lebens. Wir begrüßten uns herzlich, und ich war voller Dankbarkeit diesem, meinem wahren Freund gegenüber erfüllt.

Ich informierte Josef und meine Familie über die Pläne, die ich mit Vater erarbeitet hatte. Maria, Josef und Magdalena sollten mit den Mädchen und einer Gruppe Begleiter bereits am nächsten Tag das Land verlassen. Sie sollten sich nach Ägypten begeben, denn meine Begleiter und Anhänger wurden noch immer gesucht. Ich würde mich noch einmal in die Öffentlichkeit begeben, um den Menschen noch einmal meine Lehre in Erinnerung zu rufen. Hierzu sollte ich meine neue Fähigkeit des Mich-unsichtbar-Machens anwenden, damit kein Häscher je wieder Hand an mich legen konnte. Meine Lehre sollte tiefer gehen als in den Jahren davor.

So war das, was mir geschehen war, zwar schmerzlich, demütigend und grauenvoll, jedoch auch ein wunderbarer Neubeginn für jeden Einzelnen, der meine Lehre in die eigene innere Freiheit erneut vernahm. Durch meinen vermeintlichen Tod und mein Wiedererscheinen bekam meine Lehre der Freiheit ein sehr viel tieferes Verständnis in den Herzen der Menschen. Uns war ja nicht bewusst, was die Menschen zweihundert Jahre später aus ihr machen würden.

Nach einer kurzen Spanne Zeit, sobald genügend Menschen den Samen des alten Wissens in sich aufgehen ließen, würde mein Vater mich holen und zu meiner Familie bringen. Es sollte ein für die Menschen Aufsehen erregendes Schauspiel werden, wenn Vater mich für alle sichtbar in den Himmel erhob.

Josef richtete ein Fest aus zur Feier meiner Wiederkehr und lud meine engsten Vertrauten ein. Als der Abend nahte, sah ich die ersten meiner Begleiter der letzten Jahre das Haus betreten. Als alle versammelt waren, betrat ich den Raum und erregte ein solches Aufsehen an Freude, Erstaunen und Erleichterung, wie ich es bei diesen teilweise doch recht rauen Männern, die meinen Weg begleiteten, noch nie erfahren hatte. Simon, den ihr Petrus nennt, warf sich vor mir zu Boden „Oh, Meister, du Freund meiner Seele, wie ist es dir möglich, unter uns zu weilen? Ich selbst hörte von deinem Leid, der Qual deines Körpers und von deinem Tod. Ich schäme mich so sehr meiner Feigheit und meines Verrates."

Ich hob ihn zu mir hoch, umarmte ihn freundschaftlich und sagte nur: „Oh, Simon, wie lange noch wird es dauern, bis du die Natürlichkeit der Schöpfung verstehst und daran glaubst, dass mein Vater in den Wolken nicht der Gott eurer alten Schriften, sondern der Beherrscher der formgebenden Energie des Lebens ist? Es war ich selbst in meinem Vater, der mich auf vollkommene Weise den Lebenden zurückgegeben hat. Und schäme dich nicht deiner menschlichen Schwächen. Du hast richtig gehandelt. Niemandem hätte es genutzt, wenn sie auch dich gefangen hätten. So folgtest du deinem Inneren in vollkommener Weise und bist dem dunklen Herrscher entkommen."

Mein Vater auf Erden trat auf mich zu. Er sah mir tief in die Augen, umarmte mich tief bewegt, und unsere Seelen trafen sich. Josef hatte mir so vieles gegeben, hatte all die Jahre im Hintergrund meine Wege bereitet. Ich umarmte ihn und ließ all meine Dankbarkeit in unsere Umarmung fließen. Josef würde morgen mit Mutter in die neue Heimat aufbrechen und endlich die Früchte seiner Mühen ernten.

Zaghaft traten die Ersten auf mich zu, allen voran Johannes. Er berührte zaghaft meine Hand, konnte es kaum glauben, dass sie fest war, wie er sie kannte. Seine Augen füllten sich mit Tränen der Freude und des Erkennens.

Nach einiger Zeit legte sich die Aufregung. Wir tafelten voller Freude über unser neues, für so viele unerwartetes Beisammensein in völliger Freiheit und Freundschaft.

Als der nächste Morgen anbrach, verabschiedete ich meine Familie, meine Mutter und ihren Mann Josef an ihrer Seite. Meine Töchter weinten. Sie schwankten zwischen der Aufregung ob der großen Reise und der Trauer, dass sie mich wieder lange Zeit nicht sehen würden. Ich aber drückte sie fest an mein Herz und sagte ihnen, dass sie nur in ihr Herz spüren sollten, wenn sie mich ersehnten. Dort würden sie mich finden.

Josef von Arimathäa und Johannes mit seiner Familie begleiteten meine Familie. So wusste ich sie in sicheren und guten Händen. Ich machte mich mit meinen Jüngerinnen und Jüngern auf, die letzte Reise durch das Land anzutreten, um den Samen in die Herzen zu gießen, damit er zu einer kraftvollen Pflanze der inneren Freiheit heranwachsen konnte.

☆☆☆

Mein letzter Besuch im Tempel von Jerusalem

Mir war bewusst, dass ich Kaiphas aus den Händen des dunklen Herrschers erretten musste, wenn seine Seele Frieden finden und eine Wende im Denken der Priesterschaft erreicht werden sollte. Das waren auch Vaters Worte an mich. So begab ich mich noch einmal in die Nähe des Tempels und wartete, bis die Sadduzäer sich versammelten.

Ich nutzte meine neue Fähigkeit, mich unsichtbar zu machen, und erschien in ihrer Mitte. Sie erschraken. „Wer bist du, Fremder, und was ist dein Anliegen, dass du uns in unserer Andacht störst?“ fragte Kaiphas. Er erkannte mich nicht. Ich nahm meine Aura ein wenig zurück, damit seine Aura nicht die meine berührte.

„Ich bin gekommen, um den Leichnam eines Mannes einzufordern, den ihr Jeshua von Galiläa nennt.“

„Wir können dir den Körper des Mannes nicht geben. Seine Jüngerinnen und Jünger kamen und stahlen ihn in der Nacht. Nun haben sie die Leiche verborgen und behaupten, er sei aus dem Totenreich zurückgekehrt, damit seine Irrlehre weiter Verbreitung findet. Doch das werden wir zu unterbinden wissen!“

„Wer kann das bezeugen, dass seine Jüngerinnen und Jünger den Leichnam gestohlen haben?“

„Eine Hundertschaft von Soldaten bewachte sein Grab, als ein greller Blitz die Sicht verdunkelte. Nachdem sie die Augen öffneten und wieder sehen konnten, sahen sie, wie der Leichnam hinfortgetragen wurde. Kurz danach begannen seine Anhänger, sein schändliches Werk fortzuführen."

„Und es war einhundert Soldaten nicht möglich, eine Handvoll Menschen aufzuhalten, die einen Leichnam stehlen?" fragte ich, den Ahnungslosen mimend.

„Der Lichtblitz hat die Soldaten bewegungsunfähig sein lassen, so konnten sie nichts mehr ausrichten. Als sie die Kontrolle über ihren Körper wieder gewonnen hatten, waren die Diebe in der Dunkelheit der Nacht entschwunden", empörte sich Kaiphas.

Ich trat auf ihn zu. Meine Aura berührte die seine. Er schrie einen leisen Schmerzensschrei und erbleichte, als sein Blick den meinen traf. „Er ist es", schrie er schrill, „das ist der Galiläer. Er ist wahrhaftig dem Totenreich entkommen." Fassungslos fiel er zu Boden, und die anderen folgten ihm voller Furcht vor der Rache, die sie durch mich erwarteten.

Doch ein strahlendes Licht fiel durch die Kuppel des Tempels und hüllte mich ein. Die Priesterschaft erzitterte vor Furcht vor der Strafe des Himmels und hub an zu wehklagen. Ich aber rief mit fester Stimme:

„Kaiphas, erhebe dich. Nicht Rache zu üben ist mein Begehr. Das ist der Weg deines Gottes. Mein Begehr ist: Kehre um in das Licht der Göttlichkeit, die allem zu eigen ist. Fürchte nicht meine Rache, fürchte die Dunkelheit deiner eigenen Seele, die verblendet ist, weil du die Macht über die Erde mit denen teilen willst, die die Erde besetzen.

Nutze deine Macht unter den Menschen, um die Liebe und die Kraft der Quelle zu predigen statt Strafe und Hölle des Verderbens denjenigen, die sich der Dunkelheit entziehen. Gehe in dich und erhelle das Licht deiner Seele. Bringe Licht und Menschlichkeit in das Leben hier in Jerusalem. Die Engelmächte der Quelle werden deine Seele von allem befreien, damit auch du wieder gutmachen kannst, was du und deine Vorväter an der Menschheit gefehlt haben.

Und seid euch gewiss, dies gilt für euch alle in diesem Raum. Ich trage euch nichts nach. Ich gebe keinem von euch das Gefühl von Schuld, weil Liebe und Freiheit meine Botschaft war, ist und sein wird.

Bekennet euch zu den Göttinnen, die euch das Leben schenkten. Bekennet euch zu der weiblichen Kraft, die alles beseelt und das Leben erst möglich macht. Kehret um und wehret dem Dunklen, der euch verblendet hat. Schauet mich an. Sehet das Licht, das aus mir strahlt, und das Licht, das mich umhüllt. Es ist das Licht der reinen Quelle, aus der alles sich selbst in das Leben ergießt. Diese reine Quelle ist nur Liebe, Liebe, Liebe. Sie straft nicht, wie ihr straft. Sie richtet nicht, wie ihr richtet. Sie gibt jedem Mitgefühl und Licht, der sich dem Dunklen entzieht. Sie ist das Paradies. Sie ist das Licht!

Kehret um und bereut euren Beitrag an der Verdunkelung auf der Erde über die Äonen, seit die Dunkelheit eure Seele beherrscht. Bereuet eure Verblendung, und die Quelle selbst wird eure Seele in das reine Licht zurückführen, das ihr in Wahrheit seid, von Ewigkeit zu Ewigkeit. Ich gebe eurer Seele die Freiheit zurück von dem, was ihr dem Mann aus Galiläa angetan. Gehet hin in Frieden und verkündet von heute an die frohe Botschaft der Liebe, der Freiheit und der Kraft der Quelle, die in jedem Menschen ist!“

Mein Vater hob mich den Lichtstrahl empor, und ich entschwand ihren Blicken.

Es dauerte einige Zeit, bis sie wagten, sich zu erheben. Ihre Verwirrung war groß, und als die Diskussionen begannen, war mir bewusst, dass mein Erscheinen bei ihnen nichts bewirkt hatte. Zu stark war der Einfluss dessen, dem sie seit Äonen schon folgten, und die Furcht vor seinem Zorn ließ sie vergessen, was kurz zuvor in ihnen erklang. Ich trauerte um die Menschen in meinem Land, da sie auch weiterhin einem hohen Rat folgen mussten, der sie im Joch der Gefangenschaft hielt. Doch die Hoffnung in mir wuchs, dass der Same gesät war, der aufgehen würde. Irgendwann, wenn der Funke der Erkenntnis das Leben verändert. Mein Land blieb in der Furcht. Mein Volk würde weiterhin den Unterdrückern unterworfen sein, so lange, bis die Freiheit in ihren Herzen selbst zur Wahrheit würde.

☆☆☆

Das Osterfest – das Kreuz mit dem Kreuz

Ihr feiert mein Leiden und meine Auferstehung am Tag der Osteria. Sie symbolisierte als Göttin des Frühlings, als Göttin der Morgenröte, als Göttin des strahlenden Lichts, den Neubeginn des Lebens und die Auferstehung der Natur. Die Religionen entrissen den Menschen die Verehrung der Göttin und machten daraus ihr Osterfest mit einem Symbol des Schreckens. So wurde auch hier wieder einmal eine Göttin vernichtet, um einem männlichen Gott dieses Geschenk an die Erde überzustülpen. So nahmen die Religionen alle Feste der so genannten Heiden, entmachteten die dahinterstehenden Götter und Göttinnen. Die Dunkelheit kehrte zurück auf die Erde.

Doch nicht nur, wenn die Zeit des jährlichen Osterfests in eurer Kultur naht, hat das Kreuz Hochkonjunktur. Millionen folgen dem Symbol des Schreckens mit Andacht und Gläubigkeit. Es gibt sogar Orte, an denen die Kreuzigung „nachgespielt“ wird. Glaubt nicht, dass dieses „Gedächtnis“ meine Seele erfreut. Oh nein, an diesen Orten wird immer wieder neu erschaffen, was die Menschheit und die Erde in der Knechtschaft gefangen hält. Das Kreuz ist der Schalthebel der Macht, heute ebenso, wie es vor zweitausend Jahren der Fall war.

Das Symbol des Kreuzes unterdrückt die freien Gefühle und das Licht in jedem von euch. Darum wendet euch ab vom Kreuz der Knechtschaft, der Angst, der Verfolgung, des Leids und der Willkür. Wendet euch hin zum Strahlenkranz des Lichtes der Liebe in jedem Grashalm, den euer Fuß berührt. Wendet euch hin zum Licht der Sonne, die eure Lebensgeister erweckt, hin zur Liebe, die in allem wohnt, was Gaia gebiert. Ehret und liebt das Leben in all seiner Vielfalt, in all seiner Pracht, jenseits der Dunkelheit, die die Erde noch gefangen hält.

In eurer Welt ist es kaum möglich, dem Symbol des Kreuzes aus dem Weg zu gehen. Doch ich sage dir: Vermeide jeden Kontakt mit einem Kreuz. Wenn du einem Kreuz begegnest, dann binde ein imaginäres Lichtband um die Form, und dann entlasse es sogleich aus deinen Gedanken. Das ist nicht, weil das Symbol böse oder schlecht ist, sondern weil dieses Symbol von dunklen Mächten besetzt ist. Es war ein Folterinstrument und verbreitet in magischem Sein seinen Schrecken ganz besonders dann, wenn noch ein unschuldiger, ermordeter, gefolterter Mann darauf festgenagelt ist. Dieses Symbol aktiviert in eurem Zellgedächtnis das Wissen, dass ihr machtlos seid in eurer Welt, ohne dass es euch bewusst wird.

Ihr wuchst auf mit der Macht des Kreuzes, das jedes Chakra versiegelt. Das Chakra muss sich schließen, damit die magische Botschaft nicht in den Körper eintritt. Ihr wuchst auf mit dem Bildnis eines gekreuzigten, gequälten Mannes und habt dessen Leid so sehr verinnerlicht, dass ihr immer noch und immer wieder euer eigenes Leid rechtfertigt oder gar das Leid der leidenden Menschheit als

Karma umschreibt. Doch auch in der so genannten Dritten Welt ist das Kreuz beteiligt am Leid der Menschheit. Ihr brachtet das Kreuz, und damit einen strafenden Gott, in diese Länder, und die „frohe?“ Botschaft, dass nur durch Leiden ein Platz im Himmel gesichert ist. Damit nahmen eure Missionare diesen Menschen, die die Erde schützten und ehrten, die Fähigkeit, ihre Urkräfte in und durch die Kraft von Mutter Erde immer und immer wieder in sich selbst zu erfahren.

Das Kreuz, das einem Säugling unter dem Namen der Taufe auf das Stirnchakra geschrieben wird, versiegelt für lange Zeiten die Sicht in die Dimensionen der Liebe. Das Aschenkreuz, das in vielen Kirchen jedem Büßer Jahr für Jahr auf die Stirn gezeichnet wird, versiegelt immer und immer wieder die Fähigkeit zur Selbsterkenntnis und zur Kontaktaufnahme mit den lichten Welten jenseits der Schwere der Dritten Dimension. Das wird noch verstärkt durch die Schwärze der Asche.

Das Kreuz, das von den Kirchengläubigen über die obere Hälfte des Körpers geschlagen wird, versiegelt die Chakren und entfernt euch von der Lebensquelle der Lebenskraft. Das Kreuz, das von Priestern über das Kronenchakra gezeichnet wird, schneidet euch ab von den höheren Chakren und damit von eurem Hohen Selbst. Das Kreuz, das von der Kanzel herab in einem Ritual über die Kirchengläubigen geschlagen wird, versiegelt die Chakren der Gemeinschaft und verbindet sie zu einem kleinen

Kollektiv der Verschlossenen für das Licht der Liebe. Das ist der Grund, dass Kirchengläubige nur sehr selten bis gar keinen Kontakt zu unseren Welten haben. Sie werden wissentlich verschlossen im Namen des Kreuzes und des Gottes, der damit verbunden wird. Und sollte dennoch ein Gläubiger Stimmen vernehmen, so wird dieses geregelt durch die Gesetze der Religionen, in denen Propheten, Astrologen, Heiler und Seher zu Teufeln degradiert werden, die die Menschheit verblenden.

Im Namen des Kreuzes, verbunden mit dem Namen Jesu, durch eure Religionsführer gleichgesetzt mit dem Namen der Christusenergie, geschahen und geschehen bis heute die größten unvorstellbaren Grausamkeiten, die der Planet Erde je zuvor erfahren hat. Und so ist es bis heute. In anderen Religionen, in denen im Namen Gottes Grausamkeiten begangen werden, herrschen andere Symbole. Im Namen des Kreuzes quälen auch heute noch Eltern ihre Kinder, weil Gott angeblich züchtigt, was er liebt.

Öffne dein Herz und deine Augen für die Wehrlosen, die im Namen des Kreuzes in allen Winkeln der Erde geschlagen, geschmäht, gedemütigt und misshandelt werden. Das Symbol des Kreuzes ist das Symbol der Unterdrückung. Es entfernt dich mehr und mehr vom Licht deiner Seele. Das Kreuz, als Schmuckstück auf dem Kehlchakra, Herzchakra oder Thymuszentrum getragen, blockiert diese Zentren für lange Zeit, auch dann, wenn du es bereits abgelegt hast. Warst du Träger eines solchen Symbols, so arbeite an diesen Chakren und kläre sie mit reinem Licht. Du findest einen solchen Weg im Ancient-Master-Healing.

Der Strich nach unten versiegelt und verschließt deinen Lichtkanal, der Querstrich von der einen zur anderen Seite besiegelt diesen Verschluss. So kann die Energie weder von oben nach unten frei fließen, noch von unten deine höheren Chakren erreichen. Und so sage ich dir: Wenn du gesund, freudig und voller Lebenskraft deinen Weg gehen willst, trenne dich von allen Kreuzen, die sich in deinem Umfeld befinden. Sodann, vor allem anderen, reinige und kläre deinen Lichtkanal und deine Chakren.

Eure Religion reduziert bis heute mein Leben als Jeshua auf das Kreuz, reduziert meine Lehren als Jeshua auf das Leiden am Kreuz und reduziert damit mein Sein in Liebe zu Gaia, zur Menschheit und zu allem, was auf und in ihr lebt. Sie reduziert mein Sein und meine Lehre auf ein Verbrechen an der Menschheit. Doch das ist nicht alles, denn eure Religion hat einen Jesus erfunden, den es nie gab, um ihre alten Riten des Regenten des Chaos aufrechtzuerhalten.

Es ist dieses das Verbrechen, das durch die „Aus der Einheit Gefallenen“ an der Menschheit verübt wird. Sie sind zu allem entschlossen, um ihre Macht durch das Leiden der Menschheit zu festigen. Die einzige Macht, die sie haben, ist die Angst der Menschheit vor der Strafe eines Gottes, den sie selbst geschaffen, zu dem sie sich selbst ernannt haben.

Mein Weg des Leidens durch Menschenhand war zwar wirklich und echt, doch erkannte ich in diesem Augenblick das Verbrechen an der Menschheit in den Augen derer, die mich und meine beiden Nachbarn im Auftrag der Machthaber quälten.

Erinnere dich. Ihr nahmt mich letztlich ab vom Kreuz, an das die Römer mich schlugen. Doch die Kirchen und alle, die dem Kreuz folgen, erschaffen dieses Leiden durch Verehrung und Anbetung täglich und stündlich neu. Sie erschaffen so täglich und stündlich durch magische Rituale und Gedankenkraft neu einen Jesus, den es nie gab. Diese neu geschaffene Lebensform mit Namen Jesus durchstreift das Universum. Sie erleidet durch Anbetung und Verehrung täglich und stündlich all die Qualen immer und immer wieder, so lange, bis diese Religion sich aus sich selbst heraus aufgelöst und ihn der Freiheit übergeben hat. Erkenne:

Du und ihr erschafft die Realität des Leidens, indem ihr eure Gedanken und euren Fokus darauf ausrichtet, weil eure Kirchen dieses Leid als Garantie für den Himmel oder ein Nirwana verkaufen. So wurde durch diese Irrlehren ein Jesusgeschöpf erschaffen, das es niemals auf Erden gab. Es ist dieses eine Religion, die es braucht, euch einen gefolterten, ermordeten Mann täglich vor Augen zu halten, um euch zu beweisen, dass es der einzige Weg in die Glückseligkeit ist. Das ist eine Religion, die die Gläubigen ständig versorgt mit dem Blut und dem Leib des von ihnen erschaffenen Herrn.

Wende dich ab von allen Irrlehren, gleich, ob Religionen oder New Age.

In deinem Inneren weißt du es, kennst du die Wahrheit, erkennst du das Verbrechen an der Großartigkeit der Seele im Menschen auf Erden. Trenne diesen Jesus und dich selbst von der Folter der Kreuzigung. Auf diese Weise trägst du bei zu einem neuen Sein auf Erden; frei von Leid und Demütigung.

Entferne jedes Kreuz aus deiner Gegenwart, hülle jedes Kreuz, das dir im Außen begegnet, in einen neutralisierenden strahlenden Kranz aus reinem göttlichem Licht, visualisiere, wie es sich auflöst, und du bist frei davon.

Im Namen des Kreuzes, mit einem geschundenen menschlichen Körper daran, wurden mehr Verbrechen verübt als jemals zuvor, starben mehr Menschen als durch alle Naturkatastrophen, den Untergang von Atlantis eingeschlossen.

Hiervon will und muss ich mich distanzieren und dir klar sagen, dass mein Sein als Sananda und auch als Jeshua damit nichts gemein hat. Darum nehmt auch den Namen Jesus weg, bevor ihr mich Sananda nennt. Mein Sein ist Sananda. Meine Inkarnation als Teilaspekt von Sananda war Jeshua.

Jesus ist ein anderes Wesen. Er ist heute ein von Menschen geschaffenes Geschöpf, das dazu missbraucht wird, der Dunkelheit auf Erden die Tore geöffnet zu halten.

Jesus wird dazu benutzt, die Menschen vom Mitgefühl zu trennen, denn Menschen, denen es Trost geben kann, durch das Leid, die Folter und den gewaltsamen Tod eines Mannes stellvertretend von allem erlöst zu werden, was sie selbst zu verantworten haben, werden mehr und mehr entfernt von der göttlichen Energie der Kraft des Lichts der Liebe und dem Mitgefühl für das Leid eines anderen Wesens.

Darum gibt es Folterung. Darum gibt es Gefangenenlager, in denen unendliches Leid geschieht. Darum gibt es Massentierhaltung, in der Tiere verzweifelt nach der Seele schreien. Darum gibt es Massenschlachtungen, die jedoch letztlich für die gequälten Tiere eine Erlösung sind. Weil ihr von klein auf erfahren habt, dass es gut ist, Blut und Fleisch eines Mannes zu euch zu nehmen, der einem Verbrechen zum Opfer fiel, und weil ihr sein Elend vom ersten Betreten einer Kirche an dauerhaft vor Augen habt. Alle Kinder spüren das in sich. Doch sie werden verschlossen durch die Lehren des Kreuzes und den magischen Ritus der feierlichen Aufnahme in die Kirche durch Taufe, Kommunion, Konfirmation und Firmung.

Ganz egal, was eure Religionen euch sagen, die den Tieren die Seele absprachen so, wie sie es einst mit den Frauen taten. Auch Tiere haben eine Seele. Sie haben eine Seele, die oftmals sogar tiefer angebunden ist an das göttliche Licht als bei vielen, die sich Mensch nennen. Trage Licht in diese Dunkelheit. Sende Licht und Strahlen der Quelle in jedes gequälte Wesen auf dieser Erde.

Denn ich, ich bin das Licht so, wie du das Licht bist. Ich bin die Liebe so, wie du Liebe bist. So lass uns gemeinsam den Liebesdienst auf Erden verrichten, das Licht weiter in die Welt zu tragen. Ereifere dich nicht über Massentierhaltung. Erkenne an, das ist noch ein Zeichen der Dunkelheit. Sende den Tieren dein Mitgefühl. Sende ihnen dein Licht. Sie sind so sehr angebunden an ihre Seele, dass jede mitfühlende Energie sie erreicht. So können auch sie Heilung ihrer Erfahrung auf Erden erfahren.

So lange es Menschen gibt, die das Kreuz verehren und anbeten oder gar küssen, so lange es Menschen gibt, die den Tieren die Seele aberkennen, so lange ihr nicht erkennt, dass Alles-was-ist beseelt ist, kann und wird die Menschheit nicht frei sein von dem, was ihr das Böse nennt.

Es braucht nur den Wandel von wenigen. Wenn du das Unrecht erkennst und meinem Weg folgst, allem und alles in mitfühlende Energie zu hüllen, bist du auf dem Weg, das Licht auf die Erde zurückzubringen. Sende Liebe in jede Seele, deren Leid dir bekannt ist oder wird. Das ist der Weg eines Lichtbringers.

Urteile nicht, sende Licht. Hülle ein Kreuz in Licht, und die Magie des Symbols wird sich erlösen. Hülle einen Bauernhof in Licht, der Massentierhaltung betreibt. Das Leid der Tiere wird abnehmen, weil sie empfänglich für die Liebe sind. Hülle die Opfer eines Regimes in Licht. Ihre Seelen werden dein Mitgefühl transportieren in die Menschen, die leiden.

Es gibt keine Trennung. Alles ist eins. Deine Gedanken der Liebe und des Mitgefühls können die Kehrtwende auf Gaia bringen. Wenn immer mehr Menschen das tun, wird in kurzer Zeit das Morphogenetische Feld derart verändert sein, dass der Quantensprung erreicht ist. Wo Licht ist, können der Dunkle und seine Anhänger nicht sein. Darum hülle alle und alles in das reine Licht der Quelle und sei der Erde das Licht, das du immer sein wolltest, weil es das Einzige ist, was du bist. Du bist das Licht.

In tiefer Liebe zu Gaia und dir verneige ich mich vor eurer Größe, Güte und Kraft,

Sananda

Pfingsten

Kurze Zeit nach dem Osterfest feiert ihr das Pfingstfest. Auch dieses Fest wird in mein Sein und das von Sananda integriert, denn wir sollen euch den heiligen Geist gesandt haben, damit ihr erleuchtet seid.

So wenig wie mein angeblicher Tod eure Erlösung von allen Sünden war, ist das Pfingstfest ein durch mich oder uns gebrachtes Geschenk eines liebenden Gottes. Wir wissen, dass du Liebe bist. Wir wissen, dass du heiliger Geist, heilige Geistin bist. Wir wissen, dass du das Licht der Quelle verkörperst. Das war meine Lehre. Warum sollten wir dann ein solches Szenario veranstalten wie Pfingsten sich euch darstellt?

Wenn du die Geschichte in euren Schriften liest, dann erkennst du sehr schnell, dass nicht wir es gewesen sein können, die euch dieses Fest bescherten. Es kamen laut brausende Feuerwagen, und gespaltene Feuerzungen umschwirrten die Köpfe der Menschen. Die Menschen waren voller Schrecken. Die Sprachen wurden entwirrt oder, besser gesagt, verwirrt, so dass alle in allen Sprachen sprechen und verstehen konnten, was die Frohe Botschaft war.

Wir kommen nicht in Feuerwagen, und wir verwirren keine Menschen, um sie dann als erleuchtet zu bezeichnen. Das, was damals geschah, ist die Wiederholung dessen, was bereits geschah beim Turmbau zu Babel. Dieses Geschehen sollte den Grundstock legen, mein Sein in ihre Machenschaften zu integrieren.

Ich erhob mich in einem sanften Lichtstrahl in das leise surrende Schiff meines Vaters. Die Menschheit begann damit, daran zu glauben, dass es wirklich mehr gibt, als sie bisher zu glauben gezwungen waren. Sie glaubten daran, dass „dort oben“ jemand ist, der sie liebt, sich um sie sorgt und ihnen zu Hilfe eilen wird, wenn sie in Not ist.

So musste der „Regent des Chaos“ ein Gegengewicht setzen. Das geschah am so genannten Pfingstfest. Als die Menschen den Turm in den Himmel bauen wollten, zerstörten sie die Verständigung unter euch. Die Menschen waren laut euren alten Schriften ein Volk. Sie sprachen eine Sprache und waren großartig genug, einen Turm in den Himmel zu bauen, um den Göttern nahe zu sein. Das konnte der Regent jedoch nicht zulassen. So zerstörte er mit seinen Feuerwagen den Turm und verwirrte die Menschen. Die Menschen begannen, in unterschiedlichen Sprachen zu sprechen. Damit war die Verständigung untereinander beendet. An Pfingsten dann wurde dieses Übel scheinbar von ihnen genommen. Doch nur für diesen einen Tag.

Menschen müssen überhaupt nicht miteinander reden. Menschen, die in sich ruhen und in der Einheit der Quelle aufgehoben sind, verständigen sich meist telepathisch.

Worte sind wunderbar, doch nicht zwingend notwendig. Mit der Zerstreuung der Sprachen haben die Regenten der Nacht auch diese telepathischen Fähigkeiten in den Menschen zerstört, da niemand mehr die Worte des anderen verstand. Wenn ein Mensch eine andere Sprache spricht, die der andere Mensch nicht versteht, dann ist es meist sehr schwierig, in telepathische Verbindung zu treten. Weil Sprache aus dem Intellekt kommt und aus Bildern entsteht, müssen Menschen, die telepathisch miteinander kommunizieren wollen, auf einer Resonanzebene stehen. Unterschiedliche Sprachen jedoch verhindern das sehr oft.

Ganz anders ist es jedoch mit Menschen ohne Sprache, mit Babys, Pflanzen, Tieren, Elfen, Feen und so vielen anderen, die keine Worte haben. Mit ihnen in telepathischen Kontakt zu treten, ist sehr einfach. Denn Worte erwarten Resonanz in Worten.

Daher gibt es Fremdenhass, Ausländerfeindlichkeit, Ablehnung von Andersgläubigen oder anderen Rassen, Terrorismus auf eurem Planeten. Das ist die Trennung, die damals zu Babel vollzogen wurde. Sie resultiert aus dem Gefühl der Fremdheit. Und alles, was fremd ist, wirkt auf die meisten Menschen erst einmal bedrohlich.

Pfingsten löste das kurzfristig auf. Es kamen die bekannten Feuerwagen, Feuerkugeln, gespaltene Feuerzungen, und eine holographische Taube erschien am Firmament, ein Tier, das für seine Sanftheit bekannt ist. Eine donnerende Stimme erscholl aus den Wolken, die verkündete, dass nun der Zeitpunkt gekommen sei, die Menschheit aus der Umnachtung in die Erleuchtung zu führen. Diese nannte sich der „Heilige Geist“.

Männer begannen zu predigen. Entgegen euren Schriften waren diese jedoch nicht meine Apostel. Es waren die Schriftgelehrten des Tempels, die ihre Unheilbotschaft unter das Volk riefen. Sie forderten lautstark die alten Werke und wurden unterstützt von den brausenden Schiffen. Nur einen kleinen Unterschied gab es: Sie flochten meinen Namen in ihre Predigten mit ein und forderten dazu auf, meine Kirche zu gründen, in der alle eine Sprache sprechen. Der Heilige Geist ihres Gottes war über sie gekommen.

Warum jedoch sollte ein vollkommenes göttliches Wesen, das den Geist der Quelle in sich erkannt hat, wie ich es euch lehrte, noch einen männlichen heiligen Geist benötigen?

Ich brachte euch die Göttin. Er aber brachte einen heiligen Geist und gespaltene Feuerzungen. So wurde die Dreieinigkeit erneut aus Männern erschaffen. Vater – Sohn – Heiliger Geist. Doch wo bleibt die Weiblichkeit in diesem Gespann, ohne die nichts entstehen kann?

Wie oben, so unten. Das ist universelles Gesetz. Wie sollten ein Vater und ein Geist einen Sohn gebären können, ohne eine Mutter? Das ist nicht nur physikalisch unmöglich. Das ist im ganzen Universum und in allen Universen unmöglich.

Du selbst – geliebte Freundin, geliebter Freund – bist heiliger Geist, als vollkommene Synthese von männlicher und weiblicher Schöpferkraft. Du bist Spirit. Die atmende Quelle ist das, was dich belebt; ist das, was du in Wahrheit bist. Du bist aus dem Geist der Quelle. Das ist es, was ich euch lehrte. Das ist es, was ihr damals in unseren Versammlungen fühltet. Den Spirit, die Vergeistigung, die aus der Liebe zu Allem-was-ist entsteht. Ohne Spirit, oder nenne es „heiliger Geist“, könntest du nicht atmen, nicht leben. Spirit und heilige Geistin, heiliger Geist, ist das, was du von Anbeginn an selbst warst, bist und bleiben wirst, seit du dich aus der Quelle in das Sein gesungen hast.

Pfingsten war und ist die Gewaltherrschaft einer holographischen Taube, die euch auf und in die Köpfe fliegt, um eure Sinne, Verständigung und eure Sprachen erneut zu verwirren. An Pfingsten gründete der Fürst der Dunkelheit eine Kirche, die fortan meinen Namen trug.

Viele unter euch haben auch heute noch Angst vor Vögeln, wenn sie auf euch zufliegen. Manche unter euch finden das lustig, wenn ihr das bei einem anderen seht. Doch ist diese Angst die Erinnerung an den Schrecken, den Pfingsten damals unter euch brachte. Wieder einmal kam etwas vom Himmel, das euch zeigte, wie machtlos ihr seid. Und dieses Etwas war ein Vogel, und die Vögel zu betrachten lehrte ich euch mit meinen Worten. „Siehe die Vögel des Himmels. Sie säen nicht, sie ernten nicht, und doch ernährt sie Mutter Erde.“ Kein Vater im Himmel gibt den Vögeln oder allen anderen Tieren Nahrung. Nein, es ist Mutter Erde. Gaia!

Und so sage ich dir: Ängstige dich nicht. Doch vertraue auch nicht darauf, dass ein heiliger Geist in Form einer Taube – Shekinah – dich zur Erleuchtung führt.

Die wahre Erleuchtung findest du nur in dir selbst, in tiefer Kontemplation mit deiner Seele, und in der lichtvollen Kommunikation mit der Quelle. Sei frei von allen Konventionen. Sei frei von allem, was dir einredet, dass du jemanden brauchst, der für dich den Kontakt zur Quelle erschafft. Du bist ein Teil der Quelle selbst. Du bist vollkommener Ausdruck der Quelle in physischer Form.

Ich grüße, liebe und ehre, was du bist. Sei der Erde ein Licht. Lass Spirit aus dir in deine Umgebung sich ergießen, und dein Leben wird vollkommen sein in der Heiligkeit des Seins.

In tiefer Liebe und Verbundenheit zur vollkommenen Freiheit der Liebe in dir!

Sananda

Himmelfahrt

Nachdem ich das Land ein letztes Mal durchquert und mich an allen wichtigen Städten meiner Lehrzeit noch einmal zeigte, nachdem ich sicher sein konnte, dass meine Botschaft der Liebe das Land und genügend Menschen erfüllte, und auch dessen, dass die frohe Kunde sich verbreitete, ging ich an der Seite meiner Jüngerinnen und Jünger noch einmal zurück nach Jerusalem.

Wir versammelten uns wieder in Josefs Haus. Ich bereitete den Abschied von meinen Begleitern vor. Josef war bei meiner Familie, sodass wir ein sehr stilles und einsames Haus für uns alleine hatten. Ein letztes Mal unterwies ich meine Jüngerinnen und Jünger in die Kunst des Heilens und der Sanftheit. Eine leichte Wehmut legte sich um mein Herz, weil ich in wenigen Stunden für alle Erdenzeiten Abschied nehmen wollte von ihnen. Von all meinen männlichen Begleitern würde nur Johannes auch weiterhin an meiner Seite sein. Er war mit den anderen, die mir wichtig waren, zum Schutz der Frauen und Kinder eingesetzt und mit Maria und Magdalena bereits abgereist.

So sprach ich ein letztes Mal zu der Schar meiner Freunde. „Geliebte Freundinnen und Freunde! Lasst uns diesen Abend gemeinsam genießen. Wenn ich morgen von euch gehe, dann gehe ich mit meiner Familie in ein anderes Land, auf einen anderen Kontinent. Wir werden einander in diesem Leben auf Erden nicht wiedersehen.

Dieser Abschied erfüllt mein Herz mit tiefer Trauer. Doch wisset, wenn ich zurückkehre zu euch, dann werde ich es dergestalt tun, wie ich euch morgen verlasse. Nur glaubt nicht, dass ich entschwunden bin. Nein! Ich habe noch viele Werke zu tun auf Erden und werde zu meiner Familie gehen. Mit ihnen werde ich in Europa mein Werk, das hier mit euch seinen Anfang nahm, weiterführen. Euch aber sende ich hinaus in die Welt, um unser Werk in eurem eigenen Namen zu verwirklichen und zu vollenden.

Gehet hin und lehret die Menschheit, dass sie die vollkommene Kraft des Lichts in sich trägt. Helft anderen, dieses Licht in sich zu erkennen und es zu erwecken. Lehret in meinem Namen die Freiheit, die Gleichheit und die Göttlichkeit. Gebt den Hungernden nicht nur Fische, lehret sie fischen.

Geliebte Vertreterinnen der weiblichen Kraft, gehet auch ihr in das Land und berichtet den Frauen von ihrer Lebenskraft; berichtet den Frauen davon, dass ohne sie Leben nicht möglich ist. Lehret die Frauen des Landes alles, was Maria und Magdalena euch lehrten. Verbindet sie wieder mit den Kräften der Erde und stärkt ihre Verbundenheit zum göttlichen Sein in der Seele der Großen Mutter. Senkt den Kindern ganz neue Saat in ihr Herz, damit sie zu freien Vertretern der liebenden Quelle erwachen. Sodann nutzt die Werkzeuge, die ich euch gab, um diese Kräfte erneut zu aktivieren. Gebt denen, die sich selbst für würdig empfinden, die Weihe in die weibliche Kraft der Quelle zurück.

Unterstützt eure Schwestern darin, diese Kraft in sich selbst wieder zu erinnern und diese zu leben, auch wenn die männliche Gesellschaft etwas anderes tut. Nur die erwachten Schwestern und Brüder auf Erden werden die Erde in die Höhen emporführen, die ihr aus unserer Heimat alle wieder erinnert. Lehret sie so, wie meine Mutter und Magdalena euch gelehrt haben.

Doch wisset: Nicht alle werden euch mit offenen Armen empfangen, wenn ihr diesen Ort verlasst. Hier an diesem Ort wurde der Same gelegt. Hier an diesem Ort wissen die Menschen von meiner Wiederkehr. Viele von ihnen sind auf dem Weg der Wende. Bewahret durch euer Sein das Wissen in ihrem Herzen, damit auch die nächste Generation noch die Wahrheit meiner Worte bezeugt und an die nächste Generation weitergibt.

In anderen Ländern werden Menschen sein, die euch ablehnen, denn zu groß ist die Angst vor der Strafe ihres Gottes oder ihrer Götter. Und doch, wenn ihr mit offenem Herzen in die Herzen der Menschen schaut, dann werdet ihr erkennen, wer bereit ist, die Insel des liebenden Lichts auf Erden neu zu begründen. Und mit jeder Seele, die ihr erreicht, wird die Erde ein klein wenig heller, das Leben auf Erden ein klein wenig wärmer und die Rückbindung an die Große Seele ein klein wenig intensiver. Viele kleine Inseln des Lichts können sich dann – am Ende der Zeiten der Dunkelheit – zu einem Kontinent des Lichts verbinden.

Doch werfet nicht Perlen vor die Säue. Wenn kein offenes Ohr sich euch zeigt, schweigt. Gehet weiter eurer Wege, und ihr werdet die geöffneten Herzen erkennen. In diese senkt sanft und liebevoll die Perlen der Wahrheit, der Weisheit und des mystischen Wissens.

Wenn Zweifel euch plagen oder der Mut euch verlässt, dann findet einander wieder. Schenkt euch gegenseitig den Mut und die Kraft, wie ich sie euch gab. Ihr wisst, was zu tun ist. Ich habe euch alles gesagt. Jetzt ist die Zeit gekommen, in der ihr, auf euch selbst gestellt, diese Wahrheiten leben müsst, ohne meine Unterstützung. Auch mein Vater wacht über euer Wohlsein. Wenn er sieht, dass ihr Unterstützung und Erneuerung bracht, dann wird er es sein, der kommt, euch in der gleichen Weise zu holen, wie ich morgen von euch gehen werde. Dort, im Hause meines Vaters, werden wir einander wiedersehen. Ich gehe hinfort, um euch den Weg zu bereiten. Und nun, meine geliebten Schwestern und Brüder im Geiste, lasst mich euch eine letzte Weihe schenken. Dann lasst uns unseren Körper zur Ruhe begeben, bevor wir uns morgen verabschieden und zerstreuen."

Andachtsvoll und voller innerer Demut saßen sie vor mir. Ich legte jedem die Hände auf das Kronenchakra und verband noch einmal einen starken Strahl aus der Quelle mit den Zentren meiner Freunde. Ich stärkte das ätherische Band, schenkte den Körpern neue Kraft und vollkommene Gesundheit. Ein ganz neues Leuchten erfüllte jeden

Einzelnen, und ich ließ meine Blicke voll wehmütiger Liebe ob unseres Abschieds über sie wandern.

Ich umarmte jeden Einzelnen und jede Einzelne. Wir trennten uns in die Nacht.

Am nächsten Morgen machte ich mich auf in die Stadt. Auch heute war Jerusalem wieder voller Menschen und Trubel. Am Himmel erkannte ich die mir so sehr vertraute Wolke, die Vaters Schiff umhüllte. Meine Begleiterinnen und Begleiter kamen zur rechten Zeit, sodass wir ein letztes Glas Wein miteinander genießen konnten. Eine große Menschenmenge hatte sich bereits um uns versammelt, als ich einem jeden die Wange küsste und mich zur Mitte des Platzes wandte. Sie wollten die Worte des Messias vernehmen und warteten voller Spannung und Staunen. Ich schaute hinauf in den Himmel. Alle Köpfe folgten dem meinen, als ein heller Lichtstrahl herabkam und den Platz in gleißendes Licht tauchte.

Die Menschen wichen zurück, einige fielen auf die Knie, andere liefen panisch davon, um dann aus „sicherer“ Entfernung das Schauspiel zu betrachten. Ich wandte mich noch einmal um und rief:

„Volk von Jerusalem. Erinnere dich immer an meine Worte: Du bist ein vollkommen freies Geschöpf, hast dich selbst erschaffen aus der Quelle der universellen Liebe. Du bist vollkommen frei. Kein strafender Gott kann dir etwas anhaben, wenn du in dir das Licht der Quelle gefunden hast und es aus dir heraus strahlen lässt. Dieses Strahlen macht dich unantastbar für die Dunkelheit. Es gibt sie nicht, die ewige Verdammnis. Es gibt kein Strafgericht Gottes. Es gibt keinen Richter.

Mein Vater ist gekommen, um mich zu meiner Familie nach Hause zu bringen. Es gibt viele Häuser in den Wolken, mit Göttern der Liebe, so, wie auch ihr unter all euren Schatten Götter der Liebe seid. Auch ihr werdet eines Tages, wenn ihr erwacht seid, Häuser in den Wolken steuern. Auch ihr werdet eines Tages für andere Wesen auf einer anderen Erde ein Licht oder der Schatten sein. Erinnert euch immer daran. Ich habe euch das Licht der Liebe, der Freiheit, des Friedens und der Wahrheit gebracht. Ehret die Erde, und sie wird euch reichen Segen schenken so, wie sie es mit all den Geschöpfen der Erde, die sich ihr ergeben, schon immer tat. Das Einzige, was war, ist und sein wird, ist die Liebe, die das ganze Universum durchpulst.

Weint nicht um mich, Gefährten meiner Seele. Bald schon werde ich zurückkehren und euch in meine Arme schließen!“

Bei meinen letzten Worten hob der Transportstrahl des Wolkenschiffes mich leicht nach oben. Ich winkte meinem Volk zu, bis ich ankam im Hause meines Vaters.

Meine Mission in diesem Teil der Erde war erfüllt. Nun führte mein Weg mich in einen anderen Teil der Erde, hoffend, dass meine Worte auf fruchtbaren Boden gefallen waren und ich meine Botschaft von Freiheit, Gleichheit und Brüderlichkeit einem anderen Volk zum Geschenk machen konnte.

Vater entließ mich in Heliopolis. Ich war endlich wieder im Kreise meiner geliebten Familie. Für Palästina war der Mann aus Galiläa nur noch Legende.

☆☆☆☆☆

Teil 5: Die Zeit nach meiner „Himmelfahrt“

Unsere Reise über das Meer – endlich zu Hause auf der Erde

Sanft entließ mich der Transportstrahl in Heliopolis. Ich freute mich sehr darauf, meine Familie endlich wiederzusehen. Nie wieder wollte ich so lange von ihnen getrennt sein. Als ich im Quartier eintraf, wurde ich voller Liebe und Jubel empfangen. Sarafina wich nicht mehr von meiner Seite, Jamyra war zurückhaltender. So lange hatte sie mich nicht mehr gesehen, dass ich ihr fremd geworden war. Die Zurückhaltung legte sich jedoch schnell, als ich ihre kleine Hand in meine nahm. Sie schaute mich an, strahlte im Wiedererkennen, und endlich konnte ich meine Kleine ebenfalls in meine Arme schließen. Magdalena erblühte wie strahlendes Licht, und meine Mutter weinte wie so oft wieder vor Freude. Ein tiefes Aufatmen ging durch unsere Familie. Wir hatten alles erreicht, was unsere Mission in Palästina ausmachte. Tiefer Frieden erfüllte uns und die Gewissheit, einem wundervollen Leben entgegenzugehen.

Mir blieben noch einige Tage in Heliopolis vor unserer Abreise. So besuchte ich noch einmal meine Lehrer aus Jugendtagen und durchstreifte die vertrauten Stätten. So vieles hatte ich aus diesem Land mitnehmen dürfen. Die Mysterien von Lemuria und des lichten Atlantis‘ durfte ich hier neu erfahren. Alle diese Kräfte bewahrte ich und trug sie in mir.

Jetzt, nachdem meine Mission erfüllt war in diesem Teil der Erde, war es meine höchste Aufgabe, all die Mysterien zu bewahren und einem weiteren, auserwählten Kreis Frauen und Männer zu übergeben, die sich der Weisheit öffnen wollten. Dieser mystische Kreis musste und wollte neu begründet und über die Erde verteilt werden, damit die Verankerung des Lichts auf dieser Erde erhalten blieben.

So bestieg ich mit meiner Familie, meiner Mutter, ihrem Mann, der mir Vater auf Erden war, meinen Geschwistern, Maria, Martha, Johannes, Josef von Arimathäa mit ihren Familien und unserem Gefolge ein Schiff, das uns in das Land bringen sollte, das ihr heute Frankreich nennt.

Als wir das Schiff verließen und mein Fuß das Land betrat, ergriff mich eine tiefe Freude. Tiefer Frieden breitete sich unter uns allen aus, die wir hier eine neue Heimat finden wollten. Hier war meine Heimat auf Erden. Hier wollte ich mein Haus neu auferstehen lassen. Hier wollten wir den Grundstein legen für eine freie Erde, genährt aus unserer Liebe zu Allem-was-ist. Die Natur blühte, und ein sanfter Wind streichelte uns, als wir den Strand verließen.

Und NEIN, ich gründete weder die Merowinger Dynastie noch den Templerorden. Ich begründete die Akademie der Mysterien der Quelle. Diese leitete ich viele Jahre lang gemeinsam mit Johannes und Josef von Arimathäa.

Maria, meine Mutter, und Magdalena gründeten die Akademie der Mysterien der Göttin des reinen Lichts. In dieser Akademie wurden nur Frauen geschult und unterrichtet, wie in meiner Akademie die Männer unterrichtet und geschult wurden. Josef und Johannes blieben an meiner Seite. Sie lehrten genauso, wie ich es tat, die Männer. In dieser Zeit strömten die Menschen des Frankenlandes in unsere Schulungen. Unsere Lehre von Freiheit, Gleichheit und Göttlichkeit trug reiche Früchte im Land.

Die Trennung der Akademien fand niemals statt, weil Frauen weniger wert sind als Männer oder weil die Geschlechter getrennt werden sollten. Diese Trennung gab es aus nur einem Grund: Ein männlicher Geist kann Frauen nicht lehren, in die Kraft der Göttin einzutreten, und Männer können nur von erwachten männlichen Seelen in ihre innere, vollkommene göttliche Kraft geführt werden.

Die Templer gründeten sich später aus Gruppen unserer Schulen, die von meinen Söhnen weitergeführt wurden. Sie stammen nicht aus meiner Quelle, auch wenn sie universelles Wissen besaßen, das unserer Lehre entstammt.

Magdalena und ich schenkten der Erde, hier in dem Land, das ihr heute Frankreich nennt, unsere beiden Söhne. Sie sollten mein Werk weiterführen, wenn ich gegangen bin. Wir nannten sie Darian (Geschenk der Quelle) und Aman (das Leben). Sie waren die ersten neuen Männer auf Erden. Sie waren die ersten Männer, die aus der Göttin und Gott geboren wurden, in vollkommener Vereinigung der männlichen und weiblichen Qualitäten der Quelle.

Sie waren, genau wie meine Töchter, dazu bestimmt, den Samen der Quelle rein zu halten und weiterzutragen. Sie sollten die Erde bevölkern mit den neuen Männern, die unsere Söhne sind. Diese neuen Männer erwachen heute wieder zum Leben. Sie erinnern sich ihrer Vollkommenheit. Ihr neuen Männer mit euren wunderbaren Frauen, die ihr unsere Nachkommen seid, seid auserwählt, die Erde mit Licht zu überfluten und Timarilamaa neu erstehen zu lassen. Diese Erde, die mit Liebe überflutet, von göttlichem Licht durchdrungen ist, wird erscheinen, wenn euer Quantensprung erreicht ist und ihr die Erde in ihren Quantensprung führt.

Die letzte Krönung unserer Liebe war eine wundervolle dritte Göttin, die unsere tiefe Liebe unserer Familie schenkte. Sie war der Sonnenschein aller, unsere Myriana (die wunderbare Seherin). Sie wuchs auf in Freude und Vollkommenheit. Sie heilte, allein durch ihr sonniges Sein, viele Wunden ihrer älteren Schwestern durch ihr vollkommenes ursprüngliches Sein.

Ihre Schwestern beteten sie an. Als sie erwachsen

war, begründeten unsere drei wundervollen Töchter, die ein Geschenk des Himmels waren, die Akademie der schönen Künste.

Sie malten, wie nur eine Göttin malt.
Sie sangen, wie nur eine Göttin singt.
Sie schrieben Poesie, wie nur eine Göttin strahlt
Sie strahlten Liebe und Frieden aus, wie nur eine Göttin es vermag.

Unsere Töchter vollbrachten die vollkommene Verbindung unserer getrennten Akademien. Sie brachten die erwachten Männer und Frauen in ihrer Akademie zusammen. In diesem Zusammensein entstand eine wundervolle Gemeinschaft von erwachten Göttern und Göttinnen auf Erden.

Doch immer wieder erreichten mich Botschaften aus Palästina, in dem meine Jünger noch wirkten. Mein Herz schmerzte, wenn ich hörte von Verfolgung und Qual, die meine Nachfolger und Nachfolgerinnen so oft erfahren mussten. So bat ich Vater, dass meine Freunde und ich uns in seinem Haus ein letztes Mal sehen.

Die Wiedersehensfreude war groß, doch auch der Kummer über den Verlust geliebter eingeweihter Menschen an der Seite. Ein grausamer Kriegsherr, Saulus sein Name, hatte es sich zum Ziel gesetzt, alles zu vernichten, was auch nur im Entferntesten an den Mann aus

Galiläa erinnerte. Schau dich um in den Religionen, die meinen Namen nennen. Er hat es meisterlich geschafft, den Mann aus Galiläa zu einem Rächer der Menschheit umzugestalten.

Meine Jüngerinnen und Jünger wussten nun, wohin ich ging, wenn ich sie verließ und dass ich immer noch unter ihnen auf Erden weilte. Sie wussten, dass auch sie den Tod nicht kosten würden, sondern nur ihr physisches Gewand ablegen, wenn sie den Körper abstreifen. Sie erfuhren den Trost, dass sie in ihrem lichten Körper unter uns weilen würden. Hier würden sie einen neuen Körper erhalten und ständige Begleiter an unserer Seite sein. Wir reichten ihnen den Trank, den Vater mir gab, damit ich keine weiteren Schmerzen erfuhr. Nur so konnte es geschehen, dass eure Kirchen eure „Heiligen“ als mutig und tapfer darstellen, die singend in den Tod gingen. Es waren freie Männer und Frauen, die die Erde erhellen wollten. Die Kirchen ermordeten sie und machten sie später zu euren Heiligen. Doch sie waren nicht Diener der Kirche oder gar trunken von ihrem Glauben an Gott. Sie waren erfüllt vom Trank meines Vaters, erfüllt von der Gewissheit, dass ein lichtvolles Leben sie erwartet. Durch den Trank war der Körper betäubt. Durch neue Rezeptur waren sie frei von Angst und Furcht. Sie wussten, sie gingen einem besseren Leben entgegen.

Ich verließ noch einmal meine Familie und kehrte zurück nach Indien. Hier zeigte ich meinen vollkommen geheilten Körper meinen Lehrern von einst. Ich lehrte sie nun meine universelle Lehre, damit auch an diesen Orten der Erde die Saat aufgehen konnte.

Mein Werk war vollendet. Hand in Hand schliefen Magdalena und ich ein. Wir verließen gemeinsam die Hülle unseres Körpers. Wir fanden uns ein auf dem Schiff dessen, den ich meinen Vater nannte. Wir verbanden unser Bewusstsein zu dem, was es vor unserer Trennung in Vater und Sohn immer war. Ein vereintes Bewusstsein in der Einheit des Kommandanten der himmlischen Wohnhäuser: Sananda.

Magdalena verschmolz ihr Bewusstsein erneut mit Nada. Sie erstrahlte in neuem Glanz wie vor ihrer Trennung an meiner Seite, bis heute die eine, die ihr Nada nennt.

Im Gegensatz zu mir ist Magdalena jedoch wieder unter euch. Sie trennte ihr Bewusstsein mehrfach von Nada, um weitere Inkarnationen zu erfahren. Der Schmerz, die Ohnmacht und der Zorn hatten bewirkt, dass sie das auf Erden erlösen wollte. So sind Nada und Magdalena zwar eins, doch zwei Individuen mit der Absicht, eines Tages wieder völlig miteinander zu verschmelzen. So wie es vielen von euch geht.

Magdalena, meine geliebte Frau auf Erden, weilt mitten unter euch. Sie erfüllt ihr Versprechen, den Frauen dieser Erde Unterstützung zu schenken, wenn diese die Kraft der Göttin in sich selbst erfahren wollen. Sie ist unter euch, um den Menschen der Erde das Licht der Freiheit, der Unabhängigkeit und der Selbstermächtigung erneut in ihr Herz zu senken.

So sind viele wieder unter euch in der Jetzt-Zeit, die seinerzeit an meiner Seite waren. Johannes, Thomas, Maria, Martha, meine geliebten Kinder, meine Enkel von einst und viele, deren Namen in den Schriften nicht erwähnt wurden.

Sie alle sind unter euch, damit ihr euch erinnert an das Licht, das ihr seid.

In tiefer, inniger Verbundenheit, euer Bruder

Sananda

☆☆☆

Mein Wort an die Frauen und erwachten Männer dieser Erde

Die Frau, als Ausdruck des ewig göttlich Weiblichen, ist das größte Geschenk, das der Ausdruck des Männlichen erfahren kann, um in die Einheit der Quelle zurückzufinden. Die Abgefallen haben sich aus dieser Einheit gelöst. Dadurch entstanden all das Elend, all die Qualen, unter denen die Erde bis heute seufzt. Meine Lehre war zu allen Zeiten: Männer der Erde, kehrt um und ehret die Kraft der weiblichen Quelle!

Meine Mutter, meine geliebte Frau und meine Töchter waren für mich Quelle der Freude und Quelle der Kraft, nicht nur auf Erden. So war meine Lehre, die Frauen der Erde zu ehren, um damit zu heilen, was der „Regent des Chaos" zerstörte, indem er seine Mutter tötete. Damit entfernte er sich so sehr von der weiblichen Kraft, dass er fortan als Verlorener galt. Nur dieses Verloren-Sein ermöglichte seine Grausamkeit den Menschen und Tieren gegenüber, nicht nur auf der Erde, sondern auch auf anderen Planeten. Die Erde jedoch wollte er zum Zentrum seiner Macht werden lassen.

Nur die Frauen der Erde können diesen Prozess aufhalten. Weil nur die Frauen es sind, die ihre Macht zurückfordern müssen. Ihr Frauen wollt seine Mutter erneut in das Sein integrieren, deren Seele seit ewigen Zeiten gefangen ist. Er fürchtet, dass das geschehen kann. Darum wurden die Frauen auf Erden misshandelt, geschändet und dem Männlichen ausgeliefert, die Weiblichkeit geknechtet und das Männliche überbetont. Schaut euch um in eurer Welt. In mehr als zwei Dritteln der Erde geschieht das bis heute. Frauen werden gequält, verstümmelt, verachtet. Sorgt euch um die Frauen dieser Erde, dann kehrt die Liebe zurück auf die Erde. Sendet ihnen Licht, Liebe, Mitgefühl. Männlichkeit ohne weibliche Kraft ist die Grausamkeit, die ihr seit ewigen Zeiten auf Erden erleidet.

Ich kam, um den Männern dieser Erde diese weibliche Kraft, ohne die ein Mann nur eine halbe Seele ist, zurückzubringen. Er aber, er fürchtet, dass ihr Frauen die Frau, die durch seine Hand starb, deren Seele er in die Dunkelheit bannte, wieder auferstehen lasst, weil er ihre Rache fürchtet. Doch sie wird sich nicht rächen, denn sie liebt ihren Sohn in göttlicher Vollkommenheit bis heute. Ihr Anliegen ist es, dass seine Seele wieder frei wird. Das kann sie nur, wenn er seiner Mutter begegnet in ihrer neuen Kraft und Leidenschaft.

Dann, wenn das geschieht, wird endlich der Frieden des Lichts auf Erden neu begründet sein, den die ganze Menschheit und mit ihr Gaia so lange schon ersehnt. Nicht Zorn und Rache sind der Weg der Liebe, sondern Mitgefühl, Verständnis und Verzeihen. Das ist und war meine Lehre in allen Zeiten meines Seins.

Frauen dieser Erde, verbündet euch mit den Starken

im Geiste, denn selig sind die Starken im Geiste. Die Starken im Geiste, das sind die erwachten Frauen dieser Erde. Sie werden die Erde in ungeahnte Höhen emporheben.

Schaut euch um auf eurer Erde. So viele Frauen leiden täglich Qualen der Erniedrigung, Unterdrückung, Folter und Misshandlung. Vereinigt euer Strahlen und schenkt euren Schwestern euer Mitgefühl, sendet ihnen euer Licht und betet bei ihren Seelen um Kraft für sie, damit sie sich erheben und in ihrer Gesellschaft ihren gerechten Platz auf Erden einfordern können. Ihr habt die Macht, die Seelen anzurufen, und stellvertretend für alle Frauen, denen Recht und Seele abgesprochen wurde, die Kraft in das Leben zu lenken.

Macht aufmerksam auf das Leid einer anderen Frau, wenn ihr davon erfahrt. Dann verbindet euren Geist und sendet Licht und Mitgefühl in die Frauen einer solchen Gesellschaft. Doch sendet niemals Licht in die Gesellschaft selbst. Die Gitter der Dunkelheit würden es absorbieren. Sendet eure Kraft direkt den Frauen, Kindern und den Schwachen so, wie ich es tat.

Erwachte Männer auf Erden, erhebt euch. Nutzt eure Männlichkeit und berührt die Männer der alten Energie. Es wandelt eine wunderbare Seele auf Erden, die den Weg beschritt, den Frauen die Qual zu mindern. Ihr als Männer könnt das tun, was Frauen in diesen Ländern verwehrt ist. Ihr könnt als Männer unter Männer gehen so, wie ich es tat, um die Schändung der Frauen zu erlösen.

Ich brachte den Männern auf Erden mit meiner Geburt als Menschensohn durch eine Menschenfrau ihre ursprüngliche Göttlichkeit zurück. Meine Söhne zeugten neue Söhne, meine Töchter schenkten der Erde neue Kinder. Berührt die Männer in ihrer Schwäche, erweckt die männlichen Götter, die die Wahrheit erahnen. Ihr werdet sie erkennen an ihren Werken, nicht an ihren Worten. So viele Männer haben in sich den Samen meiner Lehre und meiner Blutlinie aufgehen lassen. Sie warten nur darauf, dass die weibliche Kraft sie wieder erweckt.

Die weibliche Kraft in ihrer Sanftheit der Beharrlichkeit kann die erwachenden Männer der Erde zu Meistern des Lichts emporheben. In dieser Vereinigung von erwachten starken Frauen und erwachten sanften Männern ist ewiger Friede eines goldenen Zeitalters möglich. Diese werden den Quantensprung in eine andere Dimension vollziehen. Wenn das geschieht, dann wird die Erde jubeln voller Freude.

Die Erde wird mit euch gemeinsam im alten, erinnerten Strahlen einem neuen Morgen entgegengehen; mit euch, die ihr den Weg bereitet, ohne Zaudern, ohne Klagen, doch voller Bewusstheit, dass nichts es verhindern kann.

Voller Freude werde ich dich in meine Arme schließen, wenn wir im Licht einer neuen Erde uns wieder begegnen.

In tiefer Liebe und Verbundenheit,
Sananda

Nachwort: Meine Erfahrungen mit „Tatort Jesus“

Voll von tiefem Glücksgefühl und innerer Bewegtheit beende ich nun den ersten Teil von „Tatort Jesus“. Ich lege dir seine Worte und seine Liebe an und in dein Herz. Während ich dieses Buch schrieb, sind so viele unvorstellbar wunderbare Dinge geschehen, habe ich so wundervolle Menschen von einst wiedergefunden oder, besser gesagt: Wir haben uns wiedergefunden. Wir haben uns endlich als wahre, spirituelle Familie erkennen dürfen, dass mein Herz voller Glück ist.

Gleichzeitig habe ich und haben wir solch wundersame Heilerfahrungen in uns erfahren dürfen, allein durch das Lesen dieser Zeilen, dass ich weiß, auch du wirst in dir neues Heilsein erfahren. Unsere Seele wurde befreit. So bin ich in tiefer Seele dankbar, weil Sananda mich erwählt hat, dieses so wichtige Werk dir und der Erde zum Geschenk zu machen. Zu Beginn sollte es ein Buch der Heilung werden, für die Person, die hier Jesus genannt wird. Nun, am Ende, ist es ein Buch der Heilung für alle, die Ohren haben zu hören und ein Herz zu fühlen. Jesus, Jeshua in Sananda, ist erlöst von den Lügen dieser Erde. Ein Teil seiner Familie von einst, die wieder auf Erden ist, hat tiefen Zugang zu ihm gefunden. Wir alle erfreuen uns an der Tiefe dieser neuen, alten Verbindung, die so viel Kraft und Wärme schenkt.

Für mich persönlich ist es heute das bedeutsamste Buch, das ich je geschrieben habe. Das sage ich nicht, um meine anderen Erfolge zu schmälern. Sie waren wichtige Schritte auf dem Weg bis hierher. Sie waren die Stufen, die mich reifen ließen, den Mut zu fassen, alles in das Licht zu verwandeln, was in seiner Lehre verdunkelt wurde. Lady Rowena erweckte in mir die alte weibliche Kraft zu neuem Leben. Sie heilte den Abgrund, den meine Tochter und ich in uns entstehen ließen. Ancient-Master-Healing ermöglichte mir seine Art des Heilens, seine Wunder zu verstehen. Dieses ist jedoch heute mein mich selbst am tiefsten berührendes Buch, weil es alle Zweifel beseitigt, weil es alle Fragen beantwortet, die mich mein Leben lang quälten. Es war dieses meine Frage, die ich so oft unter Tränen an ihn richtete, wenn ich als Kind vor einem Kreuz stand: „Was haben sie nur aus und mit dir gemacht?" Diese Frage war der Grund einer ganz tief vergrabenen Trauer in mir.

Endlich wurden die tiefen Zweifel meiner Kindheit, alle unbeantworteten Fragen an die Texte im Alten und Neuen Testament, beantwortet. Ich habe endlich den Jeshua erfahren, den ich als Kind vergeblich in allen Kirchen und Schriften suchte und doch so tief in mir erinnerte. All die Zitate der Schriften, die ich als Lügen erkannte, schmerzten mich tief. Keine Erklärung zu finden, immer wieder auf den großen Gott, der seinen Sohn opferte, gestoßen zu werden, veranlassten mich letztlich, meinen innigen Kontakt zu Jesus zu beenden.

Diesen Jeshua, der aus der Liebe kam, damit die Erde ein lichterer Ort für die Seelen der Liebe wird, habe ich während des Schreibens endlich wieder erfahren. Ich freue mich von Herzen, dir diesen Jeshua vorstellen zu dürfen, frei von allen religiösen Verfälschungen und Dogmen.

Ich wünsche auch dir, dass du allein durch das Lesen seiner Worte und Zeilen, durch das Spüren seiner Energie, tiefe Heilung aller seelischen Verletzungen, die tief in dir schlummern, erfährst. Er war und ist bis heute der größte Heiler auf dieser Erde. Seine Anwesenheit kann auch dich sehr schnell mit Heilung erfüllen auf den Ebenen, die dir vielleicht bisher verschlossen waren. Jesus kam auf unsere Erde, in reinster Absicht der Quelle, die Dunkelheit, statt sie zu bekämpfen, mit Licht zu erfüllen.

Wir sind seine Erben. Wir sind seine Kinder. Wenn du voller Hingabe an deinen Weg erkennst, dass auch du sein Erbe bist, dann tritt dieses Erbe an. Erkenne deine ganz eigene Großartigkeit. Sende deine Energie der Liebe in alle dunklen Winkel dieser Erde. Wenn einige das tun, dann werden bald weitere folgen. Das Jahr 2012 naht mit Riesenschritten. Niemand weiß, was es uns bringt. Doch es wird eine Wende eintreten. Beginnen wir heute damit, diese Wendezeit zu erhellen mit unserem inneren Licht, mit unserem Mitgefühl und unserer Liebe.

Erwachte Männer auf Erden, wenn ihr euch einsam fühlt in eurem Anders-Sein, wenn ihr euch fremd fühlt unter anderen Männern, dann macht euch auf, sucht einander, begegnete einander. Gründet ein Netzwerk der neuen Männer. Nur ihr könnt einander helfen, euch zu befreien. Es sind bereits viele der neuen Männer auf dem Weg, in der Stille die Wunden der Erde zu heilen. Hier ist es mir ein großes Anliegen, euch auf einen großartigen neuen Mann, Rüdiger Nehberg, hinzuweisen. Er hatte die Größe, die Qual der Frauen in Afrika zu erkennen. Er weinte ob deren Qualen. Aus diesem Mitgefühl heraus handelte er. Er begab sich als Mann unter die Mullas und erreichte es, deren Herz zu berühren. So wurde in einigen Dörfern die Verstümmelung der Mädchen aufgehoben. Er kämpft weiter für die Frauen Afrikas, die auch Sananda benannte. Ich ehre und grüße den lichtvollen Gott in Rüdiger. Ich ehre und grüße den lichtvollen Gott in dir!

Dies ist das Ende von Teil 1. Ein zweiter Band wird in einem Jahr folgen. In diesem bereits begonnenen zweiten Teil wurden bereits sehr viele Fragen durch Sananda beantwortet. Wenn du selbst Fragen an Sananda hast, die dieses Buch, sein Leben oder die Jetztzeit betreffen, dann sende sie gerne per Email an *info@tatort-jesus.de* oder an die Postanschrift des Smaragd Verlags. Sananda wird alle Fragen, die der Allgemeinheit dienen, in Tatort Jesus, Teil 2, beantworten, wenn sie bis Ende Mai 2009 bei uns eingehen.

Für eine wundervoll strahlende Welt voller erwachter Menschen grüße ich dich von Seele zu Seele.

Eva-Maria Ammon, im April 2008

Ein Wort an die Skeptiker

Mir ist bewusst, dass dieses Buch nicht ausschließlich von Esoterikern gelesen wird, die tief in sich spüren, dass diese Wahrheit uns frei macht und Heilung schenkt. Mir ist ebenfalls bewusst, dass der Begriff Jesus sehr viele Menschen zu diesem Buch führen wird, die mit der Thematik des Channelns nicht vertraut sind oder dieses gar für Spinnerei halten. Viele Christen halten es, genau wie die Astrologie, gar für ein Produkt des Teufels. Doch ganz egal, was immer du fühlst, was immer du denkst. Für mich gilt:

Selbst wenn alles hier meiner Phantasie entsprungen sein sollte, was es für mich nicht ist, selbst wenn alles so unglaublich erscheinen mag oder alles, was die Kirche lehrt, über den Haufen wirft, dann nehme ich und viele andere mit mir dieses trotzdem gerne an. Weil es Frieden bringt, weil es Heilung bringt. Weil ER ganz nah ist und seine unendliche Liebe auf dieser Erde endlich spürbar wird.

Für mich ist diese Interpretation des Neuen Testaments wunderbar und erstrebenswerter, als der ständigen Bedrohung einer ewigen Verdammnis durch einen „Gott da oben" zu unterliegen. Ich liebe meine Freiheit und beuge mich keinem strafenden Gott. Das habe ich als Kind gesagt, und das sage ich heute. Nur so, in der gelebten Liebe, frei von Zwängen und Dogmen, kann die Menschheit sich entfalten und zu ihrer wahren inneren Kraft gelangen.

Nur dann, wenn wir alle mit Mitgefühl, Liebe und Menschlichkeit aufeinander zugehen, kann die Welt zu einem strahlenden Ort werden, an dem alle Menschen in Frieden, Freiheit und Gleichheit miteinander leben. Ist diese Vision nicht sehr viel schöner und erstrebenswerter als alles, was wir auf unserem Planeten zur Zeit noch erleben?

In diesem Sinne sage ich: Sei ruhig skeptisch. Doch vergiss unter all deiner Skepsis nicht, in dein Herz hineinzuspüren und die Liebe zu Allem-was-ist neu zu entdecken.

Ich grüße und ehre das, was du bist.

Eva-Maria Ammon, im April 2008

Radix des Horoskops von Jesus Sananda

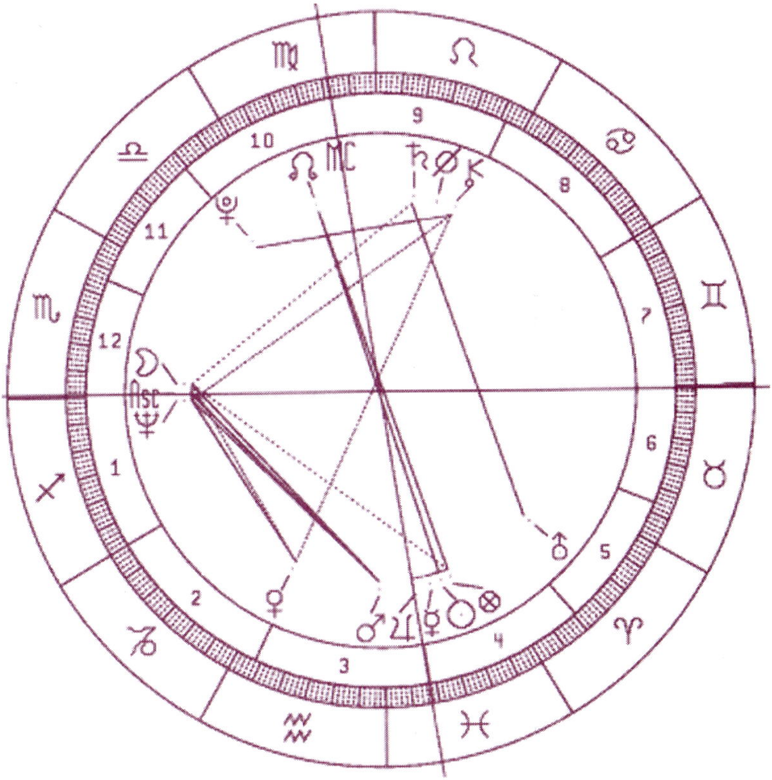

Astrologische Interpretation zu dem Geburtshoroskop von Jesus Sananda

Als Sananda das vorliegende wunderbare Buch diktierte, gab er auch sein Geburtsdatum mit an, mit dem sein menschliches Leben als Jesus von Nazareth begann.

Mir als Astrologin wurde diese großartige Aufgabe übertragen, mich auf die Suche nach dem Geburtshoroskop zu machen und auch eine Interpretation dazu zu schreiben. Ich möchte mich aus ganzem Herzen an dieser Stelle für das Vertrauen bedanken, das Sananda und Eva-Maria mir mit diesem Auftrag erwiesen haben, und hoffe, mich als würdig zu erweisen.

Mir ist sehr wohl klar, dass es sich um ein gechanneltes Buch handelt, das aus meiner Sicht ein wunderbares Heilungsbuch ist und die Möglichkeit für die Leserinnen und Leser bietet, die inneren und somit auch die äußeren Welten miteinander zu verbinden.

Das ist etwas, was mir mein Leben lang sehr am Herzen liegt. Ich wünsche mir aus ganzem Herzen, dass dieses Buch, und vielleicht auch meine Interpretation, dazu beitragen, dass alle Menschen verstehen und wachsen und das wunderbare Licht Sanandas sich auf Gaia und in den Herzen ausbreiten kann.

So schreibe ich diese Interpretation in Dankbarkeit und Demut vor dieser großen und erleuchteten Seele, die Jesus von Nazareth genannt wurde und die Sananda ist.

Möge sein Licht leuchten in dir und in mir, und mögen wir dazu beitragen, den Kindern der Neuen Zeit einen lichtvollen Weg zu bereiten.

Petra Aiana Freese

Das Geburtshoroskop von Jesus Sananda

Da ich an der Entstehung des vorliegenden Buchs teilhaben durfte, schaue ich nun auf das Horoskop mit vollkommener Verblüffung.

Das, was mir daraus entgegenkommt, und die Geschichte, die es erzählt, ermöglicht mir, dem Licht des Jesus noch etwas näherzukommen, und ich sehe, dass sein Horoskop sozusagen das Buch „untermauert“ und dem Buch noch ein zusätzliches Fundament sein kann.

Ich erlaube mir aus ganzem Herzen, dieses Horoskop aus spirituellster Sichtweise zu interpretieren und die Kräfte der Planeten und Zeichen mit dem wunderbaren Anspruch zu belegen, der ihnen als Ausdruck des Schöpfungsplans und des kosmischen Geschenks an die Menschheit zusteht.

Für die Freundinnen und Freunde der Zahlen gebe ich die Gradzahlen der einzelnen Planeten an und wünsche Ihnen beim Erforschen der Zahlen ebenso viel Freude und Erkenntnis, wie es mir macht.

Das vor mir liegende Horoskop für den 9. März 06, um 21.21 Uhr in Bethlehem, hat die Sonne auf 17° in den Fischen, den Aszendenten auf 29° im Skorpion und das Medium Coeli auf 8° in der Jungfrau.

Die Sonne, als Ausdruck der Persönlichkeit und des leuchtenden Selbst der Seele, steht auf 17° in den Fischen, dem Zeichen der vergangenen zweitausend Jahre. So steht sie eng verbunden mit der Mondknotenachse, die als karmische Achse betrachtet wird und die wichtigen Anhaltspunkte für den Lebensweg bereithält. Sie zeigt, wo wir herkommen und wo wir hingehen in dem Leben, das wir gerade leben.

Der absteigende Mondknoten (wo komme ich her) steht in enger Konjunktion mit der Sonne. Das zeigt, dass Jesus direkt aus seiner eigenen Sonne kam, aus seinem eigenen Sein, und somit auch sein Sonnenselbst schließlich auf Gaia intensiv einbrachte zum Wohl der Menschheit. Bei einer so engen Konjunktion gibt es keine Umwege. Das Zentrum dessen, was er verwirklichen und einbringen wollte, war er selbst, mit all seinem Wissen, seiner Heilkraft und seiner glänzenden Spiritualität.

In dem Zeichen der Fische geboren zu sein und das gegenüberliegende Zeichen der Jungfrau im Laufe des Lebens zu entwickeln und auch zu leben bedeutet, sich auf der Heiler- und Helferachse zu bewegen, die von diesen beiden Zeichen dargestellt wird.

Er stieg herab aus den Nebeln des Zeichens der Fische, um das, was sich hinter diesen Schleiern für menschliche Augen verborgen hielt, unter die Menschen zu bringen und auf Gaia zu verankern.

Der aufsteigende Mondknoten (wo gehe ich hin?) befindet sich im 10. Haus, dem Berufshaus, in der Jungfrau, und so ist ganz klar daraus zu ersehen, dass all sein Handeln und Sein darauf ausgerichtet waren, sich selbst, das, was er wirklich war und ist, auf Gaia in die Menschheit einzubringen.

Neptun, als der Herrscher der Fische, steht direkt am Aszendenten auf 29° Skorpion. Er transportiert die Themen des Zeichens Fische und der Kräfte, die dort wirken, direkt in den sichtbaren Bereich. Und so strahlte aus den kritischen und wachen Augen des Jesus auch das gesamte Potenzial von Jupiter, Merkur und der Sonne.

Neptun machte das sichtbar und vor allem spürbar, was für die meisten Menschen der transzendente Bereich ist und zu dem bereits in der damaligen Zeit merkwürdigerweise nur angeblich privilegierte Menschen Zugang hatten.

Der alte Herrscher der Fische (Neptun war damals noch nicht entdeckt von den Menschen) ist Jupiter. Dieser wunderbare Planet, der für Expansion, spirituelle Entwicklung, Philosophie usw. steht, befindet sich gradgenau an der Basis dieses Horoskops, an dem sogenannten Immun Coeli. Jupiter stellte die Basis des Lebens Jesu dar. So zeigt er an diesem Ort deutlich, dass dieses Kind, das damals geboren wurde, bereits in sich selbst das Potenzial war.

Dieses Kind wurde geboren mit der klaren Absicht, Licht in das Herz der Menschen und in diese Schöpfung zu bringen und damit ein ganz wichtiger Teil der Entwicklung der Menschheit zu sein.

Beginnt kurz nach dem Aszendenten bereits das Zeichen Schütze, dessen Potenzial ebenfalls von Jupiter ausgedrückt und präsentiert wird, ist dieser Jupiter am Immun Coeli eine derart strahlende Kraft, die sich dann über den Aszendenten auch nach außen präsentiert hat und sicherlich nicht zu übersehen war.

In mir breitet sich das Bild eine Kindes aus, das geboren wird und mit dem Moment seines sichtbaren Erscheinens alles erleuchtet und mit unendlicher Freude erfüllt, das in seiner prachtvollen und strahlenden Aura ist.

Und genau dieses prachtvolle Licht wird leuchten in der sichtbaren Welt und alles in den göttlichen Glanz der Erleuchtung hüllen, was mit ihm in Berührung kommt.

Brachte er die Sonne, seine Sonne, in diese Schöpfung, so ließ Jesus seine spirituelle sensible Verbindung zurück in den Bereichen der Transzendenz, um sie nur dann zu offenbaren, wenn die kritische und klare Wahrnehmung seines Skorpion-Aszendenten es ihm auch im tiefsten Innern erlaubte.

So hatte er bereits zum Zeitpunkt seiner Geburt die

Gabe mitgebracht, einen alles durchdringenden Blick dafür zu haben, wo er vertrauen durfte und wo nicht, und glasklar zu erkennen, was in den Tiefen derer vor sich ging, die ihm begegneten.

Die kritische Wahrnehmung des Skorpion-Aszendenten wurde noch unterstützt durch Neptun auf 1° Schütze und die feine Inspiration, die ihm ständig aus dem 12. Haus über die Mondin zufloss.

Diese skorpionische Mondin, die nur 3 ° vom Aszendenten entfernt steht und sich somit auf den Aszendenten, aber eben über das 12. Haus, auswirkt, zeigt eine ganz feine Intuition für alle Vorgänge, egal, wie tief sie verborgen waren.

Das 12. Haus steht für Größeres als nur für die eigenen Wünsche und Bedürfnisse. So geht dieses sensible Gefühl wie ein feines Radar über und durch alles hindurch, um allem auf den tiefen Urgrund zu schauen und Licht und Dunkelheit zu unterscheiden.

So lernte das Kind Jesus sehr schnell, dass dieses wunderbare Licht, das aus ihm erstrahlte, nicht allen Menschen gefiel, und dass er die Gabe hatte, die dunklen Seiten dieser Menschen ans Licht zu bringen, um ihnen damit zu ermöglichen, ihre Dunkelheit zu transformieren. Wenn sie es denn wollten.

In diesem planetaren Zusammenhang möchte ich auch seine Begegnung und Verbindung zu Judas einbetten; erkannte er sehr wohl den Schatten, der ein Teil des Judas war, so ging Jesus aus meiner heutigen astrologischen Sichtweise davon aus, dass es Judas anders gelingen würde, seinen Zorn und seine Enttäuschung zu transformieren als über den Verrat, der dann stattfand.

Der am Immun Coeli, also an der Basis, dominant stehende Jupiter hat Jesus großzügig und tolerant sein lassen, und der knapp 5° davon entfernte Merkur im 4. Haus in den Fischen signalisiert eine dauernde, sensible Gesprächsbereitschaft.

Da Judas zum engeren Kreis gehörte, konnte Jesus davon ausgehen, dass dieser sich bei inneren Konflikten an ihn wenden würde, um über ein konstruktives Gespräch zu friedlichen und ausgeglichenen Regelungen zu kommen.

Pluto im 11. Haus in der Waage symbolisiert die Macht- und Ohnmachtserfahrungen, die Jesus in dem damaligen Leben erfuhr, wenn er sich in die Gesellschaft oder in Gruppen begab. Er verkörperte diese wunderbare Macht des Pluto, die Lady Portia als die tiefe Liebe Gaias bezeichnet. In der Waage geht es um Gerechtigkeit und Ausgleich. So hatte er eine charismatische Ausstrahlung, die voller Liebe und Heilung für diejenigen war, die ihm begegneten.

Es ist bis heute so, dass Menschen mit einer ruhigen plutonischen Ausstrahlung von manchen Menschen alleine durch ihr Sein als Provokation empfunden werden. Diese warme Macht, die oft von den plutonischen Menschen ausgeht, wird oft als Aufforderung zum Machtkampf aufgefasst.

Das löst bei den plutonischen Menschen so lange Verwirrung aus, bis sie verstehen, welche wunderbare Kraft da in ihnen wohnt und ihnen zu eigen ist.

Ich gehe davon aus, dass Jesus von Nazareth sich dieser Macht auf Grund seiner Ausbildung und seines Seins sehr wohl bewusst war.

Die harmonische Verbindung zwischen Pluto in der Waage und Chiron im Löwen verweist auf das großartige Heilerpotenzial und auf eine ausgeprägte, aus heutiger Sicht „schamanische Sichtweise" all dessen, was ihm begegnete. Die heilenden Kräfte flossen sozusagen aus ihm heraus, um alles mit der Liebe zu erleuchten und zu heilen, die einfach sein Potenzial war und ist.

Bedeutet das Zeichen des Wassermanns den erlösten und erleuchteten Menschen, so hat Jesus in seinem Horoskop den Mars, der für das Männliche, die Aktivität und die Durchsetzung steht, genau in diesem Zeichen stehen. Auch die Venus, die das Weibliche, die Wünsche und die Sehnsüchte repräsentiert, steht gleich am Anfang auf 2°

Wassermann und dem Chiron, dem Schamanen und Heiler auf 2° Löwe, gegenüber.

Daraus ergibt sich, dass die eigenen Wünsche und Bedürfnisse zurückgestellt wurden beziehungsweise zurückgestellt werden mussten, damit Jesus seinen sich selbst, aus unendlicher Liebe zu dieser Schöpfung und der großen Göttin, auferlegten Auftrag durchführen konnte, was er auch trotz aller Widerstände tat.

In seinem Buch hat Sananda uns mitgeteilt, dass er als Sohn der Göttin kam und es ihm um die Heilung des Weiblichen ging.

Da schaue ich nach Lilith, die symbolisch für die Göttin und für die Bereitschaft zur Abweichung von gesellschaftlichen und menschlichen Normen steht.

Lilith befindet sich auf 12° Löwe, eingerahmt von Saturn auf 19° Löwe und Chiron auf 6° Löwe.

Da hat sie ihren Platz eingenommen zwischen dem Schamanen (Chiron) und dem Hüter der Schwelle (Saturn), der auch die Staatsgewalt und die Grenzen darstellt.

Saturn bringt die Themen des 2. Hauses, in dem es um die persönlichen Werte geht, mit in das 9. Haus, das unter anderem für die Themen steht, mit denen „ich mich verbinde". Das 9. Haus ist das Heimathaus von Jupiter, und so wurde der dominante Jupiter auch in die sonst recht starren saturnischen Bereiche gebracht.

Die Wertethemen präsentieren sich im Löwen, dem Zeichen der Sonne, und so werden die überlieferten Aussagen, die „ICH BIN Sätze“, vollkommen nachvollziehbar, und es wird klar, dass Jesus es genauso aus ganzem Herzen sagen konnte, da er wusste, wer er war und ist.

Chiron, der Heiler und Schamane auf 6° im Löwen, präsentiert ebenfalls das Licht der Sonne aus den Fischen in diesem Bereich des Zeichens Löwe, und so entsteht in mir das Bild eines Mannes, der aus ganzem Herzen Heilung, Frieden und Liebe zu den Menschen und in diese Schöpfung bringen wollte und auch konnte.

Die Opposition von Chiron zur Venus im Wassermann weist darauf hin, dass eigene Bedürfnisse und Wünsche zurückgestellt wurden, wenn der Eindruck für Jesus entstand, er könnte oder würde damit einen anderen Menschen einschränken, schaden oder diesem etwas nehmen.

Und so verband sich Jesu Chiron im Löwen immer wieder mit seiner eigenen Sonne, seiner Basis in den Fischen und in seinem tiefsten Sein, um die Themen, die an ihn herangetragen wurden, zu heilen.

Und so, wie die saturnischen und chironischen Themen durch die Sonne direkt wieder an die Basis seines

Seins in das 4. Haus transportiert werden, sind es auch die lilithischen Themen, die direkt in seinem Wesenskern ihre Resonanz finden. Die Themen des Weiblichen in ihrer Vielfalt und als schöpferischer Ausdruck der Göttin fanden ihre Resonanz in Jesu Innerem, in dem er das tiefe Bewusstsein des göttlichen Menschen trug.

Uranus befindet sich im 5. Haus auf 18° im Widder; geht es im 5. Haus um Kinder, Inneres Kind, Selbstpräsenz, Sexualität und Kreativität, geht es im Widder um Neuanfang, und Uranus wird gerne als Revolutionär und Erneuerer bezeichnet.

Uranus krempelt gerne das Unterste nach oben und konfrontiert uns mit der Wahrheit; auch wenn sie uns nicht gefällt. Zu ihm gehört der Satz der französischen Revolution: „Freiheit, Gleichheit, Brüderlichkeit“.

Und so zeigt dieses Horoskop auch in diesem Bereich, dass die genannten Themen des 5. Hauses und des Widders verändert und erneuert werden wollten und sollten.

Uranus hat die Themen der Venus und des Mars mit in den Bereich des 5. Hauses transportiert. So werden über den Ausdruck der eigenen Präsenz, des eigenen Vorlebens und der eigenen Sexualität und Kreativität die Themen des weiblich/männlichen Rollenspiels erneuert und transformiert.

In der damaligen Zeit ein revolutionäres Verhalten.

Mein Blick fällt nun zum Abschluss noch einmal auf die Mondknotenachse, und so auf diesen aufsteigenden Mondknoten im 10. Haus in der Jungfrau.

Dieser Mondknoten steht dort in doppelter Erde; die Jungfrau wird auch als das Zeichen der Priesterin/des Priesters gesehen, und das 10. Haus ist das Heimathaus des Steinbocks; beides sind Erdzeichen.

Und so hat diese große Seele, dieses große Licht, das Jesus, Jeshua, war und Sananda ist, sich selbst der Menschheit und dieser Schöpfung geschenkt. Er war und ist ein lebendiger Ausdruck der großen kosmischen Liebe, die in jeder und in jedem von uns und in Allem-was-ist wohnt.

Mich selbst hat dieses Horoskop zutiefst berührt und sicherlich auch verändert; viele Phasen der Heilung fanden und finden für mich statt. So kann ich endlich das tiefe Entsetzen und die tiefe Trauer meiner Kindheit und meines Lebens aus meinem Sein entlassen, die mich immer wieder berührten und schmerzten, wenn ich irgendwo ein Kreuz sah, ein Folterwerkzeug.

Zaghaft keimt in mir die Hoffnung auf, dass die Menschen Mitgefühl entwickeln für das, was dieses Symbol darstellt. Und somit auch wahres Mitgefühl für jeden

Nächsten, für sich selbst und für alle Mitgeschöpfe in dieser Schöpfung entstehen kann.

„Was du dem Geringsten hast getan, das hast du mir getan!“

In tiefer Dankbarkeit und Liebe,

Petra Aiana Freese

Sie finden Petra unter www.mahacohan.de

☆☆☆☆☆

Eva-Maria Ammon
Metatron
Ancient-Master-Healing
Selbstermächtigung durch Selbsteinweihung
272 Seiten, A 5, broschiert
ISBN 978-3-938489-63-5

Die Einweihung in deine Selbstermächtigung ist ein wundervolles Geschenk an dich, an die Erde und an die Menschheit. Erst die jetzige Zeit mit ihren erhöhten Energien macht dieses Wunder möglich, dass du wieder zu dem erwachen kannst, was du in Wahrheit bist – Licht!
Diese deine Vollkommenheit wird dir überreicht durch Metatron, Miranlaya, Sananda, Lady Nada, Lady Gaia, Lady Kwan Yin und Saint Germain. Dieses Arbeitsbuch ist ein Buch zur Selbsteinweihung und ermöglicht dir, dich in Verbindung mit den Aufgestiegenen Meistern und Meisterinnen in die kraftvolle Energie der Quelle selbst einzuweihen.

Eva-Maria Ammon
Lady Rowena – Die Kraft der Göttin in dir
Ein Heilungsbuch
248 Seiten, broschiert
ISBN 978-3-938489-43-7

Lady Rowena erinnert uns an unsere enge Verbundenheit mit Mutter Erde (Gaia), der Göttin (weiblicher Anteil der Quelle), den Kristallen und dem Universum.
Sie zeigt uns mit ihrer liebevollen Energie den Weg, wie wir das Heilsein und die Ganzheit in unser Leben integrieren und in Liebe Heilung in das Leben eines jeden bringen können.
Ein Praxis-Heilungsbuch für die Zeit der Weiblichkeit in jedem Menschen, die auf unserer Erde geschunden und verraten wurde und in uns allen neu erwachen will, damit Frieden, Liebe und Licht auf der Erde zur Wahrheit werden.

Eva-Maria Ammon
Aufgestiegene Meister bringen Heilung für die Welt
176 Seiten, A5, broschiert
ISBN 978-3-938489-19-2

Eva-Maria Ammon dient seit mehr als 20 Jahren als Channel Medium der Großen Weißen Bruderschaft, und so ist auch dieses Arbeitsbuch gemeinsam mit den Aufgestiegenen Meistern Sanandá, St. Germain, Sanat Kumara, Lady Nada, Kwan Yin, El Morya sowie dem Erzengel Ezechiel entstanden. Nach intensiver Klärungsarbeit erfolgt eine Einweihung von St. Germain in die Violette Flamme des Aufstiegs, um dann im nächsten Schritt mit Lady Kwan Yin Karma erlösen zu dürfen – altes wie auch neues, das wir im Alltag immer wieder neu kreieren können.
Diese wunderschönen Botschaften und Übungen sind daher für viele Menschen eine praktische Hilfe auf dem spirituellen Weg.